KB058279

홀로 하는 공부라서 외롭지 않게 사람in이 동행합니다.

미국적인 너무나 미국적인

영어회화 이디엄 3

미국적인 너무나 미국적인 영어회화 이디엄 3

지은이 김아영, Jennifer Grill
초판 1쇄 인쇄 2022년 5월 16일
초판 1쇄 발행 2022년 5월 27일

발행인 박효상 **편집장** 김현 **기획·편집** 장경희 **디자인** 임정현
본문·표지디자인 고희선
마케팅 이태호, 이전희 **관리** 김태옥

종이 월드페이퍼 **인쇄·제본** 예림인쇄·바인딩

출판등록 제10-1835호 **발행처** 사람in **주소** 04034 서울시 마포구 양화로 11길 14-10 (서교동) 3F
전화 02) 338-3555(代) **팩스** 02) 338-3545 **E-mail** saramin@netsgo.com
Website www.saramin.com

책값은 뒤표지에 있습니다.
파본은 바꾸어 드립니다.

ⓒ 김아영, Jennifer Grill 2022

ISBN
978-89-6049-948-5 14740
978-89-6049-894-5 (세트)

우아한 지적만보, 기민한 실사구시 **사람in**

IDIOMS

김아영, Jennifer Grill 지음

Hits

ENGLISH
CONVERSATION

미국적인 너무나 미국적인

영어회화 이디엄 3

사람in

마흔 둘에 낳은 필자의 늦둥이는 감기에 자주 걸려 고생하는데, 그러다 보니 항생제 처방을 받는 일이 종종 있다. 어느 날 진료를 마친 의사는 아이에게 Amoxicillin이라는, 내겐 생소한 이름의 항생제를 먹이라고 했다. 아이를 데리고 병원을 나서는데 간호사가 뒤쫓아 나오면서 처방전을 쥐어 주며 이렇게 말했다. "Amoxicillin을 하루 두 번 열흘 동안 먹이세요." 처방전을 들고 약국에 갔더니 약을 주면서 약사가 또 말했다. "Amoxicillin은 이 나이 대 아이에게는 조금 독하니까 한 번에 2ml만 주세요." 그 말을 듣고 약병을 보니 Amoxicillin 5ml라고 되어 있었는데, 아마도 그래서 약사가 한 번 더 내게 복용량을 상기시켜 준 모양이었다. 이쯤 되니 필자는 쓸데없이, 정말 본의 아니게, 이 항생제 이름과 친숙해지게 되었다. 그리고 몇 시간 후, 아이의 상태가 궁금했던 남편이 전화해서는 무슨 약을 처방 받았는지 물어봐서, "Amoxicillin이라는 항생제야."라고 대답했다. 그날 세 번이나 들었던 그 항생제 이름 Amoxicillin을 내 입으로 직접 발음하던 바로 그 순간, 필자는 이 단어를 완전하게 내 것으로 습득하게 되었다.

제약회사 영업 사원도 아닌 필자가 굳이 알 필요조차 없는 이 항생제 이름을 습득하게 된 경위로 이 책의 머리말을 시작하는 이유는, 바로 이 과정이 우리가 외국어를 배울 때 새로운 단어와 이디엄을 습득하게 되는 열쇠를 담고 있기 때문이다. 이런저런 상황에서 몇몇 사람들이 단어나 이디엄 사용하는 것을 여러 번 들어서 익숙해졌을 때쯤 자기 입으로 직접 말해 보는 것, 사람들은 외국어의 단어와 이디엄을 바로 이런 과정으로 습득하게 된다. 그리고 이 분야의 많은 연구 결과 역시 이 사실을 입증해 준다.

그런데 문제는, 미국 사회에서 미국인들과 섞여 살면 단어와 이디엄을 이런 식으로 습득하게 될 기회가 자주 주어지겠지만, 한국에서 영어를 공부하는 입장에서 이런 과정을 자연스럽게 겪는다는 건 결코 흔치도 않고 쉽지 않은 일일 것이다. 그래서 필자는 독자들이 미국에서 이디엄을 습득하는 것과 최대한 비슷한 과정을 거칠 수 있도록 이 책에 있는 각각의 레슨을 구성해 봤다.

총 25개의 레슨 안에 Jennifer Grill 박사와 나는 미국인들이 일상생활에서 흔히 쓰지만 한국에서 혼자 공부하면서는 다소 접하기 힘든 이디엄을 최대한 담고자 했다. 그리고 해당 레슨에서 가르치는 이디엄이 들어간 이런저런 상황별 대화문을 눈으로 보고 귀로 들으면서, 문맥 안에서 자연스럽게 그 이디엄과 친숙해지도록 기획했다. 마치 미국에서 생활하다 보면 벌어지는 다양한 상황을 실제 겪으면서 그 이디엄이 쓰이는 다양한 대화를 들어보는 것처럼 말이다. 그렇게 미국인 성우들이 녹음한 대화를 여러 번 들어보고 사용하는 방법을 익히다 보면, 이 책에 나오는 이디엄이 독자님의 말과 글 속에도 자연스럽게 녹아들 것이다.

〈미국적인 너무나 미국적인 영어회화 이디엄 3〉으로 이디엄 시리즈를 마무리한다. 독자 여러분의 꾸준한 성원으로 3권까지 이끌어 올 수 있었고, 도움이 된다는 서평에 많은 힘을 얻기도 했다. 이 책을 통해 한국의 독자들이 진짜 미국 영어를 접해 보기를 기대한다.

플로리다에서 저자 김아영

이디엄은 개별 단어의 뜻으로는 유추하기 힘든, 고유의 관용어를 말합니다. 이런 이디엄은 해당 언어의 문화를 고스란히 담고 있기에 그 문화에 빠져 생활하지 않고는 자연스레 습득하기가 쉽지 않죠. 그런데도 우리가 이런 이디엄을 공부해야 하는 것은 원어민들과의 커뮤니케이션 때문입니다.

우리는 이제 뜻만 통하면 되던 예전의 커뮤니케이션이 아니라 이민, 유학, 연수, 여행으로 원어민들의 이너 서클로 들어가 속말을 주고받아야 제대로 커뮤니케이션이 된다고 생각하는 시대에 살고 있습니다. 속말을 주고받을 수 있다는 것은, 상대방이 하는 말을 제대로 이해하고, 거기에 깔린 속뜻과 뉘앙스를 이해한다는 것인데, 원어민이 아닌 이상 제대로 캐치하기가 쉽지 않습니다. 그중 한 원인이 바로 그들이 쓰는 이디엄을 제대로 모르기 때문이기도 합니다. 우리가 아는 단어 뜻의 조합으로는 도저히 생각해 낼 수 없는 이디엄은 원어민과 비원어민을 가르는 중요한 가늠자이기도 합니다.

미국 구어체 영어에서 자주 쓰이는 이디엄 125개

그래서 원어민의 속말을 제대로 알아듣고 우리의 속말을 정확히 전할 수 있게 미국 구어체 영어에서 정말 자주 쓰이는 이디엄 125개를 간추렸습니다. 그리고 그것을 25개 레슨으로 나누었고, 각 레슨마다 5개의 이디엄을 배울 수 있습니다. 저자는 플로리다 주립대에서 학생들을 가르치는 Jennifer Grill 박사님과 김아영 선생님인데, Jennifer Grill 박사님이 한국인은 절대 알기 힘든 미국인의 특징과 문화가 담긴 이디엄을 담당했고, 김아영 선생님은 한국인이기에 훨씬 더 잘 알아들을 수 있는 재치 있는 설명으로 이디엄 책에 생기를 불어넣습니다.

해당 이디엄이 들어간 자연스러운 구어체 회화 지문이 세 개씩!

기존 이디엄 책이 이디엄-예문의 1대1 구조로 되어 있는 반면, 이 책에서는 구어체 영어에서 자주 쓰이는 이디엄의 특성을 최대한 살려, 이 5개 이디엄이 모두 들어간, 그러면서도 내용 흐름이 자연스러운 구어체 회화를 수록했습니다. 한 레슨당 이런 대화가 세 개가 있는 것이니, 학습자들은 적어도 이런 5개의 이디엄을 최소한 세 번 반복하는 셈이지요.

개별 이디엄을 최소 여섯 번 접하게 하는 구조!

이 책은 단순히 회화 지문과 이디엄만 제공하는 것으로 끝나지 않습니다. 회화 지문이 끝날 때마다 개별 이디엄의 뜻 설명과 예문을 제공합니다. 회화 지문이 세 개이니 서로 다른 이디엄 예문이 세 번에 걸쳐 나오게 되죠. 즉, 이디엄 한 개당 세 개 회화 지문에 나오는 것 + 세 번 설명 부분에 나오는 지문 합쳐서 총 여섯 번을 접하게 됩니다. 눈으로 보고 귀로 들으면서 한 이디엄을 여섯 번 정도 접하게 되면, 그리고 자기가 스스로 소리 내어 말해 보게 되면 완전히 자기 것이 되지 않을까요?

어학 외적인 부분까지 습득할 수 있게 하는 세심한 배려!

이디엄의 개별 뜻을 전달할 때도 처음 예문 제시일 때는 한글 뜻만, 두 번째 예문 제시일 때는 영어 뜻으로, 세 번째 예문 제시일 때는 영어와 한글 뜻 둘 다 제시하여 원어민 감각으로 의미를 이해하도록 했습니다. 또 이런 예문 제시 페이지에는 학습자들이 알아두면 좋을 미국 문화 관련 포인트나 문법, 어휘, 발음 포인트를 함께 제시해 이디엄과 떼려야 뗄 수 없는 어학 외적인 부분까지 다 커버할 수 있도록 했습니다.

듣기에 도움이 되는 빠른 속도의 음성 녹음 파일

영어 학원 원어민 선생님의 영어가 잘 들리는 이유는 한국인들이 알아들을 수 있게 천천히 말하기 때문인 것, 아세요? 하지만, 그런 배려를 모든 사람에게 기대할 수는 없습니다. 우리는 원어민들이 평소에 말하는 속도대로 듣는 훈련을 해야 합니다. 그래서 이 책의 음성 파일은 원어민들이 평소에 자신들이 실제로 말하는 속도로 녹음되어 다른 음성 파일에 비해 다소 빠른 편입니다. 처음에는 잘 들리지 않을 수도 있지만, 책을 보면서 계속 듣다 보면 그런 속도에 익숙해질 것입니다.

마음 내키는 곳에서 시작해도 OK!

사실, 이 책은 반드시 처음부터 차근차근 봐야 할 책은 아니에요. 페이지를 휙휙 넘기다 사진이 예뻐서, 혹은 어느 한 구절 말이 마음에 확 닿아서 멈췄다면 그 페이지부터 시작해도 좋습니다. 단, 회화 뒤 페이지에 나오는 이디엄 표현 설명 페이지도 빠뜨리지 않고 반드시 확인해 주세요. 그런 다음 해당 레슨의 다른 유닛도 꼭 같이 보기를 권합니다. 그렇게 하면 해당 레슨의 이디엄 을 최소 여섯 번은 보는 셈이니까요.

실력별 활용 가이드

나는 중상급이다   QR코드를 찍어 음성 파일만 듣고 내용을 1차 파악합니다. 그 다음에 영어 지문→한국어 지문으로 확인하는 것을 권합 니다.

나는 중급이다   한글 해석을 읽으면서 영어 음원을 같이 들으세요. 그런 다 음 나시 음원를 들으면서 영어 지문을 확인하세요. 훨씬 이 해가 잘 될 것입니다.

나는 구어체 영어 마니아다   중급이라고 할 수는 없지만 구어체 영어에 대한 학습 욕구가 끓어오르는 독자들은 한글 해석과 영어 지문을 하나하나 대 조하며 읽는 것을 권합니다. 그런 다음 음원을 들으면서 확 인해 주세요.

반드시 소리 내어 읽는다!

여러분이 어떤 실력에 속하여 학습 방법을 달리하든, 꼭 권하고 싶은 건 소리 내어 읽기입니다. 두뇌는 시각에 잘 속는 녀석입니다. 눈에 익숙하니 두뇌는 이건 자기가 알고 있다고 생각하죠. 하지만, 실제로는 두뇌가 아는 게 아닙니다. 입 근육을 활용하고 귀를 통해 들었을 때 비로소 두뇌가 자기 것으로 만들 수 있는 것입니다. 이런 과정을 도외시하면 이 책을 눈으로 백 번 읽 어도 입에서 나오지 않을 겁니다.

원어민이 녹음한 음성 파일을 듣는다. 하루에 세 번씩!

여러분이 소리 내어 읽는 것만큼 중요한 것이 원어민은 실제로 어떤 속도로 어떻게 발음하는지 듣는 것입니다. 영어는 우리 모국어가 아니라서 원어민보다는 천천히 말하게 됩니다. 천천히 말하는 것은 문제가 되지 않으나 빨리 발음하는 원어민의 말을 알아듣는 건 해결해야 할 과제죠. 이것은 많이 듣고, 특정 발음은 어떻게 하는지 그 유형을 터득하는 수밖에 방법이 없습니다. 하지만 하루는 열 번 듣고, 다음 날은 안 듣고 하는 것은 권하지 않아요. 가랑비에 옷 젖는 전략으로 한 유닛당 한 번씩 총 세 번을 매일 꾸준히 듣는 걸 목표로 해보세요. 딱 한 달이면 무리 없이 다 들을 수 있습니다.

한글만 보고 영어 문장으로 말하기/단어 바꿔 응용해 보기

여러 번 읽고 들어서 자신감이 생길 때쯤 각 유닛의 한글 해석만 보고 영어를 말해 보세요. 한글 해석만 보고도 영어가 자연스럽게 나온다면 각 문장을 단어를 바꿔 응용해 보는 것도 영어가 느는 좋은 방법입니다.

IDIOMS

영어로 말하고 싶은, 또는 못 알아들을 것 같은 예문에 체크해 보세요.

(대학 연구원 두 명)

앨리스: 젠킨스 선생님과 송 선생님이 하신 연구 결과 읽어 봤어요?

린다: 네, 그분들이 정말 획기적인 일을 해냈더라고요. 그렇죠?

앨리스: 저는 그분들이 발견해 낸 것들에 깊은 인상을 받았어요. 알다시피 이 분야 전체가 비타민 A의 역할을 집중적으로 연구하는데, 젠킨스와 송 선생님 논문은 우리가 비타민 D에 더 주목해야 한다고 하잖아요. 그분들이 찾아낸 바에 비춰볼 때, 저도 제 연구에 몇 가지 수정을 가해야겠다는 생각이 들어요.

린다: 음, 그렇게 하시기 전에 저라면 한 발짝 물러서서 후속 연구를 기다려 보겠어요. 제 말은, 그분들이 연구 성과가 견고하긴 하지만 그분들이 사용한 그런 방법으로는 여전히 시기상조인 것 같아요. 그분들이 해낸 것이 훌륭한 만큼, 저는 몇몇 비평 글이 발표되는 것도 곧 보게 될 거라고 확신해요.

앨리스: 맞는 말씀이세요. 제가 이 연구 결과에 그냥 너무 신이 난 것 같아요.

English CONVERSATION

MP3 001

(Two university researchers)

Alice: Have you read the results of that study by Jenkins and Song?

Linda: Yes, they've really done some ❶**groundbreaking** work, haven't they?

Alice: I ❷**was blown away by their findings**. You know, the whole field has been focusing on the role of Vitamin A, and the Jenkins and Song paper says that we should be paying more attention to Vitamin D. ❸**In light of their findings**, I'm thinking of making some changes to my own research.

Linda: Well, before you do that, I'd ❹**take a step back** and wait for some follow up studies. I mean, their research was strong, but ❺**it's still early days** with the kind of methodology they used. As good as their work is, I'm sure we'll see a few critiques being published soon.

Alice: You're right. I'm just so excited by the results of this study!

---

follow up 후속
methodology 방법론
critique 비평 글, 평론

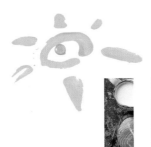

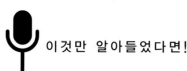 이것만 알아들었다면!

1 Groundbreaking

획기적인

The latest cell phone uses groundbreaking technology which allows for a super powerful camera within a very slim phone case.

최신 휴대전화는 획기적인 기술을 사용하는데, 매우 얇은 폰 케이스 안에 굉장히 고성능의 카메라가 들어가게 하는 겁니다.

2 To be blown away by ~

~에 굉장히 감명받다

We visited Switzerland and went hiking in the Alps. We were blown away by how beautiful it was.

우리는 스위스로 가서 알프스에서 하이킹을 했거든. 그곳이 얼마나 아름다운지 우리는 굉장히 감명받았어.

3 In light of ~

~ 때문에/~에 비춰보면

In light of recent developments, we're going to have to ask everyone to work overtime for the next two weeks.

최근의 성장에 비춰보면, 우리는 모두에게 다음 2주는 초과 근무를 해달라고 요구해야 할 것 같습니다.

4 To take a step back

(정확한 상황 파악을 위해) 한 걸음 물러서다

Wait, before you sell the business, why not take a step back and see if there is a way that you can survive for a couple months on less profit.

잠깐만요, 사업체를 매각하기 전에 한 걸음 물러서서 좀 더 적은 수익으로 두어 달 정도 버틸 수 있는 방법이 있는지를 알아보는 건 어떨까 해요.

5 To be early days

(무언가를 알거나 현명한 결정을 하기에는) 시기상조이다 /아직은 때가 이르니 좀 더 두고 봐야 한다

Your vision condition could get worse, and there's an operation that you can consider, but it's still early days with this diagnosis. I suggest trying a medication first to see if this can improve your eyesight.

환자분의 시력 상태가 더 나빠질 수 있고 해서 고려해 볼 수 있는 수술이 있긴 합니다. 하지만 이 진단으로는 그건 아직 시기상조예요. 저는 우선 약을 한 번 써 보시고 이게 시력을 향상시킬 수 있을지 지켜볼 것을 제안합니다.

무언가가 groundbreaking이라고 하는 건 그것이 '새것/이전에는 볼 수 없던 새로운 것/획기적인 것'이라는 뜻입니다. 이 단어가 새로운 기술이나 디자인 또는 예술과 관련해 수식어인 형용사로 쓰이는 걸 자주 들을 수 있을 거예요. 동사구(verbal phrase)로는 풀어서 to break new ground로 쓰이기도 합니다. 형용사가 아닌 동사로 쓰였을 뿐 그 의미는 똑같습니다.

Medical researchers have broken new ground in the treatment for diabetes.
의학 연구자들이 당뇨병 치료에서 획기적인 발견을 했다.

흥미로운 건, 때로는 이 단어가 문자 그대로의 의미로도 쓰인다는 사실입니다. 즉, groundbreaking이 '삽으로 파서 땅(ground)을 깨다(breaking)'라는 의미로도 쓰인다는 거죠. 그럴 때는 주로 중요한 건물 공사의 공식적인 시작을 알릴 때 쓰입니다.

We attended the groundbreaking ceremony for the new library. At these kinds of ceremonies, important people are invited to dig up a shovel of dirt before the real construction work begins.
우리는 새 도서관 기공식에 참석했습니다. 이런 유의 식에서는 진짜 건설 공사가 시작되기 전에 중요한 분들이 초대되어 모래를 한 삽 파냅니다.

CULTURE POINT

이디엄은 격식을 차리지 않는 구어체 영어에서만 쓰일까요? 실제로 그렇지는 않습니다. 사실 이디엄은 모든 종류의 구어체와 문어체 영어에서 쓰입니다. 물론, 많은 이디엄이 편안한 대화가 이루어지는 구어체에서 훨씬 더 자주 쓰이기는 하지요. 하지만 어떤 이디엄은 좀 더 격식을 갖춘 전문적이거나 학술적인 문맥에서 쓰인답니다. 예를 들어, 앞의 대화문에 쓰인 몇 가지 표현(in light of)은 학술적인 대화나 글에서 많이 볼 수 있습니다. 물론 to be blown away by something 같은 경우는 덜 학술적이고 일상적인 대화체에서 많이 쓰이지만요. 실제로 언어학자들이 학술적인 언어에서 이디엄이 얼마나 쓰이는가를 연구한 적이 있는데, 학술적인 말과 글에서 더 많이 쓰이는 특정 이디엄이 있다고 합니다. 이 책에서도 그런 이디엄을 몇 가지 다뤘습니다. 이를테면, 다음 lesson에 나오는 이디엄은 학문적인 영어에서도 많이 쓰입니다. bridge the gap(간극을 메우다), a good[great] deal of(다량의, 많은), behind the scenes(막후에서), by and large(대체로), across the board(전반에 걸쳐)처럼요. 차근차근 알아가 볼까요?

LESSON 1

(박물관 큐레이터들)

일라이자: 콜레트 씨, 새 전시회를 위해 받은 1920년대 드레스 컬렉션 보셨어요? 저는 이 드레스들의 구슬 공예에 정말 감탄했거든요. 그저 아름답다는 말밖에 안 나와요!

콜레트: 맞아요! 파리, 뉴욕, 런던에서 온 드레스가 있는데 모두 다 굉장히 멋져요. 아시다시피, 좀 더 짧은 길이의 치마와 허리 부분을 더 느슨하게 한 이 드레스들을 그보다 10년 먼저 나온 여성복과 비교해 보면, 그 변화는 놀랍죠.

일라이자: 그 당시에는 그게 그야말로 혁신적인 디자인이었어요. 코르셋과 페티코트, 높은 목둘레선 없이 여성에게 훨씬 더 많은 신체적 자유가 주어졌으니까요.

콜레트: 저기, 3월에 사람들의 시선을 끌 만한 컬렉션이 두어 개 있고, 여성 역사의 달도 3월에 있잖아요. 그런 점에 비춰볼 때, 저는 이 드레스들을 그때 전시해야 한다고 생각해요.

일라이자: 멋진 생각이에요. 그런데 그러기 전에, 한 발짝 물러서서 이 컬렉션의 세부 사항 몇 가지를 검토해 보자고요. 저는 관장님이 어떤 계획을 세우셨는지 잘 모르겠어서요. 제 말은, 관장님이 저희 의견에 동의는 하시겠지만, 그래도 그분께 먼저 말씀드려야 할 것 같고요.

콜레트: 물론이죠! 사실, 저도 생각은 하고 있지만 이 아이디어가 실현하기가 어렵긴 하죠. 하지만 우리가 1890년대부터 현재까지의 여성복들을 영구 소장 컬렉션으로 개발해 보면 어떨까요? 페미니즘적 시각으로 이렇게 하면 훌륭하지 않겠어요?

일라이자: 정말 멋질 것 같아요! 그래도 이 박물관에선 그게 여전히 시기상조가 아닐까도 싶어요. 개관한 지 2년밖에 안 됐잖아요. 그래도 관장님께 말 못할 이유는 없겠죠? 물어봐서 나쁠 건 없으니까요.

(Curators in a museum)

Eliza: Colette, have you seen the collection of 1920s dresses that we received for the new exhibit? I **❶ am just blown away by the beadwork** on some of these. They are simply gorgeous!

Colette: I know! We have dresses from Paris, New York, and London, and they are all stunning. You know, when you compare these dresses with shorter hemlines and looser waists to women's clothing just 10 years earlier, the change is amazing.

Eliza: It was really **❷ groundbreaking** design for that era. So much physical freedom for women with no corset, no petticoats, no more high necklines.

Colette: You know, we have a couple of collections that we can highlight in March, and Women's History Month is in March. **❸ In light of that**, I think we should display these dresses then.

Eliza: That's a great idea, but before we do that, let's **❹ take a step back**, and examine some of the details of this collection. I'm not sure what the director has planned. I mean, I think she'll agree with us, but we need to talk to her first.

Colette: Of course! You know, I'm even thinking, and this is just pie in the sky, but what if we developed a permanent collection of women's clothing from the 1890s to the present day? Wouldn't it be great to do this from a feminist perspective?

Eliza: That would be awesome! But, you know, **❺ it's still early days** for this museum. We've only been open for two years. But why not mention it to the director? It can't hurt to ask.

---

beadwork 구슬 공예
stunning 대단히 아름다운
hemline 드레스나 치마의 단 끝
highlight 사람들의 이목을 끌다
pie in the sky 그림의 떡, 허황된 공상

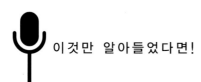 이것만 알아들었다면!

MP3 004

1 To be blown away by ~:
To be very impressed by ~

The new Billie Eilish album blew me away. The music was so good, and her singing is amazing!
빌리 아일리쉬의 새 앨범은 내게 큰 감동을 줬어. 음악이 정말 좋았고, 노래가 놀랄 정도로 멋져.

2 Groundbreaking: New and innovative

Star Wars was a groundbreaking film in terms of its use of special effects, cinematography, and storytelling.
〈스타워즈〉는 특수 효과 사용과 촬영술, 그리고 이야기 전개 측면에서 획기적인 영화였지.

3 In light of ~: Because of/Due to/Taking ~ into consideration

Scholars in the field will have to revisit this topic in light of the new archeological discoveries found in Turkey.
이 분야의 학자들은 터키에서 찾아낸 새로운 고고학적 발견을 고려하여, 이 주제를 다시 다뤄야 할 것입니다

4 To take a step back: To delay an action in order to consider a situation more fully

When I didn't get accepted into the school I wanted, I had to take a step back and figure out what my educational goals were.
내가 가고 싶던 학교에 합격하지 못했을 때, 나는 한 발짝 물러서서 내 교육의 목표가 무엇이었는지 깨달아야 했지.

5 To be early days: To be too soon to know something or to make an informed decision

Our goal is to have about 200 students in the program, but it's early days. We probably won't have that many students for a few more years.
우리 목표는 이 프로그램에 200명 정도의 학생을 유치하는 거지만, 아직 때가 이르긴 하죠. 아마 앞으로 몇 년 동안은 그렇게 많은 학생이 오지는 않을 겁니다.

이 대화에서 콜레트는 자신의 아이디어가 pie in the sky라고 말합니다. 우리 한국어에도 같은 의미를 지닌 표현으로 '그림의 떡'이 있지요. 이 pie in the sky는 좋기는 한데 현실로 이루어지기 힘든 무언가를 말합니다. 이 표현은 스웨덴계 미국인 운동가인 조 힐(Joe Hill)이 굶주린 사람들을 먹이기보다는 그들의 영혼을 구제하는 것에 더 열을 올린 구세군(the Salvation Army)을 비판하려고 만들어 냈습니다. You'll get pie in the sky when you die.(당신이 죽게 되면 하늘에서 파이를 얻게 될 거예요.) 처럼 말이지요. 죽고 나서 하늘에서 먹는 파이가 무슨 소용이 있겠어요? 하지만 지금은 유래한 역사와는 전혀 연결고리 없이 쓰이고 있는데, 그저 이루기 어렵거나 불가능한 꿈을 의미합니다.

She wants to move to Hollywood and become a famous actor, but I think it's just pie in the sky.
그녀는 할리우드에 가서 유명한 배우가 되고 싶어 하지만, 내 생각에 그건 실현 불가능한 꿈이야.

CULTURE POINT

미국에는 멋진 박물관이 아주 많습니다. 가장 유명한 박물관 중 하나가 뉴욕시에 있는 메트로폴리탄 미술관(The Metropolitan Museum of Art in New York City)인데, 1500년대부터 현재에 이르기까지 수천 벌의 옷을 소장하고 있는 의상 박물관(The Costume Institute)도 그 일부입니다. 이외에 미국에서 가장 유명한 박물관은 아마 워싱턴 D.C.에 있는 스미스소니언 국립 박물관(The Smithsonian in Washington, D.C.)일 거예요. 스미스소니언에는 동물원과 식물원을 포함해 미술관, 역사관, 문화관, 기술관 등 20개가 넘는 박물관이 있습니다. 이 박물관의 모든 전시회를 다 보려면 몇 달이 걸리기도 합니다.

LESSON 1

(대학 물리학 연구소의 두 연구원)

에릭: 그래서 롭 씨, 여기 주립대에서 일하는 게 괜찮으세요? 여기서 일한 지 두 달째죠, 맞아요?

롭: 네, 여기 온 지 이제 한 8주쯤 됐어요. 저는 새 물리학 연구소를 보고 정말로 감명받았어요. 이렇게 최신식 시설에서 일하는 게 얼마나 좋은지 몰라요.

에릭: 전에 MIT에 계셨죠?

롭: 네, 그곳에서 맥스 스투더 씨 팀에서 포닥(박사 후 과정)을 2년 했어요.

에릭: 우와, 그분 이 분야에서 엄청 유명하신 분이잖아요. 몇 가지 뛰어난 연구 결과가 그 연구팀에서 나온 걸로 알아요.

롭: 스투더 씨는 정말 훌륭해요. 그분 밑에서 일하는 게 늘 쉬운 건 아니지만, 그래도 많이 배웠어요. 우리가 몇 가지 아주 탄탄한 연구를 했거든요. 근데, 솔직히 우리 연구가 중요하고 유용하긴 했지만, 뭐 획기적이거나 그런 건 아니었어요.

에릭: 글쎄, MIT에서 진행하고 있는 그런 종류의 실험에서 그건 여전히 시기상조니까요.

롭: 정말 그래요. 그래도 이 분야에서 우리가 여전히 배울 게 많다는 사실에 비춰보면, 가까운 미래에 놀라운 발견을 하게 될 거라는 기대는 아마 못할 것 같아요. 그렇지만 이런 연구가 모두 다 결국에는 큰 도움이 될 거예요.

에릭: 맞아요. 과학자들은 인내심이 많아야 합니다.

롭: 사실, 주립대학교로 온 것이 저한테는 좋은 일이었어요. (전 직장에서는) 물리학 분야에서 제 연구를 밀고 나갔었지만, 여기서는 한발 물러서서 다른 방안의 연구도 생각해 볼 수 있었거든요. 이를테면, 저는 물리학 연구소와 전기 공학과가 함께 공동 연구를 진행하는 것이 정말 신나요.

에릭: 맞아요. 거기서 몇 가지 흥미로운 프로젝트가 진행되고 있죠. 전기공학과 사람들은 다 만나 보셨어요?

롭: 아직요.

에릭: 제가 그 연구소장과 거의 매주 금요일 밤에 맥주 마시며 다트 게임을 하러 가거든요. 제가 롭 씨를 소개해 드리게 함께 가시면 어때요?

롭: 아주 좋죠! 그래 주시면 정말 좋겠어요! 금요일에 뵙겠습니다!

PHYSICS

(Two researchers in a university physics lab)

Eric: So, Rob, how are you enjoying your work here at State University? This is your second month, right?

Rob: Yeah, I've been here about eight weeks now. ❶**I'm really blown away by the new physics lab.** It's a pleasure to work in such a state-of-the-art facility.

Eric: You were at MIT before, right?

Rob: Did a postdoc for two years there, yes, with Max Studer's team.

Eric: Wow, he's such a huge name in the field. I know some excellent work has come out of that research group.

Rob: Studer is really good—not always easy to work for, but I learned a lot. We did some very solid work. I mean, honestly, our work was important and useful, but not ❷**groundbreaking** or anything.

Eric: Well, ❸**it's still early days** for the kinds of experiments that they're running at MIT.

Rob: Indeed…and ❹**in light of the fact** that we still have a lot to learn in our field, we probably can't expect any amazing discoveries in the near future. But, all of this work will add up in the end.

Eric: It's true. Scientists need to have a lot of patience.

Rob: Actually, coming to State University has been good for me. I was charging ahead with my work in physics, but here I've been able to ❺**take a step back** and consider some other avenues of research. Like, I'm really excited by the collaboration between the physics lab and the electrical engineering department.

Eric: Oh yeah, there are some interesting projects going on there. Have you met everyone in electrical engineering?

Rob: Not yet.

Eric: I go out for beer and darts most Friday nights with the head of the lab. Why don't you come along, and I can introduce you?

Rob: Wonderful! That would be great! I'll see you on Friday!

---

state-of-the-art 최첨단의　**huge name** 거물
add up 말이 되다, 커지다　**charge ahead with** ~을 밀고 나가다　**avenue** 방안

21

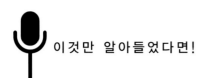 이것만 알아들었다면!

 MP3 006

1 To be blown away by ~: To be very impressed by ~
무언가에 크게 감명받다

Last month I had surgery and was out on sick leave for several weeks. I was blown away by the kindness of my co-workers. They brought me food and visited me every week.

지난달에 내가 수술을 받아서 몇 주 동안 병가로 쉬었거든. 난 직장 동료들의 친절함에 정말 감동했어. 그들이 매주 내게 음식을 가져다주고 방문했거든.

2 Groundbreaking: New and innovative 획기적인

The building uses groundbreaking architectural techniques, which combine a modern aesthetic with unusual building materials.

그 빌딩은 획기적인 건축학적 기술을 사용하는데, 독특한 건축자재를 현대적인 미학적 특성과 결합하는 겁니다.

3 To be early days:
To be too soon to know something or to make an informed decision
(무언가를 알거나 현명한 결정을 하기에는) 시기상조이다/아직은 때가 이르니 좀 더 두고 봐야 한다

My grandfather is worried that driverless cars will take over the streets soon. I told him it's early days yet for the mass production of these cars.

우리 할아버지는 운전자가 필요 없는 차가 곧 길거리를 다 장악할 것이라며 걱정하셔. 난 할아버지께 그런 차를 대량 생산하는 건 아직은 시기상조라고 말씀드렸지.

4 In light of ~: Because of/Due to/Taking ~ into consideration
~ 때문에/~에 비춰보면

The man was found guilty of the crime in light of such strong evidence against him.

그에게 불리한 강력한 증거로 인해, 그는 그 범죄로 유죄 판결을 받았다.

5 To take a step back: To delay an action in
order to consider a situation more fully 정확한 상황 파악을 위해 한 걸음 물러서다

My wife has three great job offers in three different cities. But before she says yes, we're going to take a step back to figure out which place is the best for our family.

아내가 세 도시에서 아주 괜찮은 일자리 제안을 세 곳에서 받은 상태야. 하지만 아내가 수락하기 전에, 우리는 한 걸음 물러서서 어느 곳이 우리 가족에게 가장 좋을지를 알아보려고 해.

앞의 대화는 어느 대학 연구실에서 일어나는 거라서, 독자 여러분들에게 친숙하지 않은 표현이 몇 가지 나올 거예요. State-of-the-art는 과학 기술 측면에서 최신식의, 즉 '최첨단의'라는 말입니다. 가장 현대적인 과학 연구소에 관해 이야기할 때, 미국인들은 state-of-the-art facility(최첨단 시설)라는 표현을 자주 사용합니다. 그리고 롭이 MIT 대학에서 postdoc(박사 후 과정)을 했다고 말하죠? MIT 대학은 Massachusetts Institute of Technology(매사추세츠 공과대학)를 말하는데, 과학 기술 분야에서 미국 최고 대학 중 하나입니다. Postdoc은 postdoctoral position의 줄임말로, 박사 학위를 받은 후에 연구자나 학자로 월급을 받으면서 일하는 자리를 말합니다. 과학 분야에서는 많은 이들이 교수가 되기 전에 postdoc을 2년 정도 합니다. 마지막으로 에릭은 '실험을 한다'라는 말을 하면서 running experiments라고 합니다. 이렇게 '실험을 하다'라는 말을 할 때 사용할 수 있는 동사로는 run 외에도 do, conduct, carry out 등이 있습니다. 물론 네 가지 동사는 모두 같은 의미입니다.

Vocabulary Point 2

In light of라는 표현은 학술·학문적인 내용을 말하는 구어체와 문어체 영어에 모두 자주 쓰입니다. 그렇기에 살짝 격식을 갖춘 정중한 표현이라는 느낌이 들기도 합니다. 그럼, 일상적인 구어체에서는 안 쓰일까요? 물론 일상적인 구어체 대화에서도 이 표현을 쓰는 것이 가능하긴 합니다.

문어체에서 이 표현은 보통 두 가지 생각을 연결할 때 쓰입니다. 좀 더 다채로운 글쓰기를 하고 싶다면, 흔히 쓰이는 because of나 taking ~ into consideration 대신에 이 표현을 써 보세요. 앞의 대화문에 나온 롭의 문장에서 쓰인 'in light of the fact that 주어 + 동사' 역시 미국인들이 자주 쓰는 표현입니다.

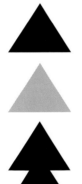

LESSON 2

영어로 말하고 싶은, 또는 못 알아들을 것 같은 예문에 체크해 보세요.

(두 룸메이트)

질: (소파에 앉으면서) 에휴, 나 탈진할 것 같아.

페기: 새 프로젝트가 진 빠지게 하는 거야?

질: 아니, 사실 그건 할 만해. 왜 이렇게 피곤한지 나도 모르겠어.

페기: 그렇다면, 그게 누적된 스트레스로 인한 감정 소모 때문일 수도 있어.

질: 그거 말 되네. 사실은 말이야, 내 직장 동료 중 하나가 너무 게으름뱅이거든. 그 사람이 나하고 같이 이 새 프로젝트를 하는데, 그 사람이랑 같이 일하는 게 그야말로 재앙이야! 이주쯤 전에는, 그 사람이 저지른 실수 때문에 우리가 굉장히 심각한 문제가 있었는데, 그 사람이 그저 임시방편 해결책만 내놓고는 휴가를 떠났지 뭐야.

페기: 헐!

질: 그뿐이니. 우리 회사가 재정난에 시달리고 있어서 지금 한 푼이라도 아껴야 하는 상황인데, 그 사람은 언제나 비용이 엄청나게 드는 기획만 내놓는 거야. 난 그 사람이 회사 생각은 눈곱만큼도 안 한다는 생각이 들어. 뭐 어쨌든, 지난주에 그 사람이 승진 못했을 때 나한테 우는소리를 했지만, 난 그 사람이 안됐다는 생각이 정말 하나도 안 들더라.

페기: 다른 직장 동료들은 그 사람에 대해서 불평 안 하니?

질: 그들 중 아무도 그 사람에게 뭐라고 한 적은 없는데, 우리 사장님이 요즘 계속해서 그를 주시하고 있다는 거 난 알아. 사장님이 봐서 너무 심하다는 생각이 들면, 그 사람한테 꼭 한마디 하실 거야.

(Two roommates)

Jill: (Sitting on the couch) Gosh, I think ❶**I'm running out of gas**.

Peggy: Is the new project draining you?

Jill: No, it's actually doable. I don't know why I feel so worn out.

Peggy: Then, it could be emotional exhaustion from accumulated stress.

Jill: That makes sense. As a matter of fact, one of my coworkers is such a slacker; he's doing this new project with me, and working with him is a disaster! A couple of weeks ago, we were facing a very serious problem because of his mistake, but he just suggested ❷**a band-aid solution** and left on vacation.

Peggy: Oh my!

Jill: What's more, our company is suffering from financial difficulties and should ❸**pinch pennies** now, but he always comes up with a plan that costs a whole lot of money. I just feel like he doesn't really care about the company. Anyways, when he didn't get promoted last week, he ❹**sang the blues** to me, but I just couldn't sympathize with him at all.

Peggy: Don't your other coworkers complain about him?

Jill: None of them have ever said anything to him yet, but I know my boss keeps her eye on him these days. I'm sure she will talk to him when she decides ❺**enough is enough**.

---

drain 힘을 소모시키다
slacker 게으름뱅이, 태만한 사람
come up with ～을 내놓다

25

이것만 알아들었다면!

MP3 008

1 To run out of gas

After teaching two two-hour classes, I'm running out of gas. I need a break.
두 시간짜리 강의를 두 개 하고 나니까 탈진할 것 같아. 나 좀 쉬어야겠어.

탈진하다/기력을 잃다

2 A band-aid solution

I'm sorry, but it sounds like a half-baked, band-aid solution. Can you please suggest another solution?
미안하지만, 그건 어설픈 임시 처방 같습니다. 다른 해결책을 제시해 주시겠어요?

임시방편/임시 처방

3 To pinch pennies

My grandma has taught me how to pinch pennies since I was little.
우리 할머니는 내가 어릴 때부터 절약하는 방법을 가르쳐 주셨어.

절약하다
/한두 푼이라도 아껴
지출을 최대한 줄이다

4 To sing the blues

I don't feel like singing the blues in front of him.
나는 그 사람 앞에서 우는소리를 하고 싶지 않아.

불평하다
/우는소리를 하다

5 Enough is enough!

Enough is enough! You can't just leave dirty dishes in the sink and expect someone else to clean up.
정말 더는 못 참겠어! 싱크대에 더러운 접시를 그냥 놔두기만 하고 다른 사람이 치우기를 바라면 안 되는 거야.

더는 못 참아!

질이 "None of them have ever said anything to him yet!"이라고 하면서, none of them 뒤에 복수형 동사(have)를 썼습니다. 그렇지만 사실 none이 주어일 때 동사는 대부분의 경우 단수형도 쓸 수 있고, 복수형도 쓸 수 있습니다.

None of them have it.
None of them has it.
그들 중 아무도 그걸 가진 사람이 없어.

이렇게 단수형이든 복수형이든 문법적으로는 둘 다 맞습니다. 다만 가려 쓰는 이유는 화자의 의도가 다르기 때문입니다. 질은 자신의 동료들 '모두'가 다 안 그랬다는 것, 즉 한 사람 한 사람을 다 강조하려고 복수형 동사를 쓴 것 같습니다. 반면, 화자가 none of them을 그냥 뭉뚱그려서 한 그룹으로 말할 경우에는 단수형 동사를 쓰겠지요. 그런데 주의할 점은 어떤 문맥에서는 none of 다음에 단수형 동사만 쓸 수 있습니다. 바로 none of 뒤에 셀 수 없는 명사가 오는 경우가 그렇습니다.

None of the paint is coming off in this room.
이 방에서는 페인트의 어떤 부분도 벗겨지지 않아요.

None of the milk tastes good.
어떤 우유도 맛이 없어요.

To pinch pennies라는 표현을 자세히 살펴볼까요? To pinch는 '손가락으로 꼭 집다'라는 의미를 가진 동사고, pennies는 1센트짜리 동전을 말하는 penny의 복수형입니다. 그러니 1센트짜리 동전 하나하나까지 꼭 쥐고 쓰지 않으려고 한다는 건, 한두 푼이라도 아끼려고 한다는 말이죠. 우리말의 '허리띠를 졸라매다' 정도에 해당하는 이디엄입니다. 같은 의미의 명사형으로 penny-pincher(구두쇠), 형용사형으로 penny-pinching(돈 한두 푼에 벌벌 떠는)이 있습니다.

Couldn't he help his brother? He's such a penny-pincher!
그 사람이 자기 동생을 도와줄 수는 없대요? 그 사람 정말 구두쇠군요!

My penny-pinching uncle wouldn't pay for my dinner.
돈에 벌벌 떠는 우리 삼촌이 내게 저녁을 사 주진 않으실 거야.

LESSON 2

(남편과 아내)

아내: 서둘러요. 회사 면접에 늦기 싫으면 말이에요.

남편: 뭐, 모르겠어요. 거기가 나한테 맞는 직장인지 확신도 없고, 또 지금 내가 새로운 일을 시작할 준비가 된 것 같지도 않고. 난 탈진 상태라고요.

아내: 아직도 탈진 상태라고요? 여보, 당신이 직장을 잃은 후부터 그냥 불평만 해 왔잖아요. 게다가 최대한 지출을 줄이고 있는 상황인데도, 우리가 곧 빈털터리가 될 거라고요.

남편: 내가 내일 은행에 전화해서 대출을 받을 수 있는지 물어볼게요.

아내: 우리가 임시방편에만 의존할 수는 없다고요.

남편: 에잇, 제발 나한테 불평 좀 그만할 수 없어요? 해도 해도 너무하잖아요!

(Husband and wife)

Wife: Shake a leg if you don't want to be late for the job interview.

Husband: Well, I don't know. I'm not sure if it's the right job for me, and I don't think I'm ready to start a new job now. ❶ **I've run out of gas**.

Wife: You're still out of gas? Honey, since you lost your job, ❷ **you've just been singing the blues**. Besides, even with ❸ **pinching pennies**, we'll be flat broke soon.

Husband: I'll call the bank tomorrow and ask if we can get a loan.

Wife: We can't rely on ❹ **a band-aid solution**.

Husband: Gosh, could you please stop complaining to me? ❺ **Enough is enough!**

Shake a leg! 빨리빨리 움직여요!
flat broke 완전 빈털터리인

29

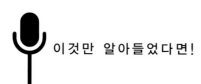 이것만 알아들었다면!

MP3 010

1 To run out of gas:
To become exhausted/To lose one's energy

Are you already running out of gas? We've just started it.
너 벌써 진이 빠지는 거야? 우리 이거 이제 막 시작했잖아.

2 To sing the blues: To complain/To whine

She's a really tiring person; she sings the blues over minor inconveniences all the time.
그 여자는 정말로 피곤한 스타일이야. 항상 사소한 불편에 관해 불평하거든.

3 To pinch pennies:
To spend as little money as possible

Cooking meals at home instead of eating out is the best way to pinch pennies.
외식 대신 집에서 요리해 먹는 것이 최고의 절약법이지.

4 A band-aid solution: A quick and temporary solution that doesn't solve the problem

What we're facing now is a very serious problem, and our boss doesn't want us to come up with a band-aid solution.
우리가 지금 처한 건 매우 중대한 문제이고, 사장님은 우리가 임시방편적인 해결책을 내는 걸 원하지 않습니다.

5 Enough is enough!: I can't stand it anymore!

Stop doing this to me! Enough is enough!
나한테 이러는 거 그만해! 더는 못 참겠어!

Grammar Point

미국인들은 누군가의 행동에 대해 불평할 때, always 등의 부사와 함께 현재진행형 시제를 씁니다. 말하고 있는 바로 그 순간에 일어나는 일이 아님에도 불구하고, 그 사람이 그런 행동을 '늘' 한다는 사실을 강조하기 위해 현재진행형이 사용되는 것이죠. 앞의 대화에서 아내가 쓴 현재완료진행형(…you've just been singing the blues.) 역시 그와 같은 용법이라고 보면 됩니다. 상대가 오랫동안 그 행동을 어떤 시점부터 쭉 해 왔다는 점을 강조하면서 불평할 경우에, 이렇게 현재완료진행형을 시간 표현과 함께 사용합니다.

You've been playing the computer game <u>for five hours</u>!
너 컴퓨터 게임을 5시간 동안이나 했잖아!

My boss has been doing this to me ever <u>since I got this job</u>!
우리 사장님은 내가 이 일을 시작한 순간부터 계속 나한테 이랬어.

Vocabulary Point

"Shake a leg!"는 '서두르라'(Hurry up!/Act quickly!) 는 말입니다. 앞의 대화에서도 그런 의미로 쓰이고 있지요. 몇 가지 예문을 더 보면서 완벽히 익혀 보세요.

<u>Shake a leg</u>, or we'll be late.
서둘러. 안 그러면 우린 늦을 거야.

We'd better <u>shake a leg</u> if we don't want to miss the flight.
비행기 놓치기 싫으면 우리 서둘러야 해.

We've been waiting for a long time; it's time to <u>shake a leg</u>.
우리 오랫동안 기다렸어. 이제 서두를 시간이야.

그런데 흥미롭게도 이 이디엄은 문자 그대로의 의미에 좀 더 가까운 '춤추다'라는 뜻으로도 쓰입니다. 춤출 때 다리를 흔드니까요.

Hey, pretty girl, you wanna <u>shake a leg</u> with me?
저기, 예쁜 아가씨, 저하고 같이 춤추실래요?

Look at Grandma! It's amazing she can still <u>shake a leg</u> at that age!
할머니 좀 봬! 저 연세에도 여전히 춤을 추실 수 있다니, 정말 놀라워!

LESSON 2

제이크: 벤, 목요일에 올리비아랑 데이트하기로 한 걸 깜박했는데, 올리비아가 이번에는 정말로 나한테 화가 단단히 났어.

벤: 또? 제이크, 너 올리비아한테 벌써 이게 세 번째야. 올리비아가 더는 못 참겠다고 결론 내리면 너 어떻게 할 건데?

제이크: 알아. 나도 내가 싫어. 내가 잘못을 만회해서 올리비아랑 화해할 수 있게 나 좀 도와줘. 그러니까, 올리비아가 나와 헤어지게 되면 내가 우는소리하는 거 너도 듣기 싫잖아, 안 그래? 제발 내가 어떻게 해야 하는지 좀 알려줘. 올리비아에게 선물을 사 줄까?

벤: 제이크, 임시방편을 생각해 내는 대신에 이 문제에 대한 항구적인 해결책을 찾아야 할 거야. 요즘 들어 네가 뭘 잘 잊어버리는 건 너도 알지?

제이크: 나도 네가 무슨 말 하는지 알아. 사실은 말이야, 내가 이 부업을 시작하고부터 나한테 할당된 일의 양이 많아서 너무 스트레스 받고 있거든. 너도 알다시피, 내가 감당하기 힘들 정도로 버거우면, 뭔가를 잊어버리는 경향이 있잖아.

벤: 네가 부업이 왜 필요해? 부업 대신에 지출을 줄일 방법을 찾아보는 게 어때?

제이크: 네 말이 맞다. 탈진해 버리기 전에 이 일 중 하나는 그만둬야 할 것 같아.

벤: 올리비아 잃기 전에 아마 그래야 할 거야.

Jake: Ben, I forgot about my date with Olivia on Thursday, and she's really upset with me this time.

Ben: Again? Jake, you've already done this three times to her. What are you going to do if she decides ❶**enough is enough**?

Jake: I know. I just hate myself. Please help me make amends with her. I mean… I'm sure you don't want to hear me ❷**sing the blues** if she breaks up with me, do you? Please tell me what I should do. Should I buy her a gift?

Ben: Jake, instead of coming up with ❸**a band-aid solution**, we'll need to find a permanent solution to this problem. Do you agree you've become forgetful recently?

Jake: I know what you mean. As a matter of fact, since I got this second job, I've been so stressed out because of the amount of work I'm assigned to. You know, when I feel overwhelmed, I tend to forget things.

Ben: Why do you need this second job? Why don't you find ways to ❹**pinch some pennies** instead?

Jake: You're right. I'll have to quit one of those jobs before I ❺**run out of gas**.

Ben: Maybe you should before you lose Olivia.

---

make amends 관계를 복구하다, 논쟁이나 싸움을 해결하다
permanent solution 항구적인 해결책
second job 부업

33

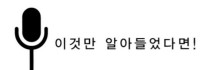 이것만 알아들었다면!

 MP3 012

1

Enough is enough!: I can't stand it anymore!
더는 못 참아!

We need to stand up to him. Enough is enough!
우리는 그 사람에게 맞서야 해! 정말이지 더는 못 참겠어!

2

To sing the blues: To complain/To whine
불평하다/우는소리를 하다

He sang the blues to me, but I couldn't sympathize with him.
그는 나한테 우는소리를 했지만, 나는 그를 측은히 여길 수가 없었다.

3

A band-aid solution: A quick and temporary solution that
doesn't solve the problem 임시방편/임시 처방

His advice is too cliché and apparently a band-aid solution.
그의 충고는 너무나도 상투적이고 보아 하니 임시방편이야.

4

To pinch pennies: To spend as little money as possible
절약하다/한두 푼이라도 아껴 지출을 최대한 줄이다

In order to pinch pennies, I make coffee at home instead
of going to Starbucks.
지출을 최대한 줄이기 위해서, 난 스타벅스에 가는 대신 집에서 커피를 만들어.

5

To run out of gas: To become exhausted/To
lose one's energy 탈진하다/기력을 잃다

After the second half of the game, the soccer player completely ran out of gas.
후반전이 끝난 후에, 그 축구 선수는 완전히 탈진했다.

이 과에서 여러분은 to run out of gas를 '기진맥진하다, 에너지를 잃다'라는 뜻의 이디엄으로 배우고 있습니다. 하지만 이 표현은 문자 그대로 '(자동차의) 기름이 다 떨어지다'라는 뜻으로도 쓰입니다. 그것도 아주 자주 말이죠.

Hey, we're running out of gas. We'll have to stop by a gas station soon.
저기, 우리 차 기름이 다 떨어져 가. 곧 주유소에 들러야겠어.

I don't know why my car runs out of gas so quickly.
난 내 차 기름이 왜 이렇게 빨리 떨어지는지를 모르겠어.

그렇다면, 이 둘 중 어떤 의미로 쓰이는지는 어떻게 알 수 있을까요? 바로 문맥을 보면 됩니다. 이렇게 화자가 말하는 바를 문맥을 보고 정확하게 이해하는 능력을 화용적 능력(Pragmatic competence)이라고 합니다. 구어체 영어의 화용적 능력을 키우고 싶다면 영어로 많은 대화를 듣는 걸 추천합니다.

Vocabulary Point 2

A band-aid solution이란 표현을 봅시다. Band-Aid는 존슨앤존슨사에서 나온 일회용 반창고 브랜드입니다. 반창고는 보통명사로는 bandage지만, 미국인들은 이런 식으로 브랜드명을 보통명사처럼 자주 사용합니다.* 마치 우리나라 사람들이 티슈를 '크리넥스'라고 부르는 것처럼 말이죠. 좌우지간, 다쳤을 때 일회용 반창고를 붙이는 것은 임시적인 처방일 뿐 제대로 된 치료는 아닙니다. 바로 그런 이유 때문에 band-aid는 '문제를 근본적으로 해결하지 않고 임시방편으로 넘기려는'이라는 의미의 형용사로 쓰입니다. Band-aid는 같은 의미의 동사로도 쓰이는데, 과거형과 과거분사형은 규칙 변화로 band-aided입니다.

I can't believe she band-aided the problem by lying to the boss.
난 그녀가 사장님께 거짓말을 해서 그 문제를 임시방편으로 넘겼다는 사실을 믿을 수가 없어!

---

* 미국 영어에서 이렇게 브랜드명이 보통명사처럼 쓰이는 다른 예를 보고 싶은 분들은 『미국 영어 문화 수업 합하고 더한 책』의 〈뼛속까지 자본주의적인 미국 영어 – 브랜드명의 보통명사화〉 편을 참고하세요.

LESSON 3

영어로 말하고 싶은, 또는 못 알아들을 것 같은 예문에 체크해 보세요.

(포스터 세션 -학회에서 하는 발표의 일종)

린 (세션 참석자): 포스터가 정말 훌륭한데요! 만드신 이 모델에 관해 좀 더 설명해 주시겠어요?

세스 (발표자): 그러지요! 공저자와 저는 교사들이 교실에서 새로운 기술을 사용하는 데 걸림돌이 되는 요소에 관한 연구를 하고 있습니다. 교사들은 기술과 관련한 트레이닝을 굉장히 많이 받지만, 교실에서는 그것을 충분히 사용하지를 않습니다.

린: 오, 그러니까 세스 씨의 연구 목적은 교사들이 그 문제를 극복하도록 도우려는 것이군요.

세스: 그렇습니다. 왜 사람들이 신 지식을 사용하지 않는가와 관련된 심리학 분야의 연구는 정말 많죠. 우리는 이론과 실제의 간극을 메우는 방법을 찾는 것에 관심이 있습니다.

린: 흥미로운 작업이네요. 음, 교실에서 수업하는 교사로서 저도 이게 궁금하거든요. 개인적으로, 저는 이 문제의 많은 부분이 결국은 교사들과 학교 행정부 간의 명확한 소통 문제라고 생각합니다.

세스: 네, 우리 모델도 그 점을 고려하고 있습니다. 우리는 학교 행정부 직원들이 새로운 기술을 완전하게 수용해서 사용하는 데 얼마나 많은 시간이 소요되는지를 대체로 깨닫지 못하고 있다는 사실을 알게 됐습니다. 교사들은 그들이 해야 하는 모든 일을 해내려고 고군분투하고 있고요. 그러니 정말 뭔가는 바뀌어야 하는 상황입니다.

린: 세스 씨 팀에서 유용한 모델을 개발하셨어요. 준비하신 인쇄물을 제가 하나만 가져가도 될까요?

세스: 네, 가져가 주세요. 질문하실 게 있으시면 인쇄물에 제 이메일 주소가 있습니다.

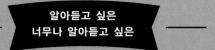

English CONVERSATION

MP3 013

(A poster session at a conference)

Lin (session attendee): Your poster looks great! Can you tell me more about this model you've created?

Seth (presenter): Certainly! My co-author and I are doing research on factors that ❶ **stand in the way of teachers** implementing new technology in the classroom. Teachers get a lot of training with technology, but then they don't fully use it in their classrooms.

Lin: Oh, and your goal is to help them overcome this issue.

Seth: Exactly. There's ❷ **a great deal of research** in psychology about why people don't use new knowledge. We're interested in finding ways of ❸ **bridging the gap between theory and practice**.

Lin: This is interesting work. You know, as a classroom teacher, I'm curious about this too. Personally, I think a lot of this ❹ **boils down to clear communication** between teachers and school administration.

Seth: Yes, our model takes this into account. We found that school administrators usually don't realize how much time it takes to fully incorporate new tech. The teachers struggle to do everything they are supposed to do, and ❺ **something has to give**.

Lin: This is a useful model that you guys have developed. Can I take one of your handouts?

Seth: Yes, please do! If you have any questions, my email is on the handout.

---

implement 시행하다
take ~ into account ~을 고려하다
incorporate 포함하다
handout 인쇄물

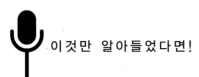 이것만 알아들었다면!

MP3 014

1 To stand in the way of ~

The City Council wanted to move forward with the construction of the new library, but the mayor's office was standing in the way of the approval.

시의회는 새 도서관 공사를 진행하고 싶었지만, 시장실이 승인에 걸림돌이 되고 있었다.

~를 방해하다/~에 장애나 걸림돌이 되다

2 A good[great] deal of ~

More city people are moving to the suburbs. A good deal of our real estate clients now come from New York and Los Angeles.

더 많은 도시 사람들이 교외로 이사 갑니다. 우리 부동산의 많은 고객들이 이제는 뉴욕이나 LA에서 옵니다.

많은 양(수)의

A lot of보다 훨씬 격식을 갖춘 표현.

3 To bridge the gap between A and B

Liberal politicians, like Bernie Sanders, want to bridge the gap between the rich and the poor by spending more on healthcare and education.

버니 샌더스 같은 진보적인 정치인들은 의료 서비스와 교육에 더 투자함으로써 빈부격차를 줄이기 원합니다.

(서로 다른) 사물이나 생각을 이어 주다 /A와 B 사이의 간극을 메우다 /A와 B의 차이를 줄이다

4 To boil down to ~

I had too many plans. In the end, I had to boil things down to focusing on my education before doing anything else.

난 계획이 너무 많았어. 결국 다른 걸 하기 전에 난 학업에 집중하는 것으로 해야 했어.

~으로 요약하다 /결국~이 되다

5 Something has to give

He was working three jobs. It's no surprise that he got sick from all the stress; something has to give.

그가 세 가지 일을 하고 있었어. 그 모든 스트레스 때문에 그가 아프게 된 건 놀랄 일도 아니지. 뭔가는 바뀌어야 해.

(사태가 급박해서) 뭔가는 바뀌어야 하는 상황이다 /당장 결단을 내려야 한다

Something has to give(발음은 Something hasta give와 같습니다.)와 Something's gotta give는 신체적으로나 정신적으로 스트레스가 지나치게 극심해서 뭔가는 희생되거나 잃어버리게 될 거라는 상황을 표현한 말입니다. 그런 급박한 상황에서는 당장 결단을 내려서 어떤 변화를 시도해야겠지요? 예를 들어, 얇은 종이로 된 쇼핑백에 지나치게 많은 물건을 넣고 계속 들고 가면 어떻게 될까요? 쇼핑백이 찢어지면서 물건이 와르르 쏟아지거나, 어떤 물건은 깨질 수도 있습니다. 이런 경우에 할 수 있는 말이 바로 "Something's gotta give."입니다. 즉, 상황이 급박하기 때문에 재빠르게 결단을 내려서 어떤 변화를 줘야 한다는 말이죠. 이 이디엄은 쿠바 출신의 가수이자 작곡가인 카밀라 카베요(Camila Cabello)의 노래 제목으로도 쓰였습니다. 언제나 자신은 주기만 하고 상대는 받기만 하는 등 이런저런 문제가 너무나 많은 현재의 관계에 고통을 느끼는 여자가 이렇게 노래합니다.

Something's gotta give. Something's gotta break. Something's gotta change.
뭔가 결단을 내려야 해. 뭔가는 깨져야만 해. 뭔가는 변화해야 해.

CULTURE POINT

포스터 세션은 종이 포스터로 컨퍼런스 참석자들이 볼 수 있도록 연구 정보를 보여 주는 것을 말합니다. 세스는 학회의 포스터 세션 중에 자신의 연구 포스터를 보여 주고 있고 린은 그의 포스터 세션에 참석합니다. 이렇게 어떤 분야(특히 의학이나 공학 쪽)는 포스터 세션을 통해 학회에서 정보를 나누기도 합니다. 발표자들은 그들의 연구나 작업을 보여 주는 시각 자료로 커다란 포스터를 만듭니다. 학회를 하는 동안, 발표자들에게는 자신들의 포스터를 보여 줄 수 있는 특별한 공간이 지정되고, 참석자들은 여기저기 걸어다니면서 포스터를 볼 수가 있습니다. 그러다 자신들이 보기에 흥미로운 연구가 있거나, 연구에 관해 궁금한 사항이 있으면 발표자에게 질문을 하거나 대화를 나눌 수 있습니다.

LESSON 3

정: 안녕, 라이언. 이 문단 좀 한번 봐 줄래? 마셜 교수님 수업 페이퍼를 쓰고 있는데, 알잖아 영어가 내 모국어가 아니라는 거. 그래서 난 늘 어휘랑 문법이 걱정돼.

라이언: 알았어, 정. 어디 한번 보자. 음, 그러니까 이 섹션에서 네가 지난 연구와 새로운 연구를 연결하려고 하는 거네. 바로 여기에 네가 "a bunch of works have been done."(많은 작업이 이루어졌다)이라고 썼는데, "a lot of research studies"(많은 연구)라는 말을 하려는 거야?

정: 맞아.

라이언: 알았어. 그럼 "a bunch of"는 여기에 적절하지 않아. 왜냐하면 이건 지나치게 구어체적이고 격식 없는 말이거든.

정: "a lot of"라고 하면 돼?

라이언: 글쎄, 그것도 너무 구어체적이긴 해. 틀린 건 아니지만, 그냥 아주 학문적인 건 아닌 거지. 이렇게 말할 수는 있겠다. "A great deal of work has been done."

정: -s 넣은 works가 아니고? 내 말은, 그거 복수형이잖아.

라이언: 음, works를 쓰는 것도 가능하긴 한데, 이 경우는 아니야. 대부분의 경우에 work는 셀 수 없는 명사거든. 그러니까 복수형이 안 돼. 그렇지만 뭐 이게 심각한 실수는 아니야. 네 페이퍼에 좋은 성적을 받는 데 방해가 되지는 않을 거야.

정: (한숨을 쉬면서) 글쎄, 방해가 될 수도 있어. 모든 수업과 실험실에서 나 진짜 열심히 하고 있거든. 그래서 영어 작문 실력을 갈고닦을 시간이 전혀 없어. 뭔가 결단을 내려야 하긴 해. 보통 내 영어가 문제거든.

라이언: 내 생각에 이런 문제는 모두 결국 좋은 협력 관계를 만드는 게 핵심인 것 같아. 우리 일주일에 두 번씩 같이 공부하면 어떨까? 나는 수업 시간에 배운 주제를 누군가와 같이 의견 나누면서 할 때 더 잘 배우게 되거든. 게다가 네가 작문하는 걸 어느 정도 도와줄 수도 있고.

정: 그거 정말 좋은 생각이야, 라이언! 진짜 고마워! 저기, 혹시 다음 문단도 네가 좀 봐 줄 수 있겠니?

라이언: 물론이지, 친구! 문제없어!

Jung: Hi, Ryan, could you look over this paragraph for me? I'm working on a paper for Dr. Marshall's class. You know, English is not my first language, so I'm always worried about my vocabulary and grammar.

Ryan: Sure, Jung. Let me have a look. Hmm… So, in this section you're trying to ❶**bridge the gap between older and newer studies**. Right here, you wrote, "a bunch of works have been done." Do you mean "a lot of research studies?"

Jung: Yes.

Ryan: Okay, so "a bunch of" doesn't work here because it's too conversational and informal.

Jung: Can I say, "a lot of"?

Ryan: Well, even that sounds very conversational. It's not incorrect, just not very academic. You could say this: "❷**A great deal of work** has been done."

Jung: Not works, with an -s? I mean, it's plural.

Ryan: Well, it's possible to have the word "works", but not in this case. Most of the time "work" is uncountable, so it's not plural. But look, this is not a major error. It's not going to ❸**stand in the way of you** getting a good grade on your paper.

Jung: (Sighing) Well, it might. I'm working so hard in all my classes and in the lab. There's just no extra time to improve my English writing. ❹**Something's gotta give**, and usually it's my English.

Ryan: I think it all ❺**boils down to creating a good support system**. Why don't we study together twice a week? I learn better when I can discuss the topics from class with someone. Also, I can help you with some of your writing.

Jung: That would be so great, Ryan! Thank you so much! Um, do you think you could maybe look at the next paragraph, too?

Ryan: Sure, dude! No problem!

이것만 알아들었다면!

MP3 016

1 To bridge the gap between A and B:

To connect two things or ideas
/To decrease the difference between two things

One employee is out on maternity leave. Another is on sick leave. We'll have to bridge the gap with some temporary workers.
직원 하나가 출산 휴가 중입니다. 다른 직원은 병가를 냈고요.
우리는 임시직원들로 그 공백을 메워야 할 겁니다.

2 A good[great] deal of ~: a lot of

I was amazed to learn that a great deal of the budget is spent on marketing instead of salaries.

저는 엄청난 예산이 급여 대신 마케팅에 쓰인다는 사실을 알게 되고는 놀랐습니다.

A lot of보다
훨씬 격식을
갖춘 표현.

3 To stand in the way of ~: (Literally or figuratively)

To block or hinder

Ugh! I'm 20 years old and ready to get my own apartment, but my parents won't let me. They're always standing in the way of my being an adult.
윽! 난 스무 살이고 내 아파트를 얻을 준비가 돼 있는데, 우리 부모가 허락을 안 하시려고 하네. 부모님은 내가 어엿한 성인으로서 행동하려고 하는 것에 늘 방해를 하신다니까.

4 Something has to give:

A situation is overloaded to the point of breaking down

Neither party in Congress will agree about the budget, but we have a deadline, so something has to give soon!
의회 내 어느 정당도 예산 관련해 동의하지 않겠지만, 마감 시간이 있기 때문에 곧 결단을 내려야 하는 상황입니다!

5 To boil down to ~:

To arrive at the most important aspect of something
/To reduce something to its core elements

We really wanted to buy that house, but we just couldn't do it. It all boiled down to money, and we simply didn't have enough.
우리는 정말 저 집을 사고 싶었지만, 그냥 그럴 수가 없었어. 결국은 전부 돈 문제로 요약되는데, 그냥 그 집을 살 정도로 돈이 충분하지 않았거든.

Work가 명사로 쓰일 때는 보통 셀 수 없는 불가산명사입니다. 그러니 많은 양의 일이나 작업을 말할 때도 복수형으로 쓰지 않고 "I did a lot of work today.(오늘 일 많이 했어.)"라고 합니다. 그리고 이 법칙은 homework(숙제)나 housework(집안일)처럼 work가 들어가는 복합명사에도 똑같이 적용됩니다.

Our teacher gave us a lot of <u>homework</u>. (O)
Our teacher gave us a lot of <u>homeworks</u>. (X)
우리 선생님이 숙제를 많이 내주셨어.

그렇지만 work가 위의 경우에서와 같이 '일'이 아니라 '작품'의 의미로 쓰일 때는 가산명사이기 때문에 복수형인 works라고 할 수도 있습니다. 그래서 works of art(미술 작품들), works of literature(문학 작품들) 또는 the works of Shakespeare(셰익스피어 작품들)와 같은 말을 종종 들으실 거예요. 물론, 대부분의 경우에 명사 work는 '일'의 의미로 쓰이기 때문에 셀 수 없는 명사로 훨씬 더 많이 쓰입니다.

Vocabulary Point

앞의 대화에서 라이언은 정에게 a bunch of와 a lot of가 문법적으로 틀리지 않지만, 지나치게 구어체적인 표현이라서 페이퍼에 쓰기에는 적합하지 않다는 점을 지적합니다. 이는 언어학에서 말하는 register(상황에 따라 달라지는 언어 사용)의 좋은 예입니다. 즉, 라이언은 formal register(격식을 차린 언어)와 informal register(격식을 갖추지 않은 구어체 언어)의 차이를 말하고 있습니다. 사실 미국인들은 격식을 갖추어야 하는 상황에서도 a lot of를 사용하기도 합니다. 그러나 학문적인 환경에서는 a lot of보다는 a good deal of, a great deal of, a number of와 같은 표현을 훨씬 더 선호합니다.

LESSON 3

(직장에서 서로 적대적인 관계에 있는 두 사람에 관하여)

테아: 내가 미친 거예요, 아니면 캐시디 씨하고 루이즈 씨가 원수지간이 된 거예요? 내가 그 사람들과 회의 중이었는데, 그 두 사람이 서로 너무나도 적대적인 거예요. 서로가 서로를 자극하면서 말이에요.

마이클: 테아 씨가 미친 게 아니에요. 그 두 사람이 하는 언쟁이 너무 심해졌어요. 정말 프로답지 못하게 말이죠. 사무실에 있는 모두를 스트레스 받게 하고 있어요. 뭔가 결단을 내려야 하긴 해요.

테아: 글쎄, 저는 루이즈 씨가 캐시디 씨 승진하는 데 정말로 방해가 되고 있다는 걸 느꼈어요.

마이클: 맞아요. 하지만 캐시디 씨도 매일 별것 아닌 일로 드라마를 찍느라 시간을 엄청 낭비해요. 지난주만 해도 우리가 휴게실에서 앨런 씨 생일을 축하하고 있었거든요. 루이즈 씨가 모두에게 컵케이크를 나눠 주고 있었고요. 캐시디 씨가 자기 케이크를 받더니, "오우, 이것 봐요, 루이즈 씨. 제 컵케이크에 머리카락이 있어요. 어우 밥맛 떨어져!"라고 말하더라고요. 그 사람 컵케이크에 머리카락이 있었는지 누가 알겠어요? 제 말은 캐시디 씨도 똑같이 웃기고 이상해요.

테아: 제 생각에 이 모든 게 결국 자존심 문제로 요약되는 것 같아요. 그 둘 다 똑똑하고 유능한 사람들이지만, 왠지 둘 중 한 사람이 언제나 최고거나 옳은 사람이 되어야만 하니까요.

마이클: 사실, 제가 보기에는 그게 결국 자신이 없어서 그런 것 같아요. 테아 씨 말이 맞죠. 그 둘 다 똑똑하고 유능한 사람들이긴 하지만 스스로에게 자신감이 없어요. 그래서 이런 유치한 행동에 기대는 거고요.

테아: 그래서 어떻게 될 것 같아요?

마이클: 저도 모르겠어요. 하지만 그 두 사람은 둘의 성격차를 줄일 방법을 찾아야 할 거예요. 그렇지 않으면 결국 둘 다 해고되고 말 겁니다.

(About two workplace enemies)

Thea: Am I crazy, or have Cassidy and Louise become enemies? I was in a meeting with them, and they were so hostile to each other, just egging each other on.

Michael: You are not crazy. Their bickering has gotten so bad. It's so unprofessional. It's stressing everyone out in the office.

❶ Something's gotta give.

Thea: Well, I did notice that Louise ❷ **has** really **stood in the way of Cassidy** getting a promotion.

Michael: True, but Cassidy spends ❸ **a good deal of her time** creating daily dramas. Just last week we were celebrating Alan's birthday in the breakroom. Louise was handing out cupcakes to everyone. When Cassidy got hers, she said, "Oh, look, Louise, there's a hair on my cupcake, how gross!" Who knows if there was a hair on her cupcake? My point is, Cassidy is equally ridiculous.

Thea: I think this all ❹ **boils down to egos.** They are both smart and capable people, but somehow one of them always has to be the best one, or the right one.

Michael: Actually, I think it **boils down to insecurity.** You're right; they are both smart and capable, but they aren't confident in themselves, so they resort to this childish behavior.

Thea: What do you think is going to happen?

Michael: I don't know, but those two need to find a way to

❺ bridge the gap between their personalities, or they

will both end up getting fired.

---

egg on 하지 말아야 할 행동을 하게 부추기다   **bickering** 말다툼, 언쟁
create daily dramas 별것 아닌 사소한 일을 크게 만들다, 사소한 걸로 드라마를 찍다
ego 자존심, 자부심   **resort to** 의지하다, 기대다

45

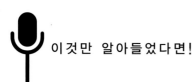

MP3 018

1 Something has to give:

A situation is overloaded to the point of breaking down
(사태가 급박해서) 뭔가는 바뀌어야 하는 상황이다/당장 결단을 내려야 한다

My boss is so unreasonable. He disrespects everyone and micromanages them.
Three people just quit last week. This can't go on forever; something has to give.
제 상사는 진짜 합리적이지 못해요. 모두를 무시하고 직원들한테 세세한 일까지 일일이 간섭해요.
지난주에는 세 사람이 그만뒀어요. 계속 이런 식으로 갈 수는 없어요. 뭔가 결단을 내려야 합니다.

2 To stand in the way of ~: (Literally or figuratively) To block
or hinder **~를 방해하다/~에 장애나 걸림돌이 되다**

Erin: Hey, Joe, do you mind if I finish your French fries?
Joe: Go for it! I'm not going to stand in your way.
에린: 저기, 조, 네가 먹다 남긴 감자튀김 내가 먹어도 괜찮아?
조: 어서 먹어! 방해하지 않을 테니까.

3 A good[great] deal of ~:

a lot of 많은 양(수)의

We spent a good deal of time preparing our poster for
the conference.
우리는 학회용 포스터를 준비하는 데 시간을 많이 들였습니다.

A lot of보다
훨씬 격식을
갖춘 표현.

4 To boil down to ~: To arrive at the most important aspect of
something/To reduce something to its core elements
~으로 요약하다/결국~이 되다

All the practice that the team has put in this year boils down to this final game
today.
올해 그 팀이 했던 모든 연습은 오늘의 이 결승 게임으로 요약될 겁니다.

5 To bridge the gap between A and B:

To connect two things or ideas/To decrease the difference between two things
(서로 다른) 사물이나 생각을 이어 주다/A와 B 사이의 간극을 메우다
/A와 B의 차이를 줄이다

I've found some good rocks that we can use to
bridge the gap in the stone wall.
저는 돌담의 공백을 메우는 데 사용할 수 있는 좋은 바윗돌 몇 개를
찾았습니다.

캐시디가 말한 "There's a hair on my cupcake!"를 보세요. 이 문장에서는 hair가 셀 수 있는 명사로 a hair라고 썼었죠? 하지만 hair는 대부분의 문맥에서 불가산명사 (머리카락 전체)로 쓰입니다.

I need to wash my <u>hair</u>.　(O) 머리를 감아야 해.
I need to wash my <u>hairs</u>.　(X)

그렇다면 캐시디의 문장에서는 왜 hair가 셀 수 있는 명사로 쓰였을까요? 여기서는 정확히 한 올의 머리카락(a strand of hair)을 말하고 있기 때문입니다. 이렇게 문맥에 따라 불가산명사가 가산명사로 쓰인 또 다른 예로 language도 있습니다.

Humans are wired for <u>language</u>.
인간은 언어 시스템을 가지고 태어난다.

위 문장에서 language가 불가산명사로 쓰인 이유는 '언어라는 개념'(the concept of language)을 말하고 있기 때문입니다. 반면, 다음 문장을 보세요.

She speaks several <u>languages</u>.
그녀는 여러 언어를 할 수 있어.

이 경우는 languages가 한국어, 영어, 중국어 등 그녀가 할 줄 아는 특정 언어들 (specific, individual languages)을 지칭하기 때문에 가산명사로 쓰인 거예요. 문맥에 따라 셀 수 있기도 하고 셀 수 없기도 하는 명사 공부를 더 하고 싶은 분들은 『미국 영어 회화 문법』 1권을 참고하세요.[*]

---

* 　김아영 (2019) 미국 영어 회화 문법 Vol. 1 서울: 사람in출판사

Vocabulary Point

테아는 캐시디와 루이즈 이야기를 하면서 "…egging each other on."이라고 합니다. To egg someone on은 '누군가에게 어떤 행동을 하도록 부추기다'라는 뜻입니다. 즉, 캐시디와 루이즈는 서로가 서로를 화나게 하고 또 방어적으로 되게 하는 말을 계속하고 있었다는 말이죠. 이 표현은 다음과 같이 또래 집단으로부터 어떤 압력 (peer pressure)을 받는 상황에서도 사용할 수 있습니다.

Tony's friends kept <u>egging him on</u> to drive over the speed limit, but he refused.
토니의 친구들은 계속 그에게 제한 속도 이상으로 달리라고 부추겼지만, 그는 거부했다.

To egg someone on은 주로 부정적이거나 하지 말아야 하는 일을 하라고 부추기는 상황에서 쓰이지만, 다소 드물게 별 해가 될 것이 없는 상황에서 쓰이기도 합니다.

Susan finally got on the dance floor after her friends <u>had egged her on</u> for an hour.
수잔은 친구들이 한 시간 동안 부추기자, 결국 댄스 플로어로 나갔다.

영어로 말하고 싶은, 또는 못 알아들을 것 같은 예문에 체크해 보세요.

케일리: 정말, 이번에 새로 온 사람 때문에 돌아버리겠어! 내가 그 사람한테 오늘까지 보고서를 끝내라고 했는데, 그거 끝내는 데 이틀이 더 필요하다고 하는 거야. 그 일하는 데 그 사람은 왜 그렇게 시간이 오래 걸리는지 난 모르겠어. 그러니까 그게 그리 어려운 일도 아니잖아.

레슬리: 그 사람한테 너무 그러지 말고 사정 좀 봐줘. 신입이잖아. 누가 모든 걸 처음부터 완벽하게 할 수 있겠어?

케일리: 네가 무슨 말 하려는지는 알겠는데, 그 사람은 계속 지각하고, 계산 실수까지 해 왔기 때문에 오늘이 마감인 보고서를 끝내지 못했다고 말했을 때는 더 이상 못 참겠더라고.

레슬리: 실은, 그 사람이 지난주에 약혼녀하고 헤어졌다는 소문이 있는데, 그래서 그 사람이 감정적으로 매우 힘들었다나 봐. 사실, 그런 상황에서는 자신을 추스르기가 힘들잖아.

케일리: 뭐, 그런 경우라면 내가 그 사람을 좀 봐줘야 할 것 같기는 하네.

English CONVERSATION

MP3 019

Kaylee: Gosh, this new guy drives me nuts! I told him to finish the report by today, but he says he needs two more days to complete it. I don't know why he's taking so much time to do that. I mean ❶ **it's not rocket science**.

Leslie: ❷ **Cut him some slack.** He's new. Who can do everything perfectly ❸ **from the jump**?

Kaylee: I know what you mean, but he has been coming late, he has been making calculation mistakes, and it was ❹ **the last straw** when he said he didn't finish the report which is due today.

Leslie: Actually, rumor has it that he broke up with his fiancée last week, and there was so much going on emotionally for him. You know, it's hard to ❺ **pull oneself together** in such a situation.

Kaylee: Well, if that's the case, I guess I'll have to **cut him some slack**.

---

drive someone nuts ~를 미치게 만들다
rumor has it that ~ ~라는 소문이 있다

49

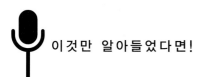 이것만 알아들었다면!

MP3 020

1 It's not rocket science.

Keep calm! You can do it. It's not rocket science.
침착해! 넌 할 수 있어. 그리 어려운 일이 아니라고.

그리 어려운 일은 아니야.

2 To cut someone some slack

Please cut me some slack! I'm doing the best I can.
저한테 너무 그러지 말고 사정 좀 봐주세요. 제가 할 수 있는 최선을
다하고 있다고요.

너무 가혹하게 굴지 않고
사정을 좀 봐주다

3 From the jump

I think that guy didn't like me from the jump.
난 그 자식이 처음부터 날 좋아하지 않았다고 생각해.

처음부터

4 The last straw

He had already been very mean to me, but it was the
last straw when he insulted my dad, so I yelled at him.
그 사람이 이미 나한테 엄청 못되게 굴긴 했지. 하지만 그가 우리 아빠를
모욕했던 이게 결정타가 돼서 난 그에게 소리를 질렀어.

최후의 결정타
/더 이상 견디지 못하게
만드는 마지막 한 가닥의
무게

5 To pull oneself together

After she broke up with Jack, she tried hard to pull
herself together in order to get on with her life.
잭과 헤어진 후에, 그녀는 삶을 지속하기 위해 냉정을 되찾으려고 무지
애썼어.

침착해지다
/냉정을 되찾다

50

케일리의 문장 "It was the last straw when he said he <u>didn't finish</u> the report which is due today."를 보세요. 여기서 밑줄 친 부분은 원래 단순 과거가 아니라 과거완료를 써야 좀 더 정확한 표현이 됩니다. 그가 말하기(he said) 전부터 보고서를 끝내지 않고 있는 상태가 지속되고 있었으니까요. 그렇지만 미국인들은 구어체 일상 회화에서 이렇게 과거완료 대신 그냥 단순 과거시제를 쓰는 경우가 많습니다. 그 이유는 굳이 과거완료를 쓰지 않더라도 어떤 동작이나 사건이 먼저 일어난 일인지를 문맥상 쉽게 알 수 있기 때문입니다. 또 다른 예는 다음과 같습니다.

Dr. Jenks showed the result of his experiment he <u>had conducted</u> with his research team.

Dr. Jenks showed the result of his experiment he <u>conducted</u> with his research team.
젱크스 박사님은 그분이 자기 연구팀과 함께 한 실험 결과를 보여줬습니다.

위의 두 문장 모두 사용 가능한 문장입니다. 그 이유는, 밑줄 친 부분을 구태여 과거완료시제를 쓰지 않더라도, 실험을 한 시점이 실험 결과를 보여 주는 시점보다 먼저라는 사실을 쉽게 알 수 있기 때문입니다.

Vocabulary Point

'마지막 지푸라기'의 뜻인 the last straw가 왜 '최후의 결정타'라는 의미를 가진 이디엄이 되었을까요? 이는 The straw that broke the camel's back(낙타의 등을 부러뜨린 바로 그 지푸라기)이라는 옛말에서 온 표현입니다. 낙타 등에 무거운 물건들을 이것저것 잔뜩 실은 모습을 상상해 보세요. 그 많은 짐의 무게 때문에 낙타는 이미 기진맥진하게 된 상태입니다. 그렇게 힘겹게 버티고 있는 낙타의 등 위에 누군가 마지막으로 지푸라기를 하나 올렸는데, 그로 인해 낙타 등이 부러지고 맙니다. 그러니 the last straw는 이미 벌어진 어려운 상황을 참고 견디고 있는 상태에서 또 다른 타격을 받아서 바로 무너지고 마는 걸 표현한 이디엄입니다.

LESSON 4

리타: 린다, 데이터 분석은 실시했니?

린다: 정말 미안한데, 나한테 시간을 조금만 더 줄 수 있을까?

리타: 내가 전에도 말했듯이, 난 그 결과가 오늘 필요했다고. 이런 말 하기 정말 싫지만, 그거 하는 데 왜 그렇게 시간이 오래 걸리는지 이해를 못하겠어. 그리 어려운 일도 아닌데 말이야.

린다: 너한테 나 좀 봐달라는 건 아니지만, 나 샘이랑 2주 전에 헤어졌어. 그 사람이 떠난 것도 충분히 힘든 일이었는데, 케이티한테 자동차 사고까지 나니까 정말 결정타를 맞았네.

리타: 어머나, 세상에! 왜 나한테 그걸 말 안 했어? 우리 서로 오랫동안 알고 지낸 사이잖아. 네가 우리 회사에서 일하기 전부터 친구였고.

린다: 고마워, 리타. 나도 우리 우정을 소중하게 생각해. 그냥 지난 2주 동안 너한테 말할 기회가 없었던 것뿐이야.

리타: 그래, 케이티는 괜찮고?

린다: 왼쪽 무릎을 다쳤는데, 그것 빼고는 괜찮은 것 같아.

리타: 천만다행이네!

린다: 어쨌든, 내가 정신 차리려고 정말 노력하고 있으니까 이번 주에는 다시 모든 일에 뛰어들 준비가 돼 있어.

리타: 잘됐네! 데이터 분석, 내일까지 끝낼 수 있을 것 같아?

린다: 그럼, 그렇게 해도 네가 괜찮다면 말이야. 다시 한번 늦어져서 정말 미안해.

리타: 뭐, 우리 파트너 회사에 기한을 하루 더 연장해 달라고 물어봐야겠지만, 그게 문제되지는 않을 거야.

린다: 다른 마케팅 프로젝트는 어떻고?

리타: 처음부터 몇 가지 문제가 있었다는 생각이 들어서 더 진행하기 전에 모든 걸 재평가하기로 했어.

린다: 알았어!

Rita: Linda, have you conducted the data analysis?

Linda: I'm so sorry, but is there any way you can give me a little more time?

Rita: As I mentioned before, I needed the results today. I hate to say this, but I don't understand why it's taking such a long time. ❶ **It's not rocket science**.

Linda: I'm not asking you to ❷ **cut me some slack**, but I broke up with Sam about two weeks ago. Losing him was bad enough, but it was ❸ **the last straw** when Katie had a car accident.

Rita: Oh, my God! Why didn't you tell me about it? We've known each other for a long time. We were friends even before you started working for my company.

Linda: Thanks, Rita. I also cherish our friendship. I just didn't have a chance to talk to you for the last couple of weeks.

Rita: So, is Katie all right?

Linda: She injured her left knee, but except for that, she seems fine.

Rita: Thank God!

Linda: In any case, I've been trying hard to ❹ **pull myself together**, and this week I'm ready to jump back into everything.

Rita: Good! Do you think you can finish the data analysis by tomorrow?

Linda: Sure, if that's okay with you. Again, I'm so sorry about the delay.

Rita: Well, I'll have to ask for a day's extension from our partner, but that shouldn't be a problem.

Linda: What about the other marketing project?

Rita: I felt like there were a couple of issues ❺ **from the jump**, so I've decided to reassess everything before moving forward.

Linda: Got it!

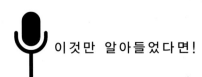 이것만 알아들었다면!

MP3 022

1

It's not rocket science. :
It's not something too difficult to do.

I don't get why you're always having trouble with elementary math. It's not rocket science.
난 네가 왜 기초 수학 때문에 그렇게 골머리를 앓는지 이해를 못하겠어. 그게 뭐가 그렇게 어렵다고.

2

To cut someone some slack:
Not to be too critical of someone

I'm not going to cut him any slack just because he has three kids.
단지 그 사람에게 아이가 셋 있다는 이유로 내가 그 사람 사정을 봐주지는 않을 겁니다.

3

The last straw: The last in a series of bad events that makes you feel that you cannot be patient any longer

Getting an F on my first paper was bad enough, but it was the last straw with my fender bender.
내 첫 페이퍼에 F를 받은 것도 충분히 나쁜 일이었는데, 접촉사고까지 나니까 더 이상 견딜 수가 없었어.

4

To pull oneself together: To calm oneself down /To regain one's composure

Please give me some time. I've got to pull myself together.
나한테 시간을 좀 줘. 나 자신을 좀 추스려야겠으니까.

5

From the jump:
From the beginning/From the get-go

It's obvious that she lied to all of us from the jump.
그 여자가 처음부터 우리 모두에게 거짓말을 했다는 게 명백해.

To pull oneself together가 왜 '냉정을 되찾다'라는 의미가 되었는지 그 기원은 정확히 알려져 있지 않습니다. 그렇지만 많은 영어학자들은 이 표현이 또 다른 이디엄 to be beside oneself(격정적인 감정 때문에 이성을 잃고 어찌할 바를 모르다)와 관련이 있다고 추측합니다. 내가 나 자신 옆(beside)에 있다니 이게 대체 무슨 말일까요? 영미 문화권의 옛날 사람들은 격정적인 감정이 우리의 몸과 마음을 분리시킬 수도 있다고 믿었다고 해요. 그러니 너무 흥분한 상태가 되면 beside oneself가 될 수 있다고 생각한 거죠. 그런 상황에서는 우리의 몸과 영혼이 하나가 되도록 해야 하기 때문에, to pull oneself together라는 표현이 성립하게 됩니다. 이 표현의 좋은 용례는 배우 윤여정 씨의 오스카상 수상 소감에서 찾을 수 있습니다. 윤여정 씨는 브래드 피트를 만나 영광이라는 말과 함께 지구 반대편 나라에서 TV로만 보던 오스카상 시상식에 자신이 직접 나오게 됐다는 걸 믿을 수 없다면서 굉장히 들뜬 감정을 표현합니다. 그러고는 이 이디엄을 사용해 다음과 같이 말합니다.

Okay, let me pull myself together.
자, 저 흥분 좀 가라앉히고 정신 좀 차릴게요.

그런 다음 이 표현대로 냉정을 되찾고 침착하게 아카데미 회원들과 영화 〈미나리〉 팀에게 감사의 인사를 전합니다. 실로 이 문맥에 딱 맞아떨어지는 표현이죠?

Vocabulary Point 2

It's not rocket science.라는 표현에서 rocket science는 문자 그대로 로켓을 만들고 발사하는 데 필요한 과학적 지식을 뜻합니다. 그러니 이 표현은 굉장히 고도의 지능이 요구되는 일을 말하는 거죠. 그러니 누군가 "It's not rocket science."라고 하면, 그렇게 어려운 일이 아니라는 말이 됩니다. 같은 의미로 It's not brain surgery.라는 표현도 있습니다. Brain surgery(뇌 수술) 또한 로켓을 만드는 일처럼 고도의 지능과 기술이 요구되기에 이 둘은 똑같은 의미를 지닌 이디엄이라고 보면 됩니다.

I don't know why you're taking forever to finish this. It's not brain surgery.
네가 이 일을 끝내는 데 왜 그렇게 시간이 오래 걸리는지 모르겠어. 그리 어려운 일도 아닌데.

그런데 꼭 주의할 점이 하나 있습니다. 이 이디엄은 대부분의 상황에서 다소 무례하게 들릴 수 있습니다. 그래서 격식을 갖추어야 하는 자리(formal setting)나 학문하는 환경(academic setting)에서 쓰기엔 부적절한 이디엄이라는 사실을 명심하세요.

로버트: 제이크 씨, 제이크 씨 아이디어가 좋긴 한데요, 비상 대안을 두 가지 정도 더 준비합시다.

제이크: 그냥 솔직하게 말씀해 주세요. 제 아이디어가 맘에 안 드시는 것 같은데, 너무 진부한가요?

로버트: 아니요, 전혀 진부하지 않아요. 저 지금 제이크 씨에게 솔직히 말하고 있는 거예요. 저는 제이크 씨 아이디어가 처음부터 좋았어요. 뭐, 제2안을 가지고 있는 건 언제나 좋은 일이잖아요.

제이크: 아, 알겠습니다. 그렇다면, 카일 씨의 계획은 뭔가요?

로버트: 저기, 카일 씨 그만둔 것 모르고 계셨어요?

제이크: 말도 안 돼! 그런데 왜요?

로버트: 아시다시피, 매트 코헨 씨가 카일 씨 직속 상사였잖아요. 매트 씨가 항상 카일 씨를 표적으로 삼아 공격했고, 그래서 카일 씨가 매트 씨랑 일하기 싫어했어요. 그러다가 매트 씨가 카일 씨한테 회사 자금을 횡령했다는 혐의를 씌운 일이 최후의 결정타였죠. 아무도 회삿돈에 손대지 않았다고 밝혀졌고, 회계상의 실수였을 뿐이었어요.

제이크: 어휴, 도대체 매트 씨 그 사람 왜 그래요? 저도 매트 씨가 아주 사소한 실수 하나로 카일 씨한테 소리 지르는 걸 봤거든요. 모든 사람들이 다 "이봐요, 카일 씨한테 너무 그러지 마세요! 이 분야 신참이잖아요."라고 했죠. 물론 그 인정사정없는 인간은 전혀 신경도 안 썼지만요. 오우, 욕해서 미안해요. 뭐 어쨌든, 카일 씨는 지금 어떻게 지내나요?

로버트: 모르겠어요. 아마도 마음을 추스르고 다른 직장에 지원하고 있겠죠.

제이크: 네, 당연히 그러겠죠. 뭐 어쨌든 저는 제2안과 아마 제3안까지도 오늘 중으로 내보도록 하겠습니다.

로버트: 하루 안에 두 가지 안이나요?

제이크: 물론이죠! 그렇게 힘든 일도 아니잖아요.

Robert: Jake, I like your idea; however, let's have a couple more back-up plans.

Jake: Please give it to me straight. I guess you don't like my idea. Is it too cliché?

Robert: No, it's not cliché at all. I'm being honest with you. I liked your idea ❶**from the jump**. You know, it's always good to have plan B.

Jake: Oh, okay. Then, what is Kyle's plan?

Robert: Wait, weren't you aware that Kyle quit his job?

Jake: No way! But…why?

Robert: As you know, Matt Cohen was his immediate boss. Matt had always targeted him, and Kyle hated working with him. Then, it was ❷**the last straw** when Matt accused him of embezzling company funds. It turned out that nobody embezzled the company money, and it was just an accounting error.

Jake: Geez, what the hell is wrong with Matt? I did see him yelling at Kyle over a very minor mistake. Everyone was like, "Hey, ❸**cut him some slack**! He's new to this field." Of course, that ruthless guy didn't give a shit. Oh, excuse my French. Anyways, how's Kyle doing now?

Robert: I don't know. He's probably ❹**pulling himself together** and applying for another job.

Jake: Yeah, he should. In any case, I'll come up with plan B and maybe plan C as well today.

Robert: Two plans within a day?

Jake: Of course! ❺**It's not rocket science**.

---

back-up plan 대안   **Give it to me straight.** 솔직하게 말씀해 주세요.
embezzle 횡령하다   **be like** ~라고 말하다   **ruthless** 무자비한, 인정사정없는
not give a shit 전혀 신경 쓰지 않다   **Excuse my French.** 욕해서 미안해요.

이것만 알아들었다면!

MP3 024

1

From the jump: From the beginning/From the get-go
처음부터

The play was a total success from the jump.
그 연극은 처음부터 완전히 성공이었어.

2

The last straw: The last in a series of bad events that makes you feel that you cannot be patient any longer
최후의 결정타/더 이상 견디지 못하게 만드는 마지막 한 가닥의 무게

Brad: Do you know why Kate divorced her husband?
Carl: Her husband didn't treat her well, and it was the last straw when he cheated on her.
브래드: 너 케이트가 남편이랑 왜 이혼했는지 아니?
칼: 남편이 케이트를 함부로 대했고, 케이트를 속이고 바람까지 피운 게 결정타였지.

3

To cut someone some slack: Not to be too critical of someone 너무 가혹하게 굴지 않고 사정을 좀 봐주다

Why would you cut that politician any slack? Have you read the news about his corruption scandal?
왜 저 정치인 사정을 봐주려고 해? 저 사람 부정부패 비리 사건에 관한 뉴스는 읽어 봤니?

4

To pull oneself together: To calm oneself down/To regain one's composure 침착해지다/냉정을 되찾다

After he lost his wife, he couldn't get over his loss for a while. He managed to pull himself together to get back to work.
아내를 잃은 후, 그는 한동안 상실감을 극복할 수가 없었다. 그는 가까스로 자신을 추스려서 업무에 복귀했다.

5

It's not rocket science.:
It's not something too difficult to do. 그리 어려운 일은 아니야.

I know this project is challenging, but it's not rocket science.
이 프로젝트가 힘들다는 건 알지만, 그래도 그렇게까지 어려운 일은 아닙니다.

제이크의 문장, "Is it too cliché?"에서는 cliché가 형용사로 쓰이고 있죠? 하지만 cliché를 사전에서 찾아보면 '상투적인 문구/생각/아이디어'라는 뜻을 가진 명사입니다. 예를 볼까요?

Mom: How do you like the story?

Daughter: Overall, it was an interesting story, but the ending was such a cliché. "They all lived happily ever after."

엄마: 이야기는 어때, 괜찮아?

딸: 전체적으로 흥미로운 이야기였지만, 마지막 부분이 너무 상투적인 문장이었어요. "그 후 그들은 모두 영원히 행복하게 살았습니다."

그래서 규범문법(Prescriptive Grammar)의 관점에서 보면, 원래 명사인 이 단어의 형용사형은 clichéd입니다.* 그럼에도 불구하고 미국인들은 일상 회화에서 cliché를 명사뿐만 아니라 형용사로도 종종 사용합니다. 규범문법을 따르는 표현은 아니지만, 미국인들의 구어적 표현(colloquialism)의 하나라고 이해하면 되겠습니다.

His story was so boring because it was too cliché.

그의 이야기는 너무나 지루했어. 지나치게 상투적이었거든.

---

* 규범문법(Prescriptive Grammar)이란 한 언어에는 올바른 용법이 존재하기 때문에 모든 사람들이 그 용법에 따라서 해당 언어를 사용해야 한다고 보는 관점으로, Standard American English(표준 미국 영어)라는 용어를 사용한다. 반면, 기술문법(Descriptive Grammar)이란 말 그대로 언어가 보통 사람들에게 사용되고 있는 그 상태 그대로 기술하는 문법이다. 그래서 이 용어는 영어로도 '있는 그대로 묘사하는'이라는 의미를 가진 단어인 descriptive가 들어간다. 당연히 이들은 사투리를 포함하는 지역 방언 또한 모두 제대로 된 언어로 인정하고 연구한다. – 김아영 『미국 영어 문화 수업 합하고 더한 책』에서 발췌

Grammar Point 2

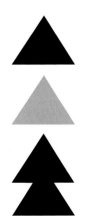

로버트의 문장, "I'm being honest with you."에서 흥미롭게도 be동사를 현재진행형으로 쓰고 있습니다. Be동사가 상태(State Verb)가 아닌 동작(Action Verb)을 의미할 때 현재진행형을 사용할 수 있습니다. 즉, "I am honest."는 "나는 솔직하다."라는 말로, 나라는 사람이 솔직한 사람이라는 걸 의미합니다. 반면, "I'm being honest."는 "나 지금 솔직하게 말하고 있는 거야."라고 해석합니다. 즉, 로버트가 지금 자신이 하는 말이 솔직한 의견이라는 의미를 전달하기 위해서 현재진행형을 쓴 거죠. 만약 "난 너한테 언제나 솔직해."라고 하고 싶었다면, 현재진행형이 아닌 단순현재를 사용해서 "I'm always honest with you."라고 말했을 겁니다.

LESSON 5

영어로 말하고 싶은, 또는 못 알아들을 것 같은 예문에 체크해 보세요.

조지: 캐리 씨, 우리 대학 새 총장이 될 최종 후보들에 대해 어떻게 생각하세요?

캐리: 넷 중에서 저는 콜로라도 대학에서 온 그 사람이 좋을 것 같아요. 두 사람은 그냥 괜찮고, 나머지 한 사람인 그 정치인은 전혀 좋을 것 같지가 않아요.

조지: 그래요. 저도 그 정치인을 보고는 놀랐어요. 고등교육 기관 행정 경험이 전무한 사람을 왜 뽑으려고 하겠어요?

캐리: 순전히 정치적인 이유 때문이겠죠. 우리는 공립대학이라서 재정 지원이 주정부에서 나오잖아요. 그래서 이사회에서는 실권을 가진 정치인을 원하죠. 왜냐하면 그 사람이 주정부 입법자들에게 수단과 방법을 가리지 않고 우리가 원하는 만큼 얻어올 수 있도록 할 테니까요.

조지: 음, 캐리 씨가 그렇게 말씀하시니까 정치인을 우리 새 총장으로 뽑는 것도 나쁘지 않겠는데요. 도움이 될지도 모르겠어요.

캐리: 맞아요. 하지만 이런 정치인들 대부분이 돈에만 관심이 있어요. 아시겠지만, 주정부가 학생들에게 예술 분야 전공 장려하는 걸 그만두고 싶어 했잖아요. 그런 분야는 수익성이 그만큼 좋지 않다는 이유로 말이죠. 저는 정치인 한 사람이 대학이 가진 임무를 정말로 바꿔 버릴 수도 있을까 봐 두려워요.

조지: 저도 캐리 씨가 무슨 말씀하시는 건지 알아요. 뭐, 우린 그저 두고 봐야 할 것 같지만, 저는 이런 회의에서 은밀하게 진행되는 일이 무엇인지는 정말 알고 싶어요. 결국, 다음 총장이 누가 될지를 결정하는 건 이사회잖아요.

English CONVERSATION

MP3 025

George: So, what do you think about the finalists to be the new president of the university, Carrie?

Carrie: Out of the four, I think that one guy from the University of Colorado is a good choice. Two of them are just okay, and that other guy, the politician, I don't think he'd be good at all.

George: Yeah, I was surprised about the politician, too. Why would they choose someone with no experience in higher education administration?

Carrie: For purely political reasons. We're a public university, so our funding comes from the state. The board of trustees wants a politician ❶**at the helm** because that person will be able to do some ❷**wheeling and dealing** with the state legislators.

George: Well, now that you put it that way, maybe it wouldn't be a bad idea to have a politician as the new president. Maybe that would be helpful.

Carrie: Right, but most of these politicians ❸**are all about the money**. You know, the state wanted to stop encouraging students from majoring in the arts because those fields aren't lucrative enough. I fear that a politician could really alter the mission of the university.

George: I see what you mean, Carrie. Well, I guess we'll just have to wait and see, but I sure would love to know what goes on ❹**behind the scenes** at these meetings. ❺**At the end of the day**, it's the board of trustees who decides the next president.

---

board of trustees 이사회
lucrative 수익성이 좋은
alter 완전히 바꾸다, 변화시키다

61

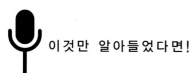 이것만 알아들었다면!

MP3 026

1 At the helm (of ~)

With Susan at the helm of this project, I have no worries about our success.

수잔 씨가 이 프로젝트의 책임을 맡고 있는 한, 저는 우리가 성공할 거라고 믿습니다.

(조직/회사/프로젝트
/사업 등의)
책임을 맡고 있는
/배의 키를 잡고 있는

2 Wheeling and dealing

There is a lot of wheeling and dealing every day on Wall Street.

월가에서는 매일 수단과 방법을 가리지 않고 이득을 취하는 일이 많이 벌어집니다.

목적을 달성하기 위해
수완을 발휘하기
/수단과 방법을 가리지
않고 이득을 취하기

3 To be all about ~

My hair is super dry, so I have to use moisturizing products. I'm all about a good conditioner!

머리카락이 너무 건조해서, 난 머리카락을 촉촉하게 하는 제품을 사용해야 하거든. 난 좋은 컨디셔너 제품에 엄청나게 관심이 많아.

~가 전부다
/~에 관심이 있다

4 Behind the scenes

They look really happy as a couple, but I have heard that behind the scenes, they can't stand each other.

그 사람들, 부부로는 정말 행복해 보이지만, 내가 들은 바로는 사람들이 안 보는 곳에서는 서로 앙숙이라고 해요.

(공적으로 드러나는 곳에
서가 아니라)
사적으로/은밀하게

5 At the end of the day

At the end of the day, if you're living with your parents, you have to do what they say.

결론적으로는, 네가 부모님과 함께 살고 있다면, 부모님이 하라는 대로 해야 하는 거야.

결국에는/결론적으로는

캐리가 왜 정치인이 대학의 총장으로 선출될 수도 있는지를 설명하고 나니, 조지는 "Well, now that you've put it that way…"라고 말합니다. To put something that way는 누군가의 설명을 들은 후에, 그에 응하며 답할 때 자주 쓰이는 표현입니다. 그러니까 이 표현에서 동사 to put은 쉽게 말해, to say나 to explain과 같은 의미라고 보면 됩니다. To put이 이런 의미를 가진 또 다른 예문을 몇 개 더 보시죠.

He had to tell her the truth, so he tried to <u>put</u> it to her as gently as he could.
그는 그녀에게 진실을 말해야 했고, 그래서 최대한 그녀에게 부드럽게 말하려고 했어.

Let me <u>put</u> it this way.
제가 이런 식으로 설명을 해 보겠습니다.

Vocabulary Point 2

At the helm은 원래 선박/항해 용어(nautical term)입니다. 선박의 helm (the helm of a ship)이란 배를 조종하는 키(자동차로 치자면 운전대에 해당)를 말하죠? 그러니까, 배 안에서 문자 그대로 helm 앞에 있는 사람 (the person who stands at the helm of a ship)은 그 배의 선장(captain)입니다. 여러분도 알다시피, 선장은 그 배 안에 있는 모든 승무원들의 리더로서 배를 움직이는 사람이죠. 이렇게 항해 용어로 시작된 이 표현이 지금은 선박에 관련된 문맥뿐만 아니라 어떤 조직이나 그룹의 리더 자리를 표현할 때도 쓰이는 이디엄이 되었습니다.

LESSON 5

일레인: 코스트코에 저 데리고 와 줘서 고마워요. 한 시간 정도 사무실에서 나와 업무에 필요한 물품들을 고르는 것도 좋네요. 우리가 뭐가 필요하다고 하셨죠?

베벌리: 프린터용 토너가 더 필요하고, 여기 서류 절단기가 얼마인지도 알고 싶어요.

일레인: 어, 보세요! 저기서 시식용 음식을 나눠 주네요. 가서 좀 먹어 볼까요?

베벌리: 저 코스트코 무료 시식 엄청 좋아해요! 만두하고 한입 크기 치즈케이크인 것 같네요.

일레인: 베벌리 씨, 마크 씨가 퇴직한 후에 베벌리 씨가 우리 사무실 매니저가 된 것이 전 정말 기뻐요. 베벌리 씨가 책임자로 계시게 되자, 우리가 코스트코와 샘스 클럽에서 구입하면서 사무용품에 나가는 돈을 엄청 절약했잖아요.

베벌리: 실은, 몇 년 전에 제가 코스트코에서 일했었거든요. 그래서 여기 보이지 않는 곳에서 일이 어떻게 돌아가는지를 알아요. 그래서 가장 좋은 가격대의 물건을 사는 방법을 알지요. 예를 들자면, 여기 한입 크기 치즈케이크 상품에 라벨이 어떻게 붙여져 있는지 보이죠? 이건 한정 상품이라는 뜻이에요. 이 상품이 마음에 들면 지금 사야 하는 거죠.

일레인: 보세요, 제 말이 바로 그거예요. 말씀 듣고 보니까 마르코 씨랑 그 아내분 베이비샤워에 쓰게 한입 크기 치즈케이크를 좀 사야겠어요. 베벌리 씨가 수완을 발휘하는 법을 아시니까요.

베벌리: 여기서는 수완을 발휘할 필요도 없어요. 여기 가격들은 항상 좋으니까.

일레인: 베벌리 씨가 아시는 코스트코에서 사야 할 가장 좋은 물건에 관해 내부자들만 아는 정보를 좀 나눠 주세요. 이 회사에서 일하는 건 좋으셨어요?

베벌리: 참 즐겁게 일하긴 했지만, 몇 년 전 말단 사원이었을 뿐이라서요. 제가 많이 배우긴 했지만, 결론적으로는 그저 생계유지를 위한 직장일 뿐이었죠.

Elaine: Thanks for bringing me along to Costco with you. It's nice to get out of the office for an hour and pick up items for work. What did you say we needed?

Beverly: We need some more toner for the printer, and I wanted to see how much their paper shredders are.

Elaine: Oh, look! They're giving out samples of food over there. Want to go get some?

Beverly: ❶ **I'm all about the free samples at Costco**! Looks like they have pot stickers and cheesecake bites!

Elaine: Beverly, I'm really glad they made you office manager after Mark retired. With you ❷ **at the helm**, we've saved so much money on office supplies by shopping at Costco and Sam's.

Beverly: You know, years ago, I worked for Costco, so I know what goes on ❸ **behind the scenes** here, and I know how to spot the best bargains. Like, do you see how these cheesecake bites are labeled? This means that it's a limited item. If you like these, you need to buy them now.

Elaine: See, that's what I mean! Now that you mention it, we really should buy some of those cheesecake bites for the baby shower for Marco and his wife. You really know how to ❹ **wheel and deal!**

Beverly: No need for **wheeling and dealing** here; the prices are always good.

Elaine: You'll have to share some of your insider knowledge about the best things to buy at Costco. Did you like working for this company?

Beverly: I did enjoy it, but it was an entry-level position years ago. I learned a lot, but ❺ **at the end of the day**, it was just a job to pay the bills.

---

paper shredder (문서 폐기용) 서류 절단기
pot sticker 만두
spot 발견하다, 알아채다
insider knowledge 내부자들만이 아는 것
entry-level 말단의

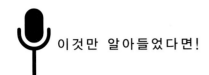

이것만 알아들었다면!

MP3 028

1 To be all about ~: To be focused on ~/To be passionate about ~

She is really self-absorbed. She's all about herself all the time.
그녀는 정말 자기 자신에게만 몰두하거든. 그녀에게는 항상 자신만이 전부지.

---

2 At the helm (of ~): In charge of an organization[a company/a group/a project]

After 40 years of being at the helm of the business, Leonard was ready to retire.
40년 동안 그 사업체 총책임을 맡은 후, 레너드는 퇴직할 준비가 돼 있었다.

---

3 Behind the scenes: Privately or secretly, not in the public view

In this new documentary, we get a look at what goes on behind the scenes at Buckingham Palace.
이 새 다큐멘터리에서, 우리는 버킹엄 궁전에서 남몰래 어떤 일이 벌어지고 있는지 보게 되죠.

---

4 Wheeling and dealing: Negotiating in business (sometimes unscrupulously)

My sister likes investing money in stocks, but I'm not good at all of the wheeling and dealing needed to make a profit.
내 여동생은 주식에 투자하는 걸 좋아하지만, 나는 수익을 남기기 위해 수완을 발휘하는 일은 완전 잼병이야.

---

5 At the end of the day: In the end

Jack is good with numbers, but at the end of the day, he's simply not qualified to do the taxes for our business.
잭 씨가 숫자를 잘 다루기는 하지만, 결론적으로 우리 사업체 세금을 정산할 만한 자격이 안 됩니다.

Vocabulary Point

이디엄 behind the scenes는 아주 오래전에 극장에서 사용하던 용어입니다. 1600년대와 1700년대에는 연극 공연 중에 사람을 죽이거나 하는 등의 폭력적인 장면을 관객들에게 직접 보여 주는 대신, 문자 그대로 무대 뒤에서(behind the scenes) 일어나도록 했지요. 시간이 흐르면서 이 표현은 꼭 극장에서가 아니더라도, 다른 사람들의 눈에 드러나는 곳이 아닌 사적이고 은밀한 곳에서 벌어지는 일을 말할 때 쓰는 이디엄이 되었습니다. 예를 들어, 여러분은 큰 행사를 잘 마친 후에 주최 측 인사가 행사가 잘 치러지게 도운 모든 이들에게 이렇게 감사의 말을 전하는 걸 들으실 거예요.

I'd like to thank all the people who worked so hard <u>behind the scenes</u> to make this a great event.
이것을 근사한 행사로 만들기 위해 보이지 않는 곳에서 너무도 열심히 일해 주신 모든 분께 감사드리고 싶습니다.

이 이디엄은 주로 to go on, to take place, to happen 등의 동사와 같이 쓰입니다.

Politics is a messy business. I don't want to know what <u>happens[takes place] behind the scenes</u>.
정치는 지저분한 일이야. 난 뒤에서 무슨 일이 벌어지고 있는지 알고 싶지 않아.

CULTURE POINT

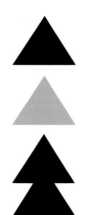

일레인과 베벌리는 코스트코에서 쇼핑을 합니다. 한국에도 들어와 있는 코스트코는 미국에서 가장 인기 있는 창고형 매장입니다. 미국에서는 이런 매장을 warehouse club이라고 부르는데, 가장 큰 세 곳이 코스트코, 샘스 클럽(Sam's Club), BJ's입니다. 월마트(Wal-Mart)나 타겟(Target) 같은 보통의 마트와 달리, warehouse club은 매년 회비를 내고 회원 카드를 구매해야 들어갈 수 있습니다. 대신 warehouse club은 다른 곳보다 물건 가격을 낮게 책정합니다. 그러나 가격이 낮은 대신 종류가 다양하지 않고 큰 사이즈로만 판매하죠. 예를 들어, 타겟에서는 500그램 단위로 포장된 커피를 팔지만, 코스트코에서는 1kg 단위의 커피를 두 봉지씩 묶어서 팔기도 합니다. 그럼에도 불구하고, 식구가 많지 않은 미국인들조차도 한가한 오후에는 이런 warehouse club에서 시간을 보낼 정도로, 이곳은 미국인들에게 인기입니다. Warehouse club들이 각종 음료와 음식을 맛볼 수 있는 시식 코너뿐만 아니라, 약국, 자동차 구매 서비스, 타이어 교체 서비스, 여행 상품, 생명 보험 상품 등 그만큼 다양한 서비스를 제공하기 때문이죠.

LESSON 5

에드워드: 저는 샘 씨가 이 회사 최고 경영권을 가지고 있던 때가 정말 그리울 거예요.

리: 맞아요. 그분이 40년 동안 회사에 그야말로 피와 땀을 다 쏟아부었어요. 이제 69세가 되셨으니 근사하게 은퇴하실 자격이 되죠. 그분이 지난 회의에서 말씀하셨듯이, 이제는 다른 사람에게 넘기고 손을 놓으실 때가 됐어요.

에드워드: 확실히 그렇긴 하죠. 그리고 수잔 잭슨 씨가 샘 씨의 훌륭한 후임자가 될 거라고 난 생각해요.

리: 맞아요. 그분은 이 회사에서 열심히 일하며 차근차근 올라오셨죠. 수년간 이 회사의 거의 모든 직책에서 일해 보셨고, 그래서 이면에서 어떤 일이 벌어지는지를 잘 알고 계시죠. 그리고 지난 3년간 최고 재무 담당자로서 시장에서 우리 브랜드의 가시성을 높이기 위해 그분이 수완을 발휘하시는 것이 저는 인상적이었거든요.

에드워드: 그것을 넘어서서, 그건 그분의 가치관이기도 해요. 그분은 우리 제품에 대한 고객 만족도를 가장 중요하게 생각하시거든요.

리: 정말 그래요! 샘 씨가 언제나 하시는 말씀처럼 "결국에, 우리가 하는 일은 고객들을 위한 거죠."

MP3 029

Edward: I'm really going to miss having Sam ❶ **at the helm of this company**.

Lee: Yeah, he really poured his blood, sweat, and tears into it for 40 years! He's 69 years old; he deserves a great retirement, and like he said at our last meeting, it's time for him to pass the torch.

Edward: Indeed, and Suzanne Jackson is going to be a great successor to Sam, I think.

Lee: I agree. She's worked her way up in this company. She's had almost every position in the firm over the years, so she really knows what goes on ❷ **behind the scenes**. And in her last three years as chief financial officer, I've been impressed with the ❸ **wheeling and dealing** she's done to help improve our visibility in the market.

Edward: And more than that, it's her values. ❹ **She's all about the customer's satisfaction with our products.**

Lee: Exactly! Just like Sam always says, "❺ **At the end of the day**, our work is for our customers."

---

pass the torch 일, 업무, 임무 등을 다른 사람에게 넘기다
work one's way up 열심히 일해 위로 승진하다
chief financial officer 최고 재무 담당자

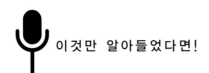

1

At the helm (of ~):

In charge of an organization[a company/a group/a project]
(조직/회사/그룹/프로젝트 등의) 책임을 맡고 있는/배의 키를 잡고 있는

I was put in charge of our team, but I would rather have Steve at the helm;
he has more experience than I do.
내가 우리 팀을 책임지게 됐지만, 나는 스티브 씨가 책임자가 되기를 더 원합니다.
그분이 저보다 경험이 더 많으시거든요.

2

Behind the scenes: Privately or secretly, not in the public

view (공적으로 드러나는 곳에서가 아니라) 사적으로/은밀하게

I used to work at a famous advertising agency in New York. People think that it's
a very glamorous job, but I know what it's like behind the scenes—it's a lot of
hard work!
저는 뉴욕에 있는 어느 유명한 광고 대행사에서 일했습니다. 사람들은 그게 매우 화려한 직업이라고
생각하지만, 저는 사람들이 보지 않는 곳에서는 어떻게 돌아가는지를 알아요. 고된 일이 엄청 많답니다!

3

Wheeling and dealing:

Negotiating in business (sometimes unscrupulously)
목적을 달성하기 위해 수완을 발휘하기/수단과 방법을 가리지 않고 이득을 취하기

Bob had to do some wheeling and dealing with a
film production company. In the end, they bought his
screenplay and plan to make a movie out of it.
밥은 영화 제작사를 상대로 수완을 발휘해야 했어. 결국에는 그 제작사가
그의 영화 대본(시나리오)을 샀고, 그걸로 영화를 만들 계획이야.

4

To be all about ~: To be focused on ~/To be passionate about ~

~가 전부다/~에 관심이 있다

He's a writer and musician. I don't really enjoy his novels,
but I'm all about his music.
그는 작가이자 음악가거든. 난 그의 소설은 정말 별로이지만,
그의 음악은 최고야.

5

At the end of the day: In the end 결국에는/결론적으로는

I think this student needs to repeat the school year, but at the end of the day,
the principal gets to decide what will happen.
제 생각에 이 학생은 같은 학년을 한 번 더 다녀야 할 것 같습니다만, 결국 어떻게 하실지는
교장 선생님이 결정하시게 되는 거죠.

리는 샘이 pass the torch할 준비가 됐다고 말합니다. To pass the torch는 고대 그리스의 릴레이 경주에서 온 표현입니다. 릴레이 경주에서 선수들은 다음 주자에게 말 그대로 횃불을 넘겨주죠. 이는 지금도 올림픽 게임이 시작될 때 행해지는 관례입니다. 그래서 이 말은 하고 있던 직무를 손에서 놓고 다른 사람이 할 수 있도록 하는 것을 의미합니다. 그런데 흥미롭게도 이 이디엄은 지식이나 전통을 다른 사람에게 전수한다는 의미로도 쓰입니다.

My grandmother used to host our yearly family reunion at her house, but now that she is in her 80s and has less energy, she has passed the torch to me.
우리 할머니께서는 해마다 당신 집에서 가족 모임 파티를 열곤 하셨지만,
이제 80대가 되시니까 예전만큼 힘이 없으셔서 나한테 그 전통을 넘겨주셨어.

CULTURE POINT

미국 인구 조사국(the US Census Bureau)에 따르면, 미국인들이 은퇴하는 평균 나이는 여성은 63세, 남성은 65세라고 합니다. 물론 어떤 사람들은 이보다 더 일찍 은퇴하고, 또 어떤 사람들은 훨씬 더 오랫동안 일하기도 합니다. 미국에서는 60대에 다니던 직장을 은퇴한 사람들이 70, 80대가 되어서까지 계속 아르바이트를 하며 일하는 예도 드물지 않습니다. 미국인들은 66세나 67세(이는 생일에 따라 다릅니다)가 되면 연방 정부에서 사회보장연금(social security benefits)을 받습니다. 물론 받는 금액은 은퇴하기 전 일할 때 받았던 급여에 따라 다릅니다. 그렇지만 대부분의 사람들이 사회보장연금만으로는 생활하기가 충분치 않아서, 보통 미국인들은 사회보장연금 외에 따로 은퇴 준비를 합니다. 대부분의 경우에 퇴직 급여(retirement benefits)를 주는 직장에서 일합니다. 직장마다 은퇴한 후에 계속해서 고정 소득을 받을 수 있는 연금 제도(pension)를 운용하는 곳도 있고, 연금을 관리하는 곳에서 여기저기 투자해 퇴직금을 불려주는 투자 제도(investment plan)을 운용하는 곳도 있습니다. 혹은 이 두 가지를 다 운용하면서 직원들에게 옵션을 주어서 그중 하나를 선택하게 하는 곳도 있습니다.

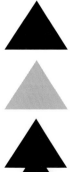

LESSON 6

영어로 말하고 싶은, 또는 못 알아들을 것 같은 예문에 체크해 보세요.

엘레노어: 미아, 네가 사회언어학 수업에서 힘들어한다는 소문을 들었어.

미아: 네가 그걸 소문으로 들었다고?

엘레노어: 농담이야. 너하고 애비게일이 하는 대화를 우연히 들었어. 내가 도울 건 없니?

미아: 아, 실은 사회언어학만 그런 게 아니야. 내가 이번 학기에 20학점을 듣는데, 그게 정말 바보 같은 결정이었어. 너무 많은 일을 벌여 놓고는 하나도 제대로 못하는 것 같아.

엘레노어: 20학점이면 너무 많긴 한 것 같아. 특히 네가 학교 밴드까지 하면서 말이야.

미아: 내가 그렇게 많은 수업을 듣는 게 합리적이지 않다고 생각은 했지만, 어쩐지 내가 그걸 모두 다 잘해 낼 수 있을 거라는 예감이 들었거든. 그냥 그건 내 희망 사항일 뿐이었나 봐.

엘레노어: 당분간 밴드 활동을 좀 쉬는 게 어때? 네가 음악 연주를 몹시 하고 싶어 한다는 건 알지만, 학생으로서 수업이 너한테 최우선순위가 돼야 한다고 난 생각하거든.

미아: 네 말이 맞아. 근데 밴드 활동을 안 하더라도 20학점을 듣는 건 여전히 벅차. 그리고 난 어떻게 해야 체계적으로 계획하고 정리할 수 있는지 모르겠어.

엘레노어: 내 경험으로 미뤄 볼 때, 어림잡아 첫 번째로 해야 할 일은 일정 계획표나 스케줄 노트를 들고 다니는 거야.

미아: 그렇게 해 볼게. 고마워.

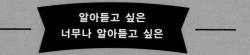

English CONVERSATION

MP3 031

Eleanor: Mia, I ❶**heard through the grapevine** that you're having a hard time in the sociolinguistics class.

Mia: You **heard that through the grapevine**?

Eleanor: I was just kidding. I happened to overhear your conversation with Abigail. Is there any way I can help?

Mia: Oh, actually, it's not just sociolinguistics. I'm taking 20 credits this semester, which was a very poor decision. I think I ❷**spread myself too thin**.

Eleanor: 20 credit hours are probably too much especially when you're also part of the school band.

Mia: I thought taking that many courses was unreasonable, but somehow, I had ❸**a gut feeling** that I would be able to manage everything. Maybe it was a wishful thinking.

Eleanor: Why don't you take a break from the band activity for the time being? I know ❹**you're itching to play music**, but as a student, I believe classes should be your top priority.

Mia: You do have a point. Even without the band activity, taking 20 credits is still challenging…and I don't know how I can organize things better.

Eleanor: Based on my experience, ❺**the first rule of thumb** is to carry a planner or a schedule book.

Mia: I'll give it a try. Thanks.

---

credit 학점
wishful 갈망하는, 소원하는
priority 우선순위

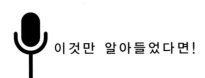 이것만 알아들었다면!

MP3 032

1 To hear (something) through the grapevine

~라는 소문을 듣다

I heard through the grapevine that they're planning to lay off some people instead of increasing the price of their products.

나는 그들이 자기네 제품 가격을 올리는 대신 사람들을 몇 명 정리해고할 계획이라는 소문을 들었어.

2 To spread oneself too thin

한꺼번에 너무 많은 일을 벌여서 제대로 하는 것이 하나도 없다

I was almost finishing my own project, so I promised both James and Sam that I would help them with their projects. Then, my boss told me to help him revise Katie's project. I quickly realized I was spreading myself too thin.

난 내 프로젝트를 거의 다 끝내고 있어서 제임스 씨와 샘 씨 모두에게 그들의 프로젝트를 다 도와주겠다고 약속했어요. 그러고나니, 사장님이 나한테 케이티 씨 프로젝트 수정하는 걸 도와달라고 하시더라고요. 나는 곧 내가 지나치게 많은 일을 벌여서 하나도 제대로 못할 거라는 사실을 깨달았죠.

3 A[One's] gut feeling

직감/육감

I have a gut feeling that something's wrong with my relationship.

내 직감으로는 내 애인하고의 관계가 뭔가 잘못되어 가고 있어.

I have a gut feeling that ~ (내 직감으로는 ~), my gut feeling (내 직감), your gut feeling(너의 직감) 등과 같이 쓰인다.

4 To be itching to do something

~가 하고 싶어서 몸이 근질거리다

Gangnam Style is the song I am itching to dance to.

〈강남 스타일〉은 내가 춤추고 싶어서 몸이 근질거리게 만드는 노래야.

5 A rule of thumb

이론이 아니라 경험이나 관행에 근거하는 어떤 원칙이나 방법

Paula: Jane, I'm trying to buy a used car. What should I do first?

Jane: As a rule of thumb, it's good to find affordable used car financing first.

폴라: 제인, 내가 중고차를 한 대 사려고 하거든. 뭐부터 처음 해야 할까?
제인: 경험에 비춰볼 때, 네가 감당할 수 있을 만큼 중고차 값을 대출해 주는 곳부터 찾는 것이 좋아.

A gut feeling이란 논리적이고 합리적인 이성 작용으로 인한 생각이 아닌, '즉각적으로 느껴지는 육감'을 말합니다. 우리는 논리적이고 합리적인 사유를 하는 곳이 뇌(brain)라고 생각하는데, 우리의 뇌가 아닌 뱃속(gut) 깊은 곳에서부터 오는 어떤 느낌이라면 논리적인 사유가 아니라 본능적으로 느껴지는 직감이나 육감을 말하는 거겠죠? 참고로, '직감/육감'을 말할 때 gut feeling 대신 미아가 말한 것처럼 그냥 gut만 쓰기도 합니다.

I guess I should just trust my gut this time.
이번에는 그냥 내 직감을 믿어야 할 것 같네.

Don't think too hard. Just listen to your gut.
지나치게 생각하지 마. 그냥 네 직감에 따라 행동해.

Gut은 단수형으로는 '소화관', 복수형으로는 '내장(guts)'을 말합니다. 또 단수형으로 '사람의 배'를 나타내기도 합니다.

In order to lose my gut, I try to avoid foods that contain trans fats.
뱃살을 빼기 위해서, 난 트랜스 지방이 들어간 음식들은 피하려고 해.

Vocabulary Point 2

To hear (something) through the grapevine은 소문(말)의 출처는 알 수 없지만, 누군가에게 전해 들은 말을 할 때 사용하는 이디엄입니다. 이를테면, 친구에게 들었지만, 그 친구는 또 다른 친구에게 전해 들은 말(hearsay)인 그런 경우죠. 문법 구조는 다음과 같이 to hear 다음에 바로 목적어를 쓰거나, to hear through the grapevine 다음에 소문의 내용을 that절로 풀어 쓰기도 합니다.

I heard it through the grapevine.
난 그걸 소문으로 들었어.

I heard the news through the grapevine.
난 그 소식을 소문으로 들었어.

I heard through the grapevine that Josh and Marilyn broke up.
난 조시와 메릴린이 헤어졌다는 소문을 들었어.

비슷한 표현으로 Rumor has it (that) ~, Word has it (that) ~, A little bird told me (that) ~ 등이 있습니다. 모두 그 말이나 소문을 누구한테 들었는지 밝히는 게 꺼려질 때 주로 쓰이는 이디엄들입니다.

Rumor has it Katie and John aren't together anymore.
케이티와 존이 헤어졌다는 소문이 있어.

Word has it that her husband cheated on her.
그 여자 남편이 그 여자를 속이고 다른 여자를 만났다는 소문이 있어.

A little bird told me that you're expecting baby number 2.
네가 둘째를 가졌다는 소문을 들었어.

LESSON 6

에이든: 찰리, 나 네가 유럽으로 간다는 소문 들었어.

찰리: 맞아. 이번 주말에 체코로 떠나. 짐도 거의 다 쌌어.

에이든: 체코를 선택한 특별한 이유가 있니? 그러니까, 유럽에 다른 나라들도 많이 있잖아.

찰리: 나도 왠지는 모르겠는데, 그냥 내 여행을 그곳에서 시작하는 게 좋을 것 같다는 느낌이 들었어. 난 보통 내 직감을 믿거든.

에이든: 그렇다면 네 직감대로 해야지. 야, 난 네가 너무 부럽다. 나도 여행 가고 싶어서 몸이 근질거리는데, 문자 그대로 지금 땡전 한 푼 없거든. 가난한 고학생만 아니면 진짜 좋을 텐데.

찰리: 두 학기 정도 아르바이트 두 개 하면, 한 달 정도 여행할 만큼은 충분히 모을 수 있지 않니?

에이든: 나도 그걸 생각해 봤는데, 지금 내가 학점을 다 채워서 듣는 학생이라서 지나치게 일을 많이 벌여서 감당 못하게 되고 싶지 않거든. 아르바이트를 더 구하는 대신 돈을 아낄 방법을 찾으려고 해.

찰리: 보통 경험의 법칙에 의하면, 현명한 소비자가 되어야 해. 예를 들어, 중고 교과서를 구입하거나, 학교 구내 식당에서 네 예산으로 감당 가능한 식권을 이용하거나. 내 말 믿어 봐. 네가 생각하는 것보다 더 많이 모을 수 있을 거야.

에이든: 알았어! 조언 고마워. 돌아오면 나한테도 네 여행 얘기해 줘.

Aiden: Charlie, I ❶ **heard through the grapevine** that you're going to Europe.

Charlie: Yes. I'm leaving for the Czech Republic this weekend, and I'm almost done packing.

Aiden: Is there any reason you chose the Czech Republic? You know, there are so many countries in Europe.

Charlie: I don't know why, but I just felt like it would be great to start my trip there, and I usually trust ❷ **my gut feeling**.

Aiden: Then go with **your gut feeling**. Dude, I'm so jealous of you. ❸ **I'm also itching to travel**, but I'm literally penniless right now. I wish I were not a poor student.

Charlie: If you work two part-time jobs for a couple of semesters, won't you be able to save enough to travel for a month?

Aiden: I also thought about that, but I'm a full-time student now and don't want to ❹ **spread myself too thin**. I'm trying to find ways to pinch pennies instead of getting extra part-time jobs.

Charlie: As ❺ **a general rule of thumb**, you need to be a smart shopper. Like you can buy used textbooks or use the most affordable meal plan on campus. Trust me, you'll be able to save more than you would think.

Aiden: Got it! Thanks for the tips. Let me know about your trip when you get back.

---

pinch pennies 돈을 쥐어짜다, 아끼다
meal plan 식권, 급식

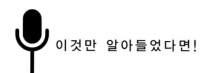

¹ To hear (something) through the grapevine: To hear via an informal source

Brian: Did you know that Mr. Platt got fired?

Brad: Yes, I heard it through the grapevine.

브라이언: 플래트 씨가 해고당한 거 알고 있었습니까?

브래드: 네, 소문으로 들었어요.

---

² A[One's] gut feeling: Intuition/ A personal intuitive feeling

Should I trust my gut feeling that my girlfriend is cheating on me?

여자 친구가 나 몰래 바람 피우는 것 같다는 내 직감을 믿어야 할까요?

I have a gut feeling that ~ (내 직감으로는 ~), my gut feeling (내 직감), your gut feeling(너의 직감) 등과 같이 쓰인다.

---

³ To be itching to do something: To have a desire to do something/To want to do something very much

The pandemic is hard on kids too. My kids are itching to go out and play with their friends, but I can't let them do that.

팬데믹은 아이들도 힘들게 해. 우리 애들은 나가서 친구들과 엄청 놀고 싶어 하지만, 난 그렇게 하도록 내버려 둘 수가 없으니 말이야.

---

⁴ To spread oneself too thin: To commit oneself to doing too many things to the point that one cannot give enough time and attention to any one of them

Jim: I don't know why I can't concentrate on anything these days.

Tom: That's a sign you are spreading yourself too thin. Maybe you should reduce your workload.

짐: 나 왜 요즘 어떤 것에도 집중을 못하는지 모르겠어.

톰: 그건 네가 지나치게 많은 일을 한꺼번에 하고 있다는 징후야. 업무량을 줄이는 게 좋을 것 같아.

---

⁵ A rule of thumb: A method or a principle based not on a theory but on experience or practice

A general rule of thumb is to tip 20% of the pretax bill.

보통 상식으로는 세금 전 계산서의 20%를 팁으로 줘.

에이든은 "I wish I were not a poor student."라고 말합니다. 현재에 일어나고 있는 일과 정반대되는 상황을 가정하면서 안타까움을 나타내는 〈I wish + 가정법 과거〉 구조를 가진 문장이죠? 일단 복습차, 일반적인 가정법 과거 문장을 하나 봅시다.

If I were you, I wouldn't hang out with that guy.
내가 너라면 저 사람이랑 안 어울리겠어.

위의 문장에서 보듯이 현재 나는 네가 아니지만, '만약에 내가 너라면'이라고 가정하고 있습니다. 이렇게 가정법 과거는 과거시제를 사용하지만, 현재 사실에 반대되는 가정을 나타냅니다. 에이든의 문장은 I wish 표현 뒤에 바로 이 가정법 과거를 사용한 구조입니다. 즉, 일반적인 가정법 과거와 마찬가지로, I wish 뒤에 과거형 동사를 사용하지만, 뜻은 현재 사실에 반대되는 내용입니다.

I wish I had a car.
내가 차가 한 대 있다면 좋을 텐데…. (현재는 차가 없는 상태)

I wish I were as tall as you.
내가 너만큼 키가 크면 좋을 텐데. (현재는 내가 너만큼 키가 크지 않은 상태)

Vocabulary Point

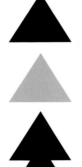

A rule of thumb은 17세기 세계 곳곳에서 행해진 무역에서 시작된 표현입니다. 그 당시에는 무역을 하면서 길이와 넓이를 측정할 때 눈금이 달린 자가 아닌 '엄지 손가락'(thumb)으로 쟀다고 합니다. 바로 거기서 유래된 표현이 a rule of thumb입니다. 그런데 영어권의 많은 사람들은 이 표현이 영국에서 부인을 때리는 데 악용된 법에서 시작되었다고 알고 있습니다. 이들에 따르면, 18세기 영국에서는 남편이 부인을 매로 때릴 수가 있었는데, 그 매의 두께가 남자의 엄지손가락 두께를 넘어서는 안 된다는 법이 있었다고 합니다. 하지만 실제로 영국에는 그런 법이 존재한 적이 없습니다. 이렇게 사실이 아님에도 불구하고 많은 사람들이 그렇게 믿고 있는 어원설을 통속 어원설(folk etymology)이라고 합니다.

LESSON 6

(TEFL 교생 실습 과정의 학생과 교수)

교수: 매디슨, 벌써 다음 주가 학기 마지막 주라는 게 믿기니? 월요일에 마지막 과제 수업을 가르칠 준비는 됐고?

실습생: 헥트 교수님, 죄송하지만 문제가 계속 생기네요. 저한테 기한을 연장해 주실 수 있으신지요? 제 마지막 과제 수업을 준비할 시간이 이틀 정도 더 필요한 것 같아서요.

교수: 규모도 적당한 수업이고, 네가 지난주에 제출한 수업 계획서도 완벽한 것 같은데. 게다가 난 네가 그 수업을 몹시 가르치고 싶어 한다고 생각했어.

실습생: 맞습니다. 그런데 이 학생들이 그 토론 주제를 안 좋아할 거라는 예감이 들어서, 그들에게 줄 다른 주제를 선정하고 싶습니다.

교수: 그렇다면, 대안을 말해 보렴.

실습생: 그게 문제예요. 아직 대안을 생각해 내지 못했습니다. 정말 죄송합니다, 헥트 교수님. (이번 학기가) 아주 바쁜 학기였는데, 그래서 제가 이 과목에 완전히 집중할 수 있는 다른 때 이 수업을 들었더라면 하는 아쉬움이 있어요. 이번 학기에는 제가 너무 일을 많이 벌였고, 지금 감당이 안 되고 있거든요.

교수: 그래, 네가 목요일에 그 수업을 가르치도록 하렴.

실습생: 시간 융통해 주셔서 감사합니다. 교수님께서 이 수업에 적당한 토론 주제를 몇 가지 추천해 주시겠어요?

교수: 경험으로 봐서, 동성 결혼 문제나 낙태 관련법처럼 예민한 주제는 선택하지 않는 게 좋아. 그것 외에는 어떤 주제든 괜찮고.

실습생: 그렇네요. 실은 몇몇 학생들이 낙태법을 주제로 격렬히 토론한 후에 몹시 화가 났었다는 소문을 들었거든요.

교수: 그래, 우리 학생들이 모두 다양한 종교적 배경을 가지고 있고, 그래서 어떤 주제는 학생들에게 상당히 불쾌할 수도 있거든.

실습생: 명심하겠습니다.

(A professor and an intern in the TEFL internship course)

Professor: Madison, can you believe next week is the last week of the semester? Are you ready to teach your final project class on Monday?

Intern: Dr. Hecht, I apologize, but I'm having trouble keeping up. Is there any way you could give me an extension? I feel like I need a couple more days to prepare for my final project class.

Professor: It's a reasonably sized class, and I think the lesson plan you turned in last week is perfect. Besides, I thought you ❶**were itching to teach that class**.

Intern: Yes, but I have ❷**a gut feeling** that these students will not like the debate topic, and I would like to select another one for them.

Professor: Then, tell me about your back-up plan.

Intern: That's the thing. I haven't come up with any back-up plans yet. I'm so sorry, Dr. Hecht. It has been a very hectic semester, and I really wish I had taken this class during a time when I could've given it my full attention. I ❸**spread myself too thin** this semester, and I'm overwhelmed.

Professor: Okay, I'll let you teach that class on Thursday.

Intern: I'm grateful for your flexibility. Would you recommend some good debate topics for this class?

Professor: As ❹**a rule of thumb**, you don't want to choose sensitive topics like same sex marriage or abortion laws. Other than that, any topics are fine.

Intern: That makes sense. I actually ❺**heard through the grapevine** that several students got very angry after a heated discussion about abortion laws.

Professor: Yes, we have students from all different religious backgrounds, and some topics can be quite offensive for them.

Intern: I'll keep that in mind.

TEFL Teaching English as a Foreign Language
extension (기한) 연장 **back-up plan** 대안
That's the thing. (상대방 말에 동의할 때) 바로 그거야. **hectic** 정신없이 바쁜

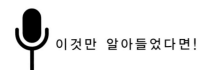

1

To be itching to do something:
To have a desire to do something/To want to do something very much
~가 하고 싶어서 몸이 근질거리다

After a month-long vacation, she was itching to get back to work.
한 달간의 휴가를 끝낸 후, 그녀는 직장으로 돌아가고 싶어서 몸이 근질근질했다.

2

A[One's] gut feeling: Intuition/
A personal intuitive feeling 직감/육감

Why don't you go with your gut feeling this time?
이번에는 네 직감대로 해 보는 게 어때?

> I have a gut feeling that ~ (내 직감으로는 ~), my gut feeling (내 직감), your gut feeling(너의 직감) 등과 같이 쓰인다.

3

To spread oneself too thin:
To commit oneself to doing too many things to the point that one cannot give enough time and attention to any one of them
한꺼번에 너무 많은 일을 벌여서 제대로 하는 것이 하나도 없다

In order to avoid spreading myself too thin, I've decided to quit one of my part-time jobs.
너무 많은 일을 벌여서 하나도 제대로 못하게 될까 봐, 아르바이트 일 하나는 그만두기로 했어.

4

A rule of thumb:
A method or a principle based not on a theory but on experience or practice
이론이 아니라 경험이나 관행에 근거하는 어떤 원칙이나 방법

A good rule of thumb is to boil the water, add the seasoning packets first, and drop in the noodles.
어림잡아 말하자면, 물을 끓이고, (라면) 스프를 먼저 넣고, 그다음에 면을 넣는 거지.

5

To hear (something) through the grapevine: To hear via an informal source
~라는 소문을 듣다

Paul: How did you know Tim and Peggy got divorced?
Barbara: Let's just say I heard it through the grapevine.
폴: 팀하고 페기가 이혼했다는 것 넌 어떻게 알았니?
바바라: 그냥 내가 소문으로 들었다고 해두자고.

바로 앞의 대화에서 현재 사실과 반대되는 상황을 가정하면서 안타까움을 나타내는 표현인 〈I wish + 가정법 과거〉 구조를 살펴봤습니다. 이번에는 과거에 일어난 일과 정반대되는 상황을 가정하면서 후회와 아쉬움을 나타내는 표현인 〈I wish + 가정법 과거완료〉의 문법 구조를 공부해 봅시다. 인턴이 했던 다음 문장이 바로 그 예입니다.

I really wish I had taken this class during a time when I could've given it my full attention.
내가 제대로 집중할 수 있었을 그때에 이 수업을 들었다면 정말 좋았을 텐데요.

밑줄 친 부분이 바로 가정법 과거완료 형태죠? 참고로, 가정법 과거완료의 형식은 다음과 같습니다.

If + 주어 + 과거완료시제(had + 과거분사), 주어 + would/could/might + have + 과거분사.

If I had studied harder, I would have passed the TOEFL exam.
내가 더 열심히 공부했다면 토플 시험에 통과할 수 있었을 텐데.
➡ (과거에) 공부를 열심히 안 했고, 그래서 토플 시험에 통과를 못 했다.

I would have believed Matthew if he hadn't lied to me before.
매튜가 그 전에 나한테 거짓말을 안 했다면, 내가 그를 믿었을 텐데.
➡ 과거에 매튜가 거짓말을 했고 그래서 내가 그를 안 믿었다.

인턴이 쓴 문장은 바로 가정법 과거완료를 I wish ~ 표현 뒤에 쓴 거예요. 즉, 인턴은 시간이 충분해서 집중할 수 있을 때 교생 실습 과목을 듣지 않은 자신의 과거 선택을 후회하고 있다는 걸 가정법 과거완료를 사용해서 표현하고 있습니다. 실제로 인턴은 집중할 수 있는 충분한 시간이 없을 때 이 과목을 듣게 됐음을 학기 마지막 주에 깨닫고는 후회하고 있는 상황이죠. I wish와 가정법 과거완료를 함께 쓴 또 다른 예문을 몇 가지 더 볼까요?

I wish I had known Amy would stop by before I went grocery shopping.
내가 장을 보러 가기 전에 에이미가 들를 거라는 걸 알았더라면 좋았을 텐데.
➡ 에이미가 들를 거라는 사실을 장 보러 가기 전에 몰랐던 걸 아쉬워함.

I wish James had attended the meeting.
제임스가 회의에 참석했더라면 좋았을 텐데.
➡ 제임스가 회의에 참석 안 한 것을 아쉬워함.

She wishes she had studied hard in high school.
그녀는 고등학교 때 공부 좀 열심히 했을 걸 한다.
➡ 고등학교 때 공부를 열심히 안 했던 것을 후회함.

UNIT 1

L E S S O N 7

영어로 말하고 싶은, 또는 못 알아들을 것 같은 예문에 체크해 보세요.

(의료 보험 문제에 관해)

버트: 카를로스, 너 폭발하기 일보 직전인 것 같은데!

카를로스: 의료 보험 회사를 상대하는 것보다 날 너 화나게 할 수 있는 건 없어, 버트!

버트: 무슨 일인데 그래?

카를로스: 내가 보는 의사 중에 이 보험사와 계약이 안 된 의사가 있어. 그래서 나도 이 보험사가 내가 그 의사를 본 비용을 전부 다 내주지 않을 거라는 건 알고 있거든. 암튼 그 의사가 나한테 혈액검사를 하라고 했고, 그래서 난 확인 후 보험사와 계약이 된 이 지역 검사소에 가서 검사를 했어.

버트: 그럼 뭐가 문제야? 검사소가 보험사와 계약이 된 곳이면 괜찮은 거잖아.

카를로스: 그러니까 지금에 와서 보험사가 그 의사 병원이 자기네와는 계약이 안 된 곳이라서 그 의사가 지시해서 한 검사 비용은 내줄 이유가 없다고 하는 거야.

버트: 그거 하는 데 비싸?

카를로스: 3,000 달러야.

버트: 뭐라고? 날강도짓이나 다름없네!

카를로스: 맞아. 거기다 더해서 내가 작년에는 이 보험사와 계약이 된 병원의 의사가 지시해서 같은 검사를 했는데 그때는 45달러 들었거든.

버트: 그래서 어떻게 하려고? 내 말은, 그러니까 보험사가 유리한 입장인 것 같은데, 안 그래?

카를로스: 그렇지. 그 사람들이야 내가 굽히고 자기네 말에 순순히 응하기를 기다리는 거지. 내 질문에는 완전하게 답해 주지도 않으려 하면서 검사소 문제고 내 잘못이라고만 하네. 한마디로, 나한테서 손 떼고 싶어 하는 거지.

English CONVERSATION

MP3 037

(About health insurance woes)

Bert: Carlos, you look like you're about to ❶ **blow a fuse**!

Carlos: There is nothing that can make me angrier than dealing with my health insurance company, Bert!

Bert: What's wrong?

Carlos: I have a doctor who's not in-network, so I know the insurance won't fully cover those costs. The doctor ordered some bloodwork for me, so I made sure to do it at the local, in-network lab.

Bert: So, what's the problem? If the lab is in-network, it should be okay.

Carlos: Well, now the insurance company is saying that because the doctor is out of network, they do not have to pay for the labs that the doctor ordered.

Bert: Is it expensive?

Carlos: It's $3000.

Bert: Are you kidding me? That's like ❷ **highway robbery**!

Carlos: Yeah, and ❸ **to top it off**, I had the same labs done last year for an in-network doctor, and it cost me $45.

Bert: What are you gonna do? I mean, the insurance company kind of ❹ **has the upper hand**, doesn't it?

Carlos: Yeah, and they're waiting for me to cave in. They won't answer my questions completely, and they say it's the lab's problem and mine. Basically, they want to ❺ **wash their hands of me**.

---

in-network 보험사와 계약이 된
bloodwork 혈액검사
out of network 보험사와 계약이 안 된
cave in 항복하다, 응하다

85

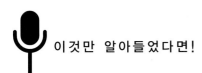

이것만 알아들었다면!

MP3 038

1 To blow a fuse

굉장히 화내다

I have five brothers and sisters. My father could never get any work done at home because we were so loud. The poor man blew a fuse every day!

난 형제자매가 다섯이야. 우리 아버지는 집에서 그 어떤 일도 끝내지를 못하셨어. 우리가 너무 시끄러웠거든. 불쌍한 아버지는 매일 폭발하셨지!

2 Highway robbery

(대낮의) 날강도짓

During the oil crisis, gas stations charged so much for gas that it basically amounted to highway robbery.

석유 파동이었을 때, 주유소 기름값이 엄청나게 비싸서 한마디로 그 액수가 날강도짓에 가까웠지.

3 To top it off

거기에 더해서(긍정적인 의미로도 부정적인 의미로도 모두 쓰임) /설상가상으로

It was bad enough that the mechanic charged me too much for the oil change, but to top it off, he used the wrong kind of oil.

그 정비업자가 엔진 오일 하나 갈아주는 데도 나한테 엄청 비싼 돈을 청구한 것도 아주 나빴는데, 거기에 더해서 그 사람이 엉뚱한 종류의 기름을 썼지 뭐야.

4 To have the upper hand

우위를 점하다 /유리한 입장이다

The older tennis player clearly had the upper hand in the match; he had better technique and skill than his younger opponent.

나이가 더 많은 그 테니스 선수가 경기에서 확실히 유리한 입장이었지. 자기보다 어린 상대 선수보다 더 나은 기술과 기량을 갖고 있었거든.

5 To wash one's hands of ~

~에서 손을 떼다 /~와 관계를 끊다

Their business plan was so unethical, so I decided to wash my hands of the whole thing by leaving the company.

그 사람들의 사업 계획이 너무 비윤리적이라서 난 퇴사로 그 모든 것에서 손을 떼기로 결심했어.

카를로스는 보험사가 그가 cave in하기를 기다린다고 말합니다. 동사구 to cave in 은 '압력에 굴복하다'(to succumb to pressure)라는 뜻입니다. 그러니까 여기서 보험사는 카를로스가 비싼 의료비 청구서 때문에 보험사와 싸우다가 너무 지쳐서 결국 3,000달러를 그냥 내기를 바란다는 말이죠. 물론 이 말은 문자 그대로 땅의 함몰 (earth collapsing)을 의미하기도 합니다.

After the heavy rain, a section of the mountain <u>caved in</u>.
폭우가 쏟아진 후, 산의 한 부분이 함몰했다.

그렇지만 카를로스가 말하는 것처럼 비유적으로 쓰이는 경우도 아주 많습니다.

My mom was always strict with me when I was a kid, but with my children she always <u>caves in</u> and lets them watch too much TV.
우리 엄마가 나 어릴 적에는 나에게 항상 엄하셨는데, 내 아이들한테는 언제나 성화에 못 이겨서 언제나 오냐오냐 하시고는 애들이 TV를 지나치게 많이 보게 하셔.

CULTURE POINT

미국은 최첨단 의료 시스템을 갖추고 있지만, 의료 보험 제도는 문제가 많습니다. 대부분의 미국인들은 직장에서 제공하는 의료 보험이 있긴 하지만, 모든 미국인들에게 의료 보험이 있지는 않습니다. 게다가 미국에서는 의료 보험이 있다 하더라도 아무 병원에서나 자신의 의료 보험을 받아주는 것도 아닙니다. 자신이 가지고 있는 의료 보험 회사와 계약이 되어 있는 병원에서만 해당 의료 보험을 사용할 수 있기 때문입니다. 가끔은 보험사와 계약되어 있지 않은 병원에서 이용한 의료 서비스가 커버되기도 하지만, 대부분은 그렇지가 않습니다. 개인으로서는 자신이 받은 의료 서비스를 보험사에서 얼마만큼 커버해 줄지 알아내는 일이 쉽지만은 않습니다. 그래서 미국인들은 가끔 병원비 청구서를 받아보고는 깜짝 놀라기도 합니다. 높은 보험료와 더불어 이런 문제들 때문에 많은 미국인들이 의료 보험 제도에 불만이 많고, 그래서 대통령 선거 때가 되면 후보들이 새로운 의료 보험에 관한 이야기를 합니다. 그렇게 태어난 의료 보험으로 오바마 대통령이 밀어붙인, 비교적 보험료가 저렴한 일명 "오바마 케어"(Obama care)가 있습니다.

LESSON 7

에드거: 조이, 너 휴가 때 Rent by Owner(렌트 관련해 집주인한테 직접 빌리는 곳) 이용해 본 적 있니?

조이: 딱 한 번. 그리고 두 번 다시는 안 해. 난 거기랑은 완전히 손뗐어.

에드거: 무슨 일 있었니?

조이: 남편하고 내가 Rent by Owner를 통해서 해변가에 있는 콘도를 하나 빌렸었거든. 우리가 주말에 머물렀는데 떠날 때가 돼서 사무실에 열쇠를 가지고 갔더니, 그 사람들이 "여기 계산서입니다."라고 하는 거야. 글쎄, 우리는 콘도 주인에게 이미 직접 돈을 냈거든.

에드거: 콘도 사무실에서 그걸 몰랐어?

조이: 그래. 콘도 주인이 그 사람들한테 그 말을 전혀 안 했으니까. 우리야 무조건 그 사람들이 하라는 대로 따라야 하는 상황이었잖아. 우리는 콘도 주인들이 정직한 사람들이라고 생각하면서 돈을 냈는데, 그 사람들은 그냥 우리 돈을 가져가서는 콘도 관리자측에 절대로 그 말을 안 한 거야.

에드거: 그래서, 어떻게 됐어?

조이: 전체 비용을 두 번 내야 했지.

에드거: 뭐라고? 완전 날강도가 따로 없네! 와, 나라면 진짜 폭발했을 거야!

조이: 나도 딱 그랬어! 내가 콘도 주인에게 전화해서 내 돈 돌려달라고 했지만, 그 사람은 주지 않았어. 거기에 더해, 말도 안 되는 소리를 하더니, 조금도 부끄러워하지 않는 것 같았어. 어쨌든, 다른 사람들은 (Rent by Owner를 통해) 좋은 경험을 했다는 건 알지만, 우린 정말 그렇지 못했어.

MP3 039

Edgar: Zoe, have you ever used Rent by Owner for a vacation rental?

Zoe: Once, and never again. I ❶ **have washed my hands of Rent by Owner.**

Edgar: What happened?

Zoe: My husband and I rented a condo at the beach one year with Rent by Owner. We stayed for a weekend, and when it was time to leave, we brought the keys to the main office, and they said, "Here's your bill." Well, we had already paid the condo owners directly.

Edgar: Didn't the condo office know this?

Zoe: No, because the owners of the condo never told them. They totally ❷ **had the upper hand**. We had paid the owners thinking that they were honest people, and they simply took our money and never told the condo management.

Edgar: So, what happened?

Zoe: We had to pay for the whole thing twice.

Edgar: What? That's ❸ **highway robbery**! Oh, I would ❹ **have blown a fuse**!

Zoe: That's what I did! I called the owner and demanded my money back, but he wouldn't pay. ❺ **To top it off**, he gave me some dumb story and didn't even seem the least bit ashamed. Anyhow, I know other people have had good experiences, but we sure didn't.

Rent by Owner (콘도 등을 회사가 아니라) 주인에게 직접 빌리는 것
the least bit 아주 조금

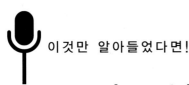

MP3 040

1 To wash one's hands of ~: To refuse to be involved with a situation

After years of living with a controlling, jealous husband, she decided to wash her hands of him and get a divorce.

자신을 통제하려 들고 질투심까지 많은 남편이랑 몇 년 산 후에 그녀는 남편과 관계를 끊고 이혼하기로 결심했다.

2 To have the upper hand: To have the advantage in a situation/To have the control of a situation

For this important legal case, the Supreme Court has the upper hand in making a decision, not the president.

이 중요한 소송 사건과 관련해, 대통령이 아니라 대법원이 최종 판결을 함에 있어 더 우위에 있는 상태입니다.

3 Highway robbery: Having to pay an exorbitant amount of money for something

That boutique wanted $500 for a simple cotton t-shirt. I told them that was highway robbery!

저 양품점은 그냥 면으로 된 티셔츠를 500달러에 팔고 있었어. 난 그 사람들에게 그건 날강도짓이라고 말해 줬지.

4 To blow a fuse: To express anger

Oh no! My computer didn't save the final draft of the report! My boss is going to blow a fuse when I tell her.

이를 어쩌지! 내 컴퓨터에 그 보고서 최종안이 저장 안 됐어! 내가 이걸 말씀드리면 우리 사장님이 엄청 화내실 텐데.

5 To top it off: Used to explain a final detail of a situation that makes the situation better or worse

The bakery we used for our wedding was excellent. The cake was delicious and beautiful, and to top it off, they included some extra cake for us to enjoy after the wedding.

우리 결혼식에 이용했던 제과점이 정말 최고였어. 케이크는 맛있으면서도 멋졌고, 거기에 더해서, 우리가 결혼식 끝나고 먹을 수 있게 케이크를 더 줬더라니까.

To top it off와 비슷한 to top off라는 이디엄이 있는데 이 둘의 차이를 확실하게 짚고 넘어갑시다. 우선, to top it off는 좋은 것이든 나쁜 것이든 지금까지 말한 내용에 뭔가가 더해질 때 쓰이는 표현입니다.

He washed my car, cleaned the leather seats, and <u>to top it off</u>, gave me a $20 discount.
그 사람은 내 차를 세차하더니, 가죽 시트를 청소했고, 거기에 더해서 20달러를 깎아 주기까지 하더라니까. (+ 좋은 내용)

He didn't properly wash my car, damaged the leather seats, and <u>to top it off</u>, overcharged me.
그 사람은 내 차를 깨끗하게 세차하지도 않더니, 가죽 시트를 훼손했고, 거기에 더해서 내게 바가지까지 씌우더라니까. (+ 나쁜 내용)

그런데 이 표현에서 it만 빠졌을 뿐인 to top off는 완전히 다른 의미의 이디엄으로, 술이나 음료를 따르는 자리에서 쓰입니다. 손님을 초대해서 함께 식사하다가 손님 잔이 반쯤 비었을 때, "Can I top you off?"라고 말할 수 있습니다. 이 말은 "Can I fill your glass?"와 똑같은 말입니다. 이는 미국 식당에서 웨이터들에게 자주 듣는 말이기도 합니다. 웨이터들이 물 주전자나 커피포트를 들고 다니면서 손님들의 잔을 top off하기 때문이죠.

CULTURE POINT

요즘은 점점 더 많은 미국인들이 휴가를 떠나려고 인터넷에 있는 임대 시장을 이용합니다. 물론 대화 속 조이가 겪은 것처럼 실망스러운 경험을 하기도 하지만, 대부분은 좋은 경험을 하면서 즐거운 휴가를 보냅니다. 그렇다면 많은 미국인들이 왜 휴가 때 호텔 대신 이렇게 인터넷을 통해 집을 임대하려고 할까요? 그것은 가구를 포함해 모든 것이 갖춰진 집을 짧은 기간 빌릴 수 있다는 장점 때문입니다. 예를 들어, 대가족이 모두 함께 여행할 때는 이런 곳을 이용하는 것이 호텔보다 저렴합니다. 대부분의 경우, 이런 집들은 가구뿐만 아니라 부엌에 가재도구까지 갖추고 있기에 여행 가서 요리를 해 먹을 수도 있으니까요. 게다가 미국 어느 곳을 가더라도 비교적 획일화되어 있는 호텔에서 머무르는 것보다 훨씬 더 다양한 경험을 할 수도 있습니다. 이를테면, 대도시의 경우 도심 한가운데서 이렇게 모든 것들이 갖춰진 아파트를 한 채 빌릴 수도 있습니다. 이렇게 집이나 아파트를 임대할 수 있는 인터넷 사이트 중 현재 미국인들이 가장 많이 이용하는 곳으로 Vrbo (vrbo.com)와 Airbnb (airbnb.com)가 있습니다. 어떤 미국인들은 여행이 아니라 부수입을 벌려고 이런 웹사이트를 이용하기도 합니다. 왜냐하면 이런 사이트를 이용해서 방이나 숙소, 또는 차고와 주거지를 함께 제공하는 garage apartment 등을 내어주고 월세를 받을 수 있기 때문입니다.

LESSON 7

제프: 저기, 브래드! 이번 주말에 새로 나온 마블 영화 보러 갈래?

브래드: 잘 모르겠다. 집에서 영화 보느라 시간을 너무 많이 쓰다 보니까, 영화관에서 영화 보고 그러는 거에 좀 손을 떼 버렸네.

제프: 뭐라고? 큰 스크린으로 액션 영화를 보는 것만한 게 또 어디 있다고 그래!

브래드: 게다가 영화표는 비싸고 거기에 더해 영화관에서 파는 팝콘이랑 탄산음료가 다른 곳보다 다섯 배나 비싸잖아.

제프: 뭐, 그 말은 맞아. 극장 내 매점들이 그야말로 날강도가 따로 없지.

브래드: 그러니까 내 말은, 영화를 보려고 내가 이미 스트리밍 서비스 몇 개에 돈을 내고 있어. 그리고 저렴한 가격에 내 팝콘은 내가 만들 수 있고. 왜 내가 미국 기업들이 더 이득을 취하게 해야 하냐고.

제프: 맞아. 그렇지만 어쨌든 그들이 상당히 이익을 취하고는 있잖아. 내 말은, 너도 스트리밍 서비스를 사용하는 대가를 지불하고 있고 말이야. 안 그래?

브래드: 윽! 이 모든 게 짜증 난다고!

제프: 오, 폭발하지는 마! 그냥 영화일 뿐이잖아! 그냥 우리가 할 수 있는 재미있는 것. 네 기분이 조금이라도 나아질 수 있다면, 네 팝콘은 내가 낼게.

Jeff: Hey, Brad! Wanna go see that new Marvel movie this weekend?

Brad: I don't know. Now that I've spent so much time watching movies from home, ❶ **I've** kind of **washed my hands of a whole cinema experience**.

Jeff: What? There's nothing like seeing an action movie on the big screen!

Brad: Plus, the tickets are expensive, and ❷ **to top it off**, the popcorn and soda in a theater cost five times more than anywhere else.

Jeff: Well, you have a point there. The concessions are basically ❸ **highway robbery**.

Brad: I mean, I'm already paying for several streaming services to watch movies. And I can make my own popcorn for pennies. Why let corporate America ❹ **have the upper hand**?

Jeff: Yeah, but they pretty much **have the upper hand** anyway. I mean, you are paying for streaming services, right?

Brad: Ugh! The whole thing irritates me!

Jeff: Oh, please, don't ❺ **blow a fuse**! It's a movie! It's something fun to do. And if it makes you feel any better, I'll pay for your popcorn!

You have a point there. 그건 당신 말이 맞아요.
concessions 영업 허가 구역들
for pennies 저렴한 가격에
corporate America 미국 재계
pretty much 거의, 완전히, 상당히

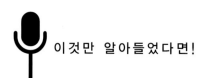

이것만 알아들었다면!

1

To wash one's hands of ~:

To refuse to be involved with a situation ～에서 손을 떼다/～와 관계를 끊다

Maintaining an old house is such a headache. If I were you, I would sell it and wash my hands of it before spending more money fixing things.

오래된 집을 관리하는 건 정말 골치 아픈 일이야. 내가 너라면, 이것저것 고치느라 돈 더 쓰기 전에 그냥 그 집 팔고 거기서 손을 떼겠어.

2

To top it off: Used to explain a final detail of a situation that makes

the situation better or worse

거기에 더해서(긍정적인 의미로도 부정적인 의미로도 모두 쓰임)/설상가상으로

We have a great laundromat in our neighborhood. The machines are really good and very clean, they always play great music in there, and to top it off, they even have a coffee bar!

우리 동네에 끝내주는 빨래방이 있거든. 세탁기가 다 정말 좋고 아주 깨끗해. 거기 가면 항상 근사한 음악이 나오는데, 거기에 더해서 커피 마실 수 있는 곳까지 있어.

3

Highway robbery:

Having to pay an exorbitant amount of money for something

(대낮의) 날강도짓

Our car was towed, and when we went to pick it up, they wanted $350. My wife told them that this was nothing less than highway robbery.

우리 차가 견인돼서 우리가 차를 가지러 갔을 때, 그 사람들이 350달러를 내라고 했어. 아내가 그 사람들한테 이건 날강도짓과 다를 바가 없다고 말해 줬지.

4

To have the upper hand: To have the advantage in

a situation/To have the control of a situation 우위를 점하다/유리한 입장이다

Although all of the job candidates had professional experience, my fluency in Mandarin gave me the upper hand, and I got the job.

모든 지원자가 전문적인 경험을 갖추고 있긴 했지만, 유창한 중국어 실력 덕분에 내가 더 유리한 입장이었고, 그래서 결국 내가 뽑혔어.

5

To blow a fuse: To express anger 굉장히 화내다

The musical director was not happy when the violinist called in sick, but he didn't blow a fuse.

바이올린 연주자가 전화로 아파서 못 온다고 하자, 음악 감독은 기분이 좋지 않았지만 그렇게 화를 내지는 않았어.

Vocabulary Point

To wash one's hands of ~는 성경에서 유래한 이디엄입니다. 고대 유대 총독이었던 빌라도(Pontius Pilate)가 예수에게 사형 선고를 거부했던 이야기에 나오는 표현입니다. 빌라도는 물 한 통에 손을 담가서 씻고는 자신의 손이 깨끗하다는 것을 보여 줍니다. 즉, 자신은 죄 없는 사람을 처단하는 잘못을 저지르지 않았고 결백하다는 뜻이죠. (He washes his hands of having condemned an innocent person.) 이 표현은 또 어떤 상황에 관여한 적이 없다는 의미로도 쓰입니다. 그렇지만 이 이디엄이 언제나 결백을 주장할 때만 쓰이지는 않습니다. 다음과 같이 '~을 책임지기 거부하다'라는 의미로 쓰일 때도 있기 때문입니다.

The dishonest builder declared bankruptcy so that he could <u>wash his hands of</u> his remaining clients.
그 부정직한 건축업자는, 남은 자기 고객들을 책임지지 않아도 되게 파산을 선언했다.

CULTURE POINT

영화관에서 팝콘을 먹는 문화는 미국에서 시작됐지만, 한국에까지 영향을 미쳐서 한국 어느 극장에 가도 팝콘 냄새를 맡을 수 있습니다. 코로나 팬데믹이 시작된 후부터는 영화관에서 아무것도 먹을 수 없지만, 우리도 원래 극장 매점에서 팝콘뿐만 아니라 한국형 극장 음식인 오징어 버터구이나 땅콩 등을 팔았습니다. 심지어 어느 대형 극장에서는 떡볶이 소스를 듬뿍 얹은 튀김 요리도 팔았습니다. 40대 이상이라면 옛날 극장가에서 팔던 번데기와 구운 은행 같은 음식도 기억하실 거예요. 이렇게 우리나라에 전통적으로 극장가에서 먹던 음식이 있듯이, 미국에도 팝콘 외에 전통적으로 극장가에서 파는 음식이 있습니다. 단 것을 좋아하는 미국인들답게, 극장에서도 감초 사탕(licorice)이나 거미 베어(gummy bear) 같은 젤리 과자, 초콜릿을 입힌 땅콩, 솜사탕 등을 팝니다. 조금 출출한 사람들을 위해서는 나초칩과 프레첼(pretzels)을 팔기도 하고요. 아마 그래서 요즘은 한국 극장가에서도 나초칩과 프레첼을 쉽게 볼 수 있는 것 같습니다. 좀 더 최근에 와서는 극장에서 피자나 햄버거 같은 음식을 맥주, 와인, 칵테일 등의 주류와 함께 팔기 시작했습니다. 어떤 극장은 식당에서 하는 모든 음식을 다 제공하기도 합니다. 물론 음식 외에도 자동 조절이 되는 등받이에 쿠션감이 좋은 호화로운 좌석과 최고의 음향 시스템을 가진 붙박이 스피커 등으로, 미국 영화관은 더 많은 손님을 끌기 위해 각종 서비스를 제공하려고 합니다.

영어로 말하고 싶은, 또는 못 알아들을 것 같은 예문에 체크해 보세요.

팀: 자, 이제 내가 너한테 실험실에서 모든 실험을 진행하는 방법에 관해 알아야 하는 건 다 말해 줬어. 이 박사님께서는 네가 그 실험 중에서 아무거나 선택해두 된다고 하시니까 이젠 네가 히면 돼. 네가 할 일만 남았어.

브라이언: 마감일이 언제지?

팀: 학기 말까지 하면 돼.

브라이언: 그렇다면 시간은 충분하네. 내가 수업에서 놓친 것 설명해 줘서 고마워. 저기, 내가 어제 올해의 맥주 애드벤트 캘린더를 샀거든. 우리 집에 와서 좀 맛볼래?

팀: 친구, 나도 얼음처럼 차가운 맥주가 너무너무 마시고 싶지만, 불행히도 내가 내일 중요한 시험이 있어. 다음 기회로 미뤄도 될까?

브라이언: 그럼! 뭐, 그렇다면 오늘 밤에 난 맥주 마시면서 넷플릭스 프로그램이나 봐야겠다.

팀: 너 넷플릭스 계정 있으면, 〈오징어 게임〉은 꼭 봐야 해. 그 프로는 진정 놀라운 경험이야! 정말 그렇다니까. 널 놀라 자빠지게 할 거야.

브라이언: 추천해 줘서 고맙지만, 나 이미 그거 봤어. 어휴, 난 첫 번째 에피소드에 나오는 그 기이한 인형을 잊을 수가 없어. 그 인형, 아마도 그 프로그램 미술 감독의 창작품이겠지. 안 그래?

팀: 글쎄, 그건 잘 모르겠지만 내 한국인 친구 말로는 그 인형이 한국 교과서에 나오는 어떤 인물이라고 하더라고.

Tim: So, I've told you everything you need to know about how to run all the experiments in the lab. Dr. Lee says you can choose any of them, so this is your game. ❶ **The ball's in your court**.

Brian: When's the deadline?

Tim: By the end of the semester.

Brian: Then, I've got plenty of time. Thanks for ❷ **filling me in on what I missed** in the class. Hey, I bought this year's Beer Advent Calendar yesterday. You want to come over and taste some?

Tim: Dude, I am craving ice-cold beer, but unfortunately, I've got an important test tomorrow. Can I take a raincheck?

Brian: Sure! Well, then I'll just have to watch some Netflix shows drinking my beer tonight.

Tim: Oh, if you have a Netflix account, you've got to watch *Squid Game*. The show is truly ❸ **an eye-opener**! I'm telling you; it will ❹ **knock your socks off**.

Brian: Thanks for the recommendation, but I've already watched it. Man, I can't forget that creepy doll in the first episode. I guess that doll is the ❺ **brainchild** of the art director of the show, right?

Tim: Well, I'm not sure about that, but my Korean friend says that the doll is a textbook character in South Korea.

Advent Calendar 12월 1일부터 24일 혹은 25일까지 카운트다운을 하며 선물을 하루에 하나씩 열어 보는 달력으로 초콜릿, 화장품, 술, 향수 등이 이 안에 들어갈 수 있다.
take a raincheck (제의, 초대 등을 거절하며 다음에 받아들이겠다는 의미로) 다음을 기약하다
I'm telling you. 정말이야. 진짜야.

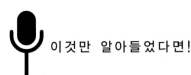

이것만 알아들었다면!

MP3 044

1 The ball is in one's court.

We did our part, so now the ball is in their court.
우리가 할 수 있는 것은 했고, 이제 그들의 결정에 달려 있습니다.

이제 ~의 결정에
달려 있다
/~가 맡을 차례이다
/~의 책임이다

2 To fill someone in (on ~)

It seems like something happened while I was gone.
Can you fill me in please?
내가 없는 동안 무슨 일이 있었던 것 같은데요. 무슨 일이 있었는지
나한테 말해 줄래요?

(~에 관해) 지금까지의
상황을 말해 주다
/누군가가 놓친 부분을
말해 주다

3 An eye-opener

I learned that some of the construction workers here
were lawyers from Venezuela, which was an eye-opener
for me.
난 여기 공사 현장에서 일하는 분 중 몇 명이 베네수엘라에서
변호사였다는 사실을 알게 됐는데. 그건 나를 각성하게 하는
계기가 됐지.

놀라운 경험/신세계
/눈을 뜨게 하는 사건
/각성의 계기

4 To knock one's socks off

I need to give a presentation on the Vietnam War in
world history class. I've been working so hard on it for
the last two weeks, and I'm going to knock my teacher's
socks off.
내가 세계사 시간에 베트남 전쟁에 관해 발표해야 하거든.
지난 2주 동안 그걸 얼마나 열심히 준비해 왔는지 몰라. 내가 우리 선생님을
크게 놀라게 할 거야.

~를 놀라 자빠지게 하다
/~를 크게 감동시키다

5 A brainchild

This giant fountain is the brainchild of Aiden Hanks,
who was the very first city planner here.
그 대형 분수대는 에이든 행크스의 아이디어인데. 그 사람이 바로 이곳의
첫 번째 도시 계획자였지.

아이디어(두뇌의 산물)
/발명품/창작품

복수형은
brainchildren.

대화에서 팀은 ice-cold beer를 마시고 싶다고 합니다. 여기서 ice-cold를 보면, 하이픈(hyphen)이 명사와 형용사를 연결하고 있죠? 이렇게 〈명사-형용사〉로 이뤄진 이 표현은 '명사처럼 ~한'의 뜻으로, 일상 구어체 회화에서 미국인들이 종종 사용하는 문법 구조입니다. 이런 예를 몇 가지 더 볼까요?

baby-soft: 아기 피부처럼 부드러운
Katie: Look at your <u>baby-soft</u> skin! What's your secret?
Gina: Thanks. I don't know if it's "baby-soft", but I try to use this face exfoliator every other day.
케이티: 아기처럼 부드러운 네 피부 좀 봐. 비결이 뭐니?
지나: 고마워. '아기처럼 부드러운'지는 모르겠지만, 이 얼굴 각질 제거제를 이틀에 한 번씩은 사용하려고 해.

snow-white: 눈처럼 새하얀
Look at what my little brother did to this <u>snow-white</u> blanket.
이 새하얀 담요에 내 남동생이 한 짓 좀 봐.

honey-sweet: 꿀처럼 달콤한
I like this song not because of the melody but because of the singer's <u>honey-sweet</u> voice.
난 이 노래를 멜로디 때문이 아니라, 가수의 달콤한 목소리 때문에 좋아해.

CULTURE POINT

대화에서 브라이언이 Beer Advent Calendar를 샀다고 합니다. Advent는 기독교에서 '대림절' 또는 '강림절'이라고 부르는 기간인데, 크리스마스 전의 4주간(보통 12월 1일에서 12월 24일까지)을 말합니다. 기독교인이 아닌 미국인들도 많지만, 기독교가 미국 문화 전반에 스며 있다는 건 부정할 수 없는 사실입니다. 그래서 12월이 되면 크리스마스부터 시작되는 넉넉한 휴일 때문에 많은 사람들이 이 기간을 들뜬 기분으로 보냅니다. 그런 사람들의 설렘을 마케팅에 적극적으로 활용한 제품들이 바로 Beer Advent Calendar, Wine Advent Calendar, Chocolate Advent Calendar, Candy Advent Calendar 등입니다. 이런 제품의 포장을 열어 보면, 정확하게 맥주 24캔, 와인 24병, 초콜릿 24개와 같이 구성되어 있습니다. 사람들은 이런 제품을 12월 1일부터 하루에 하나씩 먹거나 마시면서 크리스마스이브까지 설렘을 만끽하며 보냅니다. 제가 사는 도시에는 독일에서 생산된 24가지 캔맥주를 모아 크리스마스 분위기가 나는 상자에 넣어 파는 Brewer's Advent Calendar (Beer Advent Calendar의 일종)가 최고 인기 상품입니다. 9월 하순부터 팔기 시작하는데, 12월을 겨냥해서 나온 제품임에도 불구하고 10월 초면 벌써 동이 나서 구할 수가 없게 된답니다.

LESSON 8

로버트: 어제는 제가 회의 중간에 나가야 했거든요. 제가 놓친 부분 좀 말해 줄래요?

크레이그: 그러죠! 그러니까 조지 씨 발표하는 건 들었어요?

로버트: 아뇨, 조지 씨 발표 직전에 가야 했어요.

크레이그: 조지 씨가 발표를 정말 잘했고요, 한마디로 모두를 크게 감동시켰죠. 특히 동북아 시장에 관한 조지 씨의 보고서가 우리를 각성하게 했어요. 여기 조지 씨가 우리한테 준 인쇄물인데, 그 보고서를 포함해서 모든 세부 사항을 다 볼 수가 있어요.

로버트: 고맙습니다! 우와, 이 마케팅 계획도 조지 씨 아이디어예요?

크레이그: 네! 굉장하지 않아요? 모두가 그 계획이 우리가 현재 처해 있는 재정상의 어려움을 해결할 거라고 생각해요.

로버트: 그러게요. 조지 씨가 요즘 일이 돌아가는 상황을 훤히 잘 파악하고 있는 것 같아요. 그건 그렇고, 매크로소프트사와 새로운 사업 협력을 하기로 한 것은 어떻게 됐어요?

크레이그: 우리가 마지막 제안을 했으니, 이제 그쪽 결정에 달렸습니다.

Robert: I had to leave in the middle of the meeting yesterday. Can you please ❶ **fill me in**?

Craig: Sure! So…did you listen to George's presentation?

Robert: No, I had to leave right before his presentation.

Craig: He did an amazing job, and he basically ❷ **knocked everyone's socks off**. Especially his report about the northeast Asian market was ❸ **an eye-opener**. Here's the handout he gave us, and you can see all the details including the report.

Robert: Thanks! Wow, is this marketing plan also the ❹ **brainchild** of George?

Craig: Yup! Isn't that brilliant? Everyone thinks it's going to solve the current financial woes we have.

Robert: Yeah, it looks like George is on the ball these days. By the way, what about building a new business partnership with Macrosoft?

Craig: We made the last offer, so ❺ **the ball's in their court**.

---

woe 고민, 문제
be on the ball 일이 어떻게 돌아가는지 알다, 훤히 파악하고 있다

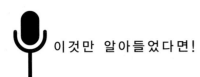

이것만 알아들었다면!

MP3 046

1 To fill someone in (on ~): To give someone information (about ~) that (s)he has missed

Since John's joining our team in the middle of this project, I'll have to fill him in on the details.

존이 이 프로젝트 중간에 우리 팀에 합류할 것이기 때문에, 그가 놓친 세부 사항에 대해서 내가 말해 줘야 할 거야.

2 To knock one's socks off: To impress someone greatly/To amaze someone

OMG, this lasagna that you made for the guests is so delicious! You're really going to knock their socks off.

세상에, 네가 손님들 대접하려고 만든 이 라쟈냐, 정말 맛있어! 네가 손님들을 크게 감동시킬 거야.

3 An eye-opener: Something surprising or enlightening

His speech was truly an eye-opener to many people.

그의 연설은 실로 많은 사람을 눈뜨게 했지.

4 A brainchild: An idea/An Invention

This theory is the brainchild of a criminologist.

이 이론은 어느 범죄학자의 아이디어입니다.

복수형은 brainchildren.

5 The ball is in one's court.: It's one's decision. /It's one's turn to take action./It's one's responsibility.

His boss says he won't fire Jimmy if he makes amends for his mistake, so the ball is in Jimmy's court now.

그의 상사는 지미가 자신의 실수에 대해 보상을 한다면 지미를 해고하지 않겠다고 하거든. 그러니까 이제 지미가 하기에 달렸어.

The ball is in one's court.는 테니스 경기에서 시작된 이디엄입니다. 테니스 경기를 생각해 보면 그 이유를 쉽게 알 수 있을 거예요. 테니스 경기 중에 공이 한 선수의 (테니스) 코트로 튀어 들어가면, 그 코트에 있는 선수가 취하는 다음 액션에 따라 모든 것이 결정됩니다. 즉, 그 코트의 선수가 공을 받아치면 경기가 계속 진행될 것이고, 아무것도 하지 않고 가만히 있으면 경기가 중단되겠죠? 바로 거기서 유래된 이 표현이 현재는 테니스 경기뿐만 아니라 다른 곳에서도 자주 쓰이는 이디엄이 되었습니다. 구어체 회화 이디엄이기에 보통 미국인들은 "The ball's in your court."와 같이 축약형으로 쓰지, "The ball is in your court."라고는 잘 하지 않습니다.

로버트는 "It looks like George is on the ball these days."라고 합니다. To be on the ball은 '빈틈이 없다/능력 있다'라는 의미의 이디엄입니다. 이 또한 ball이 들어가는 이디엄이긴 하지만, 정확히 어느 스포츠에서 온 표현인지 아는 사람은 없는 것 같습니다. 그보다 중요한 것은 많은 미국인들이 이를 "Keep your eye on the ball."(You need to keep your eye on the ball if you don't want to lose your job. 일자리를 잃고 싶지 않다면, 중요한 일에 항상 집중해.)에서 온 표현으로 본다는 사실입니다. 공을 다루는 경기에서 공에서 눈을 떼지 말라는 것은 계속해서 집중하라는 뜻입니다. 그래서 이 이디엄은 '중요한 것에서 눈을 떼지 마라.' '방심하지 마라.'라는 의미가 있습니다. 이런 맥락에서 보면, to be on the ball이 '계속해서 주의를 기울이다/집중하다/빈틈이 없다'라는 뜻에서 시작해 '유능하다'라는 의미까지 갖게 된 경위를 쉽게 이해할 수 있습니다. 뜻을 완벽하게 이해했으니 예문을 몇 가지 더 봅시다.

You already finished the project? You are really on the ball!
너 벌써 그 프로젝트를 끝냈다고? 너 정말 유능하구나!

I've stretched myself too thin, and I'm not really on the ball these days.
내가 무리해서 너무 많은 일을 벌여놔서, 요즘 정말 집중해서 일을 할 수가 없어.

UNIT 3

영어로 말하고 싶은, 또는 못 알아들을 것 같은 예문에 체크해 보세요.

LESSON 8

로스: 안녕, 스티브! 여기서 뭐 해?

스티브: 안녕, 로스! 여기 남동생 생일 파티에 쓸 피냐타 사러 왔어.

로스: 피냐타! 재밌겠네.

스티브: 넌?

로스: 그냥 리본이랑 포장지 좀 사고 싶어서. 그건 그렇고, 나 네가 팀 과제는 어떻게 하고 있는지도 물어보고 싶었어.

스티브: 글쎄, 내 파트는 다 했고 이제는 더그가 할 차례야. 오, 더그가 그 과제에서 내 파트너거든.

로스: 우리 학교에 막 전학 온 더글러스 데이비스 말하는 거니?

스티브: 응. 그런데 그 팀 과제를 어떻게 하는지 개한테 놓친 부분을 설명해 준 후부터는 개가 집중해서 잘하고 있어. 개가 뭐든 빨리 배우는 애인 것 같아. 넌 어때?

로스: 지미하고 내가 그 과제를 정말 열심히 하고 있으니까 우리 창작품을 곧 보게 될 거야. 모두에게 놀라운 경험이 되게 만들고 싶어.

스티브: 또 다른 놀라운 경험을 빨리 보고 싶긴 하지만, 매번 모두를 놀라 자빠지게 할 필요는 없어, 친구!

로스: 하하. 네 말이 맞는 것 같아. 뭐 어쨌든, 여기서 너 보니 좋다. 내일 학교에서 봐.

스티브: 잘 가!

104

Ross: Hi, Steve! What are you doing here?

Steve: Hi, Ross! I came here to pick up a *piñata* for my little brother's birthday party.

Ross: A *piñata*! That sounds fun.

Steve: What about you?

Ross: I just wanted to pick up some ribbons and wrapping paper. By the way, I wanted to ask you how you're doing with your team project.

Steve: Well, I did all my part, and now ❶ **the ball's in Doug's court**. Oh, he's my partner for that project.

Ross: Are you talking about Douglas Davis who just transferred to our school?

Steve: Yup, but ever since I ❷ **filled him in on how to conduct the team project**, he has been on the ball. I think he's a quick learner. How about you?

Ross: Jimmy and I have been working so hard on that project, and you're going to see our ❸ **brainchild** soon. We'd like to make it ❹ **an eye-opener** for everyone.

Steve: I can't wait to see **another eye-opener**, but you don't have to ❺ **knock everyone's socks off** every single time, dude.

Ross: Ha ha… I guess you're right. Anyways, good to see you here. I'll see you at school tomorrow.

Steve: Take care!

---

piñata 아이들이 파티 때 눈을 가리고 막대기로 쳐서 넘어뜨리는, 장난감과 사탕이 가득 든 통

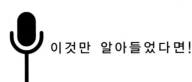

이것만 알아들었다면!

MP3 048

1

The ball is in one's court.:

It's one's decision./It's one's turn to take action./It's one's responsibility.
이제 ~의 결정에 달려 있다/~가 맡을 차례이다/~의 책임이다

Harry: Has Griffin made up with Madison?
Tom: The ball is in her court since he has apologized to her.

해리: 그리핀이 매디슨과 화해했니?
톰: 그건 매디슨에게 달렸어. 그리핀은 그녀에게 사과했으니까.

2

To fill someone in (on ~):

To give someone information (about ~) that (s)he has missed
(~에 관해) 지금까지의 상황을 말해 주다/누군가가 놓친 부분을 말해 주다

Evan: Sorry, but I'll have to leave in the middle of the meeting. I need to pick up my son from school.
Zachary: Don't worry about it. I'll fill you in later.

에반: 죄송하지만, 저 회의 중에 가 봐야 할 것 같아요. 학교에서 아들애를 데리고 와야 해서요.
재커리: 걱정하지 마세요. 놓치신 부분은 제가 나중에 설명해 드릴게요.

3

A brainchild: An idea/An Invention 아이디어(두뇌의 산물)/발명품/창작품

These sculptures are the brainchildren of a local artist here.
이 조각품들은 이 지역 어느 예술가의 창작품들입니다.

복수형은
brainchildren.

4

An eye-opener: Something surprising or enlightening
놀라운 경험/신세계/눈을 뜨게 하는 사건/각성의 계기

The corruption scandal was an eye-opener to the citizen.
그 부정부패 사건은 시민들에게 각성의 계기였다.

5

To knock one's socks off: To impress someone greatly/To amaze someone ~를 놀라 자빠지게 하다/~를 크게 감동시키다

That singer's new album was okay, but it didn't knock my socks off.
그 가수의 새 앨범은 괜찮긴 했지만, 날 크게 감동시킬 정도는 아니었어.

Eye-opener는 명사로 '놀라운 경험'이나 '눈을 뜨게 하는 사건'을 뜻하는데요, 같은 의미의 형용사형은 eye-opening으로, 그 뜻은 '놀랄 만한', '놀랍게 하는'입니다.

Squid game was the most eye-opening show I've ever watched.
〈오징어 게임〉은 내가 본 것 중 가장 놀랄 만한 프로그램이었어.

I've been to Jjim-Jil-Bang in Koreatown; that was an eye-opening experience.
난 코리아타운의 찜질방에 가 봤거든. 정말 놀라운 경험이었어.

그런데 재미있게도 eye-opener에 또 다른 뜻도 있습니다. 미국 영어에서 eye-opener는 '아침에 마시는 술(morning alcohol drinking)'을 말하기도 합니다. 한국에서는 '해장술'이라고 하죠?

My roommate said he needed to drink an eye-opener to get rid of his hangover, which didn't make any sense to me.
내 룸메이트는 숙취를 없애려고 해장술을 마셔야겠다고 말하던데, 난 그게 도저히 이해가 안 되더라.

CULTURE POINT

스티브는 남동생 생일 파티 때 쓸 피냐타(piñata)를 사러 왔다고 말합니다. 피냐타는 종이나 천 등의 재질로 만든 커다란 통으로, 미국인들은 그 안에 초콜릿, 사탕, 과자, 장난감 등을 가득 집어넣습니다. 파티를 할 때면 이 피냐타를 공중에 매달아 놓고 아이들이 눈을 가린 채 막대기로 마구 쳐서 피냐타가 찢어지면서 열리도록 합니다. 그럼 그 안에 있던 사탕과 초콜릿 등이 와르르 쏟아져 나오겠죠? 아이들이 쏟아진 사탕과 초콜릿을 나눠 먹으면서 파티는 절정에 다다릅니다. 피냐타 모양은 당나귀, 유니콘, 공룡 같은 동물 모양부터 케이크, 별, 무지개, 공주님 모양 등 매우 다양합니다. 주로 아이들 생일 파티에 쓰이기 때문에 아이들이 좋아하는 디즈니 만화 영화 캐릭터 모양의 피냐타도 있습니다. 피냐타는 사실 스페인어로, 원래는 멕시코의 전통 놀이였어요. 하지만 현재는 이 단어가 미국인들이 자주 사용하는 외래어가 되었습니다. 그만큼 피냐타 놀이가 미국 아이들의 생일에 단골로 등장하는 축하 방식이 되었으니까요.

UNIT 1

영어로 말하고 싶은, 또는 못 알아들을 것 같은 예문에 체크해 보세요.

(미국 독립기념일(7월 4일)을 축하하며)

리앤: 저기, 타냐! 앤드루랑 나, 너희들 옆에 앉아도 되니?

타냐: 안녕, 리앤! 그렇게 해. 마이크는 저기 푸드 트럭에서 먹을 것 좀 사고 있어. 줄이 더 길어지기 전에 말이야.

리앤: 앤드류는 주차하고 바로 올 거야. 너희들 여기 호수에서 전에 불꽃놀이 본 적 있어?

타냐: 해마다 봐. 여기에 사람이 더 적긴 한데, 주차하기가 다운타운보다 훨씬 더 쉽거든. 게다가 여기서 보이는 불꽃놀이는 언제나 정말 좋고.

리앤: 난 이 이벤트에 관해서 이제야 알게 됐어. 난 다운타운에서 하는 7월 4일 이벤트들만 알았었거든.

타냐: 그런 정보를 놓치기 싫으면, 레이크사이드 페이스북(Lakeside Facebook) 그룹에 가입해. 그럼 호숫가 이벤트에 관한 모든 업데이트 정보에 능통하게 될 거야.

리앤: 고마워! 와, 네가 샴페인이랑 딸기 가지고 왔니? 정말 열심히 준비했구나!

타냐: 맞아! 어제가 우리 11번째 결혼기념일이었는데 축하할 시간이 없었거든. 그래서 독립기념일 불꽃놀이를 보며 샴페인을 홀짝이는 걸로 축하하자고 생각했지. 오늘 아까 독립 선언서에 관한 모든 것을 다루는 이벤트에 갔었어. 그리 로맨틱하진 않았지만, 우리 남편이 역사 선생님이고 진짜 독립전쟁 매니아거든.

리앤: 결혼기념일 축하해!

타냐: 자, 내가 샴페인 좀 따라줄게. 독립기념일을 위하여 건배!

리앤과 타냐: 건배!

(Fourth of July Celebration)

Leanne: Hey, Tanya! Mind if Andrew and I sit near you guys?

Tanya: Hi, Leanne, go right ahead. Mike is over at the food trucks getting some food before the lines get long.

Leanne: Andrew will be right over after he's parked the car. Have you guys watched the fireworks here at the lake before?

Tanya: Every year. It's a smaller crowd, but the parking is so much easier than downtown. Plus, the fireworks display here is always really good.

Leanne: I just found out about this event. I only knew about the 4th of July events downtown.

Tanya: If you want to ❶ **stay in the know**, join the Lakeside Facebook Group. You'll ❷ **have all the updates on events at the lake at your fingertips**.

Leanne: Thanks! Wow, did you bring champagne and strawberries?

❸ **You're** really **going all out**!

Tanya: Yes! Yesterday was our 11th wedding anniversary, but we didn't have time to celebrate, so we thought we'd ❹ **mark the occasion** by sipping champagne while watching the 4th of July fireworks. And earlier today we went to an event all about the Declaration of Independence. That was less romantic, but you know my husband is a history teacher and ❺ **a** real **Revolutionary War buff**.

Leanne: Happy anniversary!

Tanya: Here, let me pour you some bubbly.

A toast: To the Fourth of July!

Leanne and Tanya: Cheers!

---

fireworks display 불꽃놀이
bubbly 샴페인의 비격식 표현

109

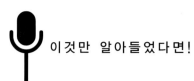
이것만 알아들었다면!

MP3 050

1 To be in the know (about ~)/ To stay in the know (about ~)

(~에 대해) 잘 알고 있다 /(~에 관한) 정보에 밝다

I rely on my children to tell me about the latest trends. I am never in the know!

난 우리 아이들이 최신 유행에 관해 나한테 말해 줘야지 알게 돼. 난 전혀 잘 모르니까!

2 (To have ~) at one's fingertips

(정보나 지식 등을) 즉시 이용할 수 있다 /~를 잘 알고 있다 /~에 정통하다

I've organized my kitchen, so all of my utensils are at my fingertips when I need them.

난 부엌을 잘 정리해서 모든 조리 도구를 내가 필요할 때면 즉시 찾아 쓸 수 있어.

3 To go all out (for ~)

(~에) 전력을 다하다 /(~에) 온 힘을 다하다

For my grandmother's 90th birthday, we are going all out and throwing her a huge party.

우리 할머니의 90세 생신을 위해, 우린 전력를 나해서 큰 파티를 열어 드릴 거야.

4 To mark an[the] occasion (of ~)

(~를) 축하하다 /(~를) 기념하다

To mark the occasion of the store's grand opening, the management hired a band and offered free samples of all the products.

그 가게의 개점을 축하하기 위해, 경영진은 밴드를 불렀고 모든 제품의 시제품을 무료로 제공했다.

5 A(n) ~ buff

~광/~ 매니아

My sister is a total jazz buff; she has over 200 albums in her collection.

우리 언니는 완전히 재즈광이야. 200개가 넘는 앨범을 소장품으로 가지고 있거든.

미국 독립기념일은 1776년 7월 4일, 제2차 대륙 회의(the Second Continental Congress)에서 미국의 독립을 공표한 것을 기념하는 날입니다. 이날, 당시 북아메리카 대륙에 있던 13개의 영국 식민지(뉴욕, 뉴저지, 코네티컷, 조지아, 버지니아 등을 포함)가 영국(Great Britain)으로부터 독립한다고 선언했습니다. 미국인들은 이 국경일을 애국적인 면모가 드러나는 퍼레이드와 불꽃놀이 등을 하면서 축하합니다. 가족, 친구들과 함께 모여 바비큐 파티를 하면서 자신들이 좋아하는 음식을 나눠 먹기도 합니다. 물론 술도 많이 마시고요. 많은 도시의 국립공원 같은 곳에서는 불꽃놀이를 할 수 있게 준비하고, 공원 안에서는 각종 푸드 트럭이 와서 핫도그, 햄버거, 피자, 감자튀김, 퍼넬 케이크(funnel cake: 깔때기를 이용해 반죽을 소용돌이 모양으로 뽑아내 튀긴 케이크) 등을 맥주, 와인 등과 함께 판매합니다. 이런 곳에 가면 불꽃놀이뿐만 아니라 밴드 공연 등 볼거리가 많이 있습니다.

CULTURE POINT 2

미국 독립기념일이면 불꽃놀이를 하는 곳에서 다양한 행사가 열리지만, 그런 곳에는 사람들이 한꺼번에 몰리기 때문에 주차가 힘든 단점도 있습니다. 교통 체증 역시 문제고요. 그런 것들을 싫어하는 미국인들은 불꽃놀이를 보러 가는 대신 가족, 친구들과 함께 폭죽 등을 사 집 뒤뜰에서 자기들끼리 폭죽(firecrackers) 놀이를 합니다. 그래서 미국 독립기념일인 7월 4일 무렵이면 사람들이 폭죽 놀이를 하려고 sparkler라고 하는 불꽃놀이용 금속막대기와 로켓처럼 쏘아 올리면 폭죽이 터지는 Roman Candle을 많이 구입합니다. 그렇지만 이런 정도 놀이 이상의 폭발물을 사용하는 것은 미국 모든 주에서 법적으로 금지되어 있습니다. 그런데도 어떤 미국인들은 더 '환상적인' 폭죽을 터트리기 위해서 선을 넘는 행동을 하기도 합니다.

LESSON 9

(노예 해방 기념일 계획)

리타: 다니, 노예 해방 기념일에 뭐 할 생각이야?

다니: 우린 공원에 갈 거야. 시에서 이 기념일 대비해서 정말 열심히 준비하잖아. 음악과 춤 공연, 그리고 음식 파는 노점상들까지 다 있어.

리타: 난 이런 큰 행사가 있는지조차 몰랐어. 넌 이런 걸 어떻게 그렇게 잘 알고 있어?

다니: 난 앱이 있거든. 보여? 그냥 이 아이콘을 누르면 앞으로 있을 시에서 하는 모든 행사를 쉽게 알 수 있어. 너도 같이 갈래?

리타: 나도 그러고 싶은데, 우리 아빠가 무릎 수술하고 회복 중이라서 내가 아빠랑 엄마한테 내가 식당에서 음식을 좀 사 갈 테니까 부모님 댁에서 영화 같이 보자고 했거든. 국립 아프리카계 미국인 역사 문화 박물관에서 좋은 다큐멘터리를 많이 방송한다고 하는데, 우리 아빠가 진짜 역사광이시거든.

다니: 그날을 기념하는 멋진 방법인 것 같네. 척스 그릴에서 바비큐 좀 사서 부모님께 갖다드려, 거기가 이 도시에서 가장 맛있는 갈비를 만들고, 또 모든 종류의 소울 푸드가 곁들임 음식으로 있어. 마카로니와 치즈, 그린즈, 치즈 그릿츠 말이지. 그리고 거기가 또 내가 먹어 본 가장 맛있는 피칸 파이를 만든다니까. 노예 해방 기념일에는 소울 푸드를 먹어야지!

리타: 우와, 진짜 맛있겠다! 우리 부모님들도 좋아하실 거야. 알려 줘서 고마워, 다니!

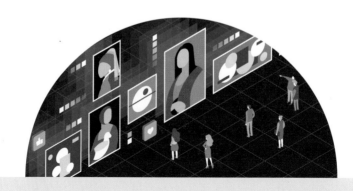

(Juneteenth plans)

Rita: Danni, what are your plans for Juneteenth?

Danni: We're going down to the park. The city ❶**is going all out for the holiday**. They've got music and dance performances and food vendors.

Rita: I didn't even realize there was this big event. How do you ❷**stay in the know about these things**?

Danni: I've got the app. See? I just click this icon, and all the upcoming city events are right ❸**at my fingertips**. Why don't you come along?

Rita: I'd love to, but my dad is recovering from knee surgery, and I told him and my mom that I'd get some take out and we could watch a movie at their place. The National Museum of African American History and Culture is streaming a bunch of good documentaries, and my dad is ❹**a real history buff**.

Danni: That sounds like a great way to ❺**mark the occasion**. Bring your parents some barbecue from Chuck's Grill. They've got the best ribs in town and all kinds of soul food for the sides: mac and cheese, greens, cheese grits, and they do the best pecan pie I've ever had. You've gotta have soul food on Juneteenth!

Rita: Oh, that sounds delicious! My parents will love it; thanks for the tip, Danni!

Juneteenth 텍사스주의 흑인 노예 해방 기념일(6월 19일)
soul food 미국 남부 흑인들의 전통 음식
cheese grits 굵게 빻은 옥수수죽에 치즈를 넣어 녹인 것

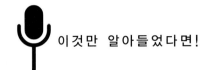 이것만 알아들었다면!

 MP3 052

1

To go all out (for ~): To put a lot of effort and enthusiasm (into doing ~)

The company went all out to impress the foreign investors by paying for their rooms in the city's best hotel.

그 회사는 그 도시에서 가장 좋은 호텔 방 값을 내면서, 외국인 투자자들에게 깊은 인상을 주려고 온 힘을 다했다.

2

To be in the know (about ~)/To stay in the know (about ~): To stay informed (about ~)

If you want to be in the know about this company's new products, you need to subscribe to their weekly emails.

네가 이 회사 신제품에 관한 정보를 늘 알고 싶다면, 회사 주간 이메일을 받을 수 있게 구독을 해야 해.

3

(To have ~) at one's fingertips: To have (often information or knowledge) easily accessible

Michael was a great help at the meeting. He had the latest sales figures at his fingertips when the CEO asked for them.

마이클 씨가 회의에서 굉장히 도움이 됐어요. CEO께서 물어봤을 때, 마이클 씨가 최근의 판매 수치에 관해 쉽게 답할 수 있었어요.

4

A(n) ~ buff: A person with a strong interest in and knowledge of ~

My uncle is a vintage car buff. He can tell you anything you want to know about any car from the 1950s.

우리 삼촌은 구형 자동차 매니아셔. 삼촌은 1950년대부터 나온 차에 관해서는 뭐든 네가 알고 싶은 걸 말해 주실 수 있다니까.

5

To mark an[the] occasion (of ~): To celebrate ~

To mark the occasion of our granddaughter's engagement, we are holding a party for the families.

손녀의 약혼을 축하하기 위해 우리는 가족들을 위한 파티를 열 거라우.

소울 푸드(Soul food)는 미국 남부 아프리카계 미국인들의 민속 요리를 말합니다. 소울 푸드가 흑인 노예들이 자신들이 구할 수 있던 음식 재료로 만들어 먹던 음식이 발달하면서 생긴 요리 문화이기 때문입니다. 참고로, 당시 흑인 노예들이 구할 수 있었던 재료로는 검은 점이 있는 흰콩

(black-eyed peas), 콜라드 그린즈(collard greens), 돼지고기의 각종 부위, 옥수숫가루(corn meal) 등이 있었습니다. 그래서 소울 푸드 중 몇 가지는 아프리카 몇몇 지역 음식과 같거나 비슷하다고 하는데, 오크라, 고구마, 쌀로 만든 요리 등이 바로 그 예입니다. 소울 푸드는 또 미국 원주민들(Native Americans)과 유럽인들의 요리 문화의 영향도 받았습니다. 오늘날에는 꼭 아프리카계 미국인이나 남부 사람이 아니더라도 현대 미국인들은 소울 푸드를 요리하고 즐겨 먹습니다. 그리고 요즘은 미국인들이 "소울 푸드"라는 단어를 '모든 미국인들이 즐기는, 집에서 요리한 어머니의 손맛이 담긴 음식'이라는 의미로 사용하기도 합니다. 그렇다고 해도, 소울 푸드가 아프리카계 미국인들에게 특히 더 중요한 의미를 가진 음식이라는 사실은 부정할 수가 없습니다. 왜냐하면, 그것은 고향에서 미국까지 노예로 끌려와서 온갖 차별에 시달리면서도 다음 세대에게 성공적으로 전달해 준 일종의 문화유산이기 때문입니다.

CULTURE POINT 2

미국에서 가장 늦게 휴일로 지정된 6월 19일(Juneteenth)은 흑인 노예 해방을 기념하는 날입니다. 실제로 노예 제도를 폐지하기 위해 1863년 1월에 노예 해방 선언서(Emancipation Proclamation)가 조인되었음에도 당시 노예였던 많은 사람들은 공식적으로 자유의 몸이 되지 못했습니다. 그로부터 2년 반 정도 후인 1865년 6월 19일, 미국에서 가장 늦게까지 노예 제도를 유지하던 텍사스주에서 노예 해방 선언서를 발표합니다. 그때부터 지금까지 이날은 미국 여기저기서 기념하고 축하하는 날이 되었습니다. 2021년, 바이든 미국 대통령은 이날을 연방 공휴일로 공식 지정했습니다. 미국인들은 이날을 Freedom Day(자유의 날), Emancipation Day(해방의 날), Jubilee Day(기념일)라고 부르기도 합니다. 전통적으로는 이날 아프리카계 미국인들의 문화를 홍보하는 행사를 주로 해서, 그들의 음식과 음악, 가족끼리 하는 놀이, 페스티벌 등을 즐길 수 있습니다. 어떤 곳에서는 노예 해방 선언서를 읽었던 역사적 순간을 재연하기도 합니다.

LESSON 9

(현충일)

린다: 안녕, 앤젤라! 너네 현충일 낀 주말에 시간 있니? 우리 그 주말에 야외에서 요리하고 식사하면서 파티하려고 하거든.

앤젤라: 오, 우리도 가고 싶은데 그 주말에 바닷가에 가거든.

린다: 재미있긴 하겠지만, 사람들은 엄청 많겠다. 그 주말에 호텔 잡기도 쉽지 않았겠네.

앤젤라: 석 달 전에 집을 하나 잡아 놨어. 우리 가족 중에 5월에 생일 있는 사람들이 많아서, 가족이랑 휴가 보내면서 그날을 기념하기로 했거든. 긴 주말이라서 가능하기도 하고.

린다: 그렇게 생일 축하하려고 정성을 다하는 것도 좋을 수 있겠다.

앤젤라: 응. 우리가 가는 해변이 공군 기지 가까이에 있거든. 그래서 전투기로 비행쇼를 하고, 컨트리 뮤직 스타 가수가 국가도 부를 거야. 우리 아들들은 비행쇼 본다고 신이 났어. 둘 다 비행기 매니아들이거든.

린다: 우리 남편도 좋아할 텐데! 그 사람이 재향 군인이고, 또 군대 역사광이거든. 그곳에서 이런 비행쇼를 자주 하니?

앤젤라: 내가 그 도시의 온라인 소식지를 받으려고 가입해서 이런 이벤트는 내가 항상 잘 알고 있어. 너도 가입할 수 있게 링크 보내줄게. 그럼 너도 자세한 사항에 대해 쉽게 알 수 있을 거야.

린다: 좋지! 나도 곧 그쪽 바닷가로 여행을 계획하겠는데!

116

(Memorial Day)

Lynda: Hi, Angela! Hey, are you guys free for the Memorial Day weekend? We are going to have a cookout that weekend.

Angela: Oh, we'd love to, but we're going to the beach that weekend.

Lynda: That'll be fun, but packed! I'm sure it wasn't easy to get a hotel for that weekend.

Angela: I booked a house three months in advance. We have a lot of May birthdays in our family, so we decided to ❶**mark the occasion** by doing a family vacation, and the long weekend makes it possible.

Lynda: It can be nice to ❷**go all out** like that **for birthdays**.

Angela: Yeah, and the beach we're going to is near an Air Force base. They're going to do an air show with fighter jets, and a country music star will sing the national anthem. My sons are so excited for the air show; they're both ❸**aviation buffs**.

Lynda: My husband would love that! He's a veteran and **a military history buff**. Do they do these air shows often?

Angela: I signed up for the town's online newsletter, so ❹**I'm** always **in the know about these events**. I'll send you the link so you can sign up. You'll ❺**have all the details at your fingertips**.

Lynda: Wonderful! Sounds like I might be planning a trip to the beach soon, too!

---

have a cookout 야외 요리 파티를 하다
national anthem 국가(國歌)

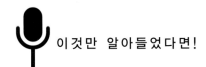 이것만 알아들었다면!

MP3 **054**

1

To mark an[the] occasion (of ~): To celebrate ~

(～를) 축하하다/(～를) 기념하다

The local Jewish food festival started yesterday; to mark the occasion, a rabbi performed a special blessing.
이 지역에서 하는 유대인 음식 축제가 어제 시작됐습니다. 그것을 축하하기 위해, 랍비(유대교의 지도자)가 특별한 은총을 빌었습니다.

2

To go all out (for ~): To put a lot of effort and enthusiasm (into doing ~) (～에) 전력을 다하다/(～에) 온 힘을 다하다

Wow! I love your website design; every detail is so beautifully executed. You really went all out!
우왜! 난 너희 웹사이트 디자인이 정말 좋아. 모든 세세한 부분까지 아주 아름답게 만들어졌어. 너 정말 온 정성을 쏟아서 만들었구나!

3

A(n) ~ buff: A person with a strong interest in and knowledge of ~

～광/~ 매니아

She is a real trivia buff, so no one was surprised when she won $25,000 on *Jeopardy*.
그녀는 정말 일반 상식에 관한 매니아라서, 〈제퍼디(미국의 유명 퀴즈 쇼)〉에서 25,000달러 상금을 탔을 때 아무도 놀라지 않았어.

4

To be in the know (about ~)/To stay in the know (about ~): To stay informed (about ~)

(～에 대해) 잘 알고 있다/(～에 관한) 정보에 밝다

He works in the public relations office, so he's always in the know about everything.
그 사람은 홍보실에서 일해서 항상 모든 정보에 밝아요.

5

(To have ~) at one's fingertips:

To have (often information or knowledge) easily accessible
(정보나 지식 등을) 즉시 이용할 수 있다/～를 잘 알고 있다/～에 정통하다

We have all the information in the world at our fingertips with the Internet.
우리는 인터넷으로 세계의 모든 정보를 쉽게 찾아볼 수 있어.

118

미국 현충일(Memorial Day)은 5월 마지막 주 월요일입니다. 한국과 마찬가지로, 이날은 나라를 지키다가 돌아가신 군인들을 기억하는 날인데, 순직한 군인들의 가족들에게는 우울한 날이기도 합니다. 현충일에는 미국의 많은 도시에서 퍼레이드와 각종 행사가 열립니다. 하지만 어느 순간에는 군대 장례식에서 사용되는 나팔 소리와 함께 묵념의 시간을 갖습니다. 또, 군인들의 묘지에서는 특별한 의식을 하기도 합니다. 그렇지만 사실 일반 미국인들에게 현충일은 여름이 시작됐음을 알리는 첫날이기도 합니다. 이 공휴일이 월요일인 덕분에, 바로 그 전 주 주말부터 유명한 해변가는 휴가를 온 미국인들로 북적입니다. 현충일이 낀 주말에는 많은 미국인들이 야외에서 가족, 친구들과 함께 요리를 하고 식사를 하면서 파티하는 cookout을 하기도 하지요.

CULTURE POINT 2

다른 나라들과 마찬가지로 미국에도 애국심을 자극하는 노래들이 있습니다. 미국 국가인 '성조기'(The Star Spangled Banner)는 미국 독립기념일인 7월 4일과 현충일의 공식적인 행사에서 연주됩니다. 미국에는 이런 국가 외에도 애국심을 고취시키는 다른 노래들이 있는데, 전통적으로 군악대가 퍼레이드에서 행진하면서 연주하는 곡들로 '내 조국, 그대'(My Country Tis of Thee), '미국, 그 아름다운 나라'(America the Beautiful), '성조기여 영원하라'(Stars and Stripes Forever) 등이 있습니다. 노예 해방의 날인 6월 19일에는 '모두 목소리를 크게 해서 노래해요'(Lift Every Voice and Sing)를 부르는 것이 관습입니다. 1900년대에 만들어진 이 곡은 1950년대와 흑인 민권 운동(the Civil Rights Movement)을 하던 1960년대에 굉장히 영향력 있는 희망의 노래가 되었습니다. 그래서 미국인들은 이 노래를 '흑인들의 국가'(The Black National Anthem)라고 부릅니다.

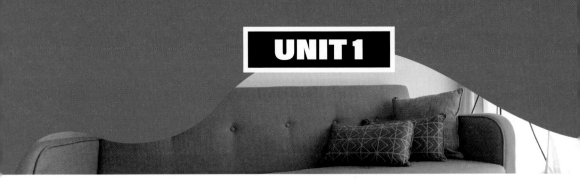

LESSON 10

영어로 말하고 싶은, 또는 못 알아들을 것 같은 예문에 체크해 보세요.

메건: 에리카, 내가 네 베이지색 소파에 와인 잔을 떨어뜨렸어. 내가 닦아서 없애려고 했는데, 얼룩이 완전히 지워지지가 않아. 진짜 미안해. 나 정말 왜 이렇게 칠칠하지 못한지.

에리카: 얘, 걱정 같은 거 하지도 마! 낡아빠진 오래된 소파인데 뭐. 그리고 어차피 나 그 소파 버리려고 했어.

메건: 정말이니?

에리카: 그렇다니까. 실은 남편한테 굿윌(중고 물품 판매장 이름)이나 그런 곳에 기부하라고 했는데, 그이가 일주일 내내 너무 바빠서 그럴 시간이 없었거든.

메건: 정말 다행이다. 그래서 소파 새로 살 거니?

에리카: 실은, 체이스(팔걸이가 하나만 있고 다리를 뻗을 수 있는 긴 의자)랑 멋진 악센트 의자를 같이 사고 싶었어.

메건: 오, 그럴 거라면 내가 작년에 이용한 인터넷 가구 할인 매장에서 사 보면 어때? 모든 제품이 굉장히 가격이 좋고, 품질도 훌륭하거든.

에리카: 맞아. 너 거기서 그 예쁜 겨자색 소파 산 거지, 맞지? 배송은 어때?

메건: 모든 주문에 무료 배송, 무료 환불이야. 거기 배송이 아마존급으로 빠르지는 않지만, 그래도 최상급의 고객 서비스를 제공해.

에리카: 잘됐다! 링크 좀 나한테 보내 줄래?

메건: 그래! 어머, 벌써 10시 30분이네. 이제 가 봐야겠어. 우리 다음 주말에 또 이야기 나누자. 초대해 줘서 고마워. 정말 즐거운 시간 보냈어.

English CONVERSATION

MP3 055

Meagan: Erica, I dropped my wine glass on your beige sofa. I tried to wipe it away, but I can't completely remove the stain. I am so sorry. ❶**I'm such a butterfingers**.

Erica: Honey, don't even worry about it! It's just a ❷**beat-up** old sofa, and I was going to throw it away anyways.

Meagan: Are you sure?

Erica: I am positive. I actually told my husband to donate it to Goodwill or something, but he's been ❸**on the go** for the entire week and hasn't had time to do that.

Meagan: I'm so relieved…so are you going to get a new sofa?

Erica: Actually, I wanted to buy a chaise and a nice accent chair with it.

Meagan: Oh, if that's the case, why don't you try out the internet furniture warehouse I used last year? All their items are super affordable, and their quality is superb.

Erica: Yeah, you bought that beautiful, mustard-colored sofa from there, right? What about their shipping?

Meagan: Free shipping and free returns on all orders. Although their shipping is not Amazon fast, they provide excellent customer service.

Erica: That's great! Can you send me the link please?

Meagan: Sure! Oh, it's already 10:30. I should get going now. We can ❹**chew the fat** next weekend. Thanks for inviting me over. I really ❺**had a ball**.

---

accent chair 인테리어 디자인 용으로 다른 가구들과 시각적 차이를 주는 의자

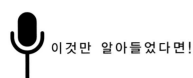
이것만 알아들었다면!

MP3 056

1 To have butterfingers

My daughter broke three plates while washing the dishes. I don't know why she's such a butterfingers because no one in our family is.

우리 딸은 설거지하다가 접시를 세 개나 깼어. 난 걔가 왜 그렇게 물건을 잘 떨어뜨리는지 모르겠어. 우리 가족 중에 아무도 그런 사람이 없거든.

물건 등을 잘 떨어뜨리다

To be a butterfingers 라고도 한다.

2 Beat-up

I wouldn't even pay 100 dollars for a beat-up old car like that.

저렇게 낡아빠진 오래된 차에, 나라면 100달러도 내지 않을 거야.

다 낡아빠진

3 On the go

My husband's on the go all the time. I hope he can relax and get some rest even for a day.

남편은 항상 바빠. 난 그이가 단 하루만이라도 느긋하게 휴식을 좀 취할 수 있으면 좋겠어.

계속 일이나 활동을 하며 바쁜

4 To chew the fat

Martha and Katie chewed the fat over a cup of coffee.

마사와 케이티는 커피 한 잔을 마시면서 오랫동안 이야기를 나눴다.

오래 이야기 나누다

5 To have a ball

I promised my son that he would have a ball on his birthday, and I will take him to Disney World.

내가 아들에게 생일에 신나게 해 주겠다고 약속을 해서, 애를 디즈니 월드에 데리고 갈 거야.

즐거운 시간을 보내다 /신나게 즐기다

에리카의 문장, "Yeah, you bought that beautiful, mustard-colored sofa from there, right?"을 보세요. 이 문장에서 beautiful과 mustard-colored는 둘 다 명사 앞이라는 같은 위치에서 동등하게 sofa를 꾸며 주는 등위 형용사(coordinate adjectives)입니다. 이렇게 둘 이상의 등위 형용사를 쓸 때는 형용사 사이에 쉼표(comma)를 사용해야 합니다. 그 이유는 두 형용사가 대등한 위치에서 같은 명사를 꾸미고 있다는 사실을 보여주기 위해서입니다. 영작할 때 이를 꼭 기억하세요.

It was an affordable, effective, well-organized plan.
그건 비용도 적절하고 효과적이며 잘 정리된 계획이었습니다.

Vocabulary Point

To chew the fat이 왜 '오랫동안 담소를 나누다/오랫동안 수다를 떨다'의 의미를 가진 이디엄이 되었을까요? 이에 대해 여러 가지 추측이 있는데, 그중 하나로 chewing the fat(지방을 씹는 것)이 북아메리카 원주민들이 여가 시간에 즐기던 행위였다라는 설이 있습니다. Native American이라고 불리는 북아메리카 인디언 원주민들은 여유가 있을 때면 함께 앉아서 고기의 지방을 씹으면서 서로 담소를 나눴다고 하네요. 또 다른 설은 사람들이 모여서 가십을 하거나 수다를 떠는 입 모양이 고기의 지방을 씹을 때와 비슷해서 생긴 이디엄이라는 말도 있습니다. 그 기원이 어느 쪽이든, 하나만 기억하고 있으면 이 이디엄을 쉽게 외울 수 있겠죠?

LESSON 10

케이트: 마르샤, 여기서 너 보니까 반갑다!

마르샤: 케이트, 이 카페에서 뭐 하고 있어? 난 네가 맨날 바빠서 커피 한잔할 시간도 없는 줄 알았어.

케이트: 맞아. 내가 아르바이트를 여러 개 하느라 엄청 바빴지만, 그래도 누구든 가끔은 커피 한잔할 수 있는 휴식은 필요하잖아.

마르샤: 당연하지! 그럼, 우리 함께 커피 마시면서 수다나 떨까?

케이트: 좋아! 너 살이 많이 빠진 것 같다.

마르샤: 정말? 아마 내가 인디언 클럽 체조*를 매일 해서 그런가 봐.

케이트: 인디언 클럽 체조?

마르샤: 응, 난 그게 정말 좋아. 운동하면서 동시에 재미도 느낄 수 있거든.

케이트: 정말 재미있을 것 같기는 한데 난 못할 것 같아. 너도 알다시피, 난 뭘 잘 떨어뜨리잖아. 그래서 인디언 클럽을 계속해서 떨어뜨리고 그거 주우러 쫓아다니느라 시간을 더 많이 쓸 거라는 걸 아니까.

마르샤: 너 아만다 선생님 요가 수업을 들었지, 안 그래?

케이트: 응, 들었는데 지금은 안 들어.

마르샤: 그건 그렇고, 난 네가 그렇게 아르바이트가 많이 필요할 거라고 생각 안 했거든. 넌 장학금도 받고, 부모님이랑 함께 살고 있잖아, 안 그래?

케이트: 그건 맞는데, 내가 몇 년째 이 낡아빠진 오래된 차를 타고 다녔잖아. 새 차를 사고 싶었는데, 그걸로 부모님께 부담을 드리고 싶지는 않았거든.

마르샤: 넌 정말 책임감 있는 딸이야. 너희 부모님은 네가 너무나도 자랑스러우시겠어!

* '인디언 클럽'(Indian club)이라고 불리는 병 모양의 곤봉을 들고서 하는 체조로 '곤봉 체조'라고도 불림.

Kate: Marcia, good to see you here!

Marcia: Kate, what are you doing here in this café? I thought you were ❶ **on the go** all the time and didn't have time for coffee.

Kate: Yeah, I've been pretty busy with my part-time jobs, but you know, everyone needs a coffee break from time to time.

Marcia: Absolutely! Then, why don't we have some coffee together and ❷ **chew the fat**?

Kate: Sounds good! You look like you've lost lots of weight.

Marcia: Really? Probably because I'm doing this Indian club exercise every day.

Kate: Indian club exercise?

Marcia: Yeah, and I love it because I can exercise and ❸ **have a ball** at the same time.

Kate: Sounds pretty fun, but not for me. You know, I ❹ **have butterfingers**, and I know I'll constantly drop the Indian clubs and end up spending more time chasing them.

Marcia: You used to take Amanda's yoga class, didn't you?

Kate: Yes, I did, but not anymore.

Marcia: By the way, I didn't think you would need that many part-time jobs. You are on a scholarship and live with your parents, right?

Kate: That's true, but I've been driving this ❺ **beat-up** old car for years, and I wanted to buy a new car and didn't want to burden my parents with that.

Marcia: You're such a responsible daughter. Your parents must be super proud of you!

125

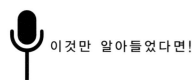 이것만 알아들었다면!

MP3 058

1 On the go: Very busy and active

He has been on the go all day long; no wonder why he's exhausted.

그는 종일 바빴거든. 그러니 당연히 피곤하지.

2 To chew the fat: To have a long conversation

When I visit my hometown, I see my high school friends and chew the fat with them.

난 고향에 갈 때면, 내 고등학교 친구들을 만나서 그 친구들과 오랫동안 수다를 떨어.

3 To have a ball: To have lots of fun

When we went on a cruise, we really had a ball.

우리가 크루즈 여행을 갔을 때, 정말 재미있었어.

4 To have butterfingers:
To be a clumsy person who often drops things

My husband dropped my most favorite crystal glass. He's such a butterfingers.

남편이 내가 가장 좋아하는 크리스털 잔을 떨어뜨렸어. 그이는 정말 뭐든 어찌나 잘 떨어뜨리는지 몰라.

To be a butterfingers 라고도 한다.

5 Beat-up: Shabby/In a very bad condition

That beat-up farmhouse on Park Avenue was perfect for our Halloween event.

파크 애비뉴에 있는 저 낡아빠진 농가가 우리 핼러윈 행사를 하기에는 완벽했지.

대화에서 마르샤와 케이트는 모두 부가 의문문을 사용합니다. Tag Question이라고 불리는 부가 의문문은 어떤 진술(문장) 뒤에 오는 짧은 질문(mini question)을 말합니다. 부가 의문문을 만드는 법칙은 다음과 같습니다.

1. 진술이 긍정이면 부가 의문문은 부정, 진술이 부정이면 부가 의문문은 긍정
2. 진술의 동사가 일반동사면 부가 의문문은 조동사 do로
   진술의 동사가 Be동사면 부가 의문문도 Be동사로
   진술에 조동사가 있으면 부가 의문문도 같은 조동사로 만들기
3. 시제 일치 시키기!

Jenny is so smart, isn't she?
제니는 정말 똑똑해. 안 그래?

Kimberly didn't go to the library yesterday, did she?
킴벌리는 어제 도서관에 안 갔잖아. 그렇지?

Logan can't speak Spanish well, can he?
로건은 스페인어를 잘 못해. 그렇지?

흥미롭게도 마르샤와 케이트의 부가 의문문은 둘 다 위의 법칙을 따르지 않습니다. 일단 케이트의 문장(You are on a scholarship and live with your parents, right?)을 봅시다. 미국인들은 이렇게 "~, right?", "~, correct?"처럼 단어 하나를 부가 의문문으로 사용하기도 합니다. 이번엔 마르샤의 다음 문장을 봅시다.

You used to take Amanda's yoga class, didn't you?

여기서 used to는 과거의 습관을 나타내는 조동사인데 부가 의문문은 이 조동사 대신 "didn't you?"라고 합니다. 그건 used to가 can이나 will 같은 다른 조동사와 달리 부가 의문문을 만들기 힘든 형태라 그렇습니다. 동시에 used to가 과거의 습관을 나타내기 때문에 같은 문맥에서 쓰이는 단순 과거시제가 쓰인 것입니다. 이렇게 기본 법칙을 따르지 않는 부가 의문문의 예를 몇 가지 더 살펴볼까요?

Let's go shopping together, shall we? 우리 함께 쇼핑하러 가자. 그럴래?

무언가를 하자고 제안하는 Let's ~로 시작되는 문장은 "~, shall we?"를 붙입니다.

I'm so silly, aren't I? 나 너무 바보 같아. 안 그래?

기본 법칙을 따르면, "~, am I not?"이 되지만, 일상 회화에서 미국인들은 "~, aren't I?"를 압도적으로 더 많이 사용합니다. 그 이유는 "am I not?"이 맞긴 하지만 지나치게 정중하게 들리는 표현이기 때문입니다.

There is something going on, isn't there? 뭔 일이 있는 것 같은데. 맞지?

There is/There are로 시작되는 문장 뒤에 오는 부가 의문문은 "~, is there?" "~, isn't there?" "~, was there?" "~, wasn't there?" 등과 같이 만듭니다.
부가 의문의 억양은 진짜 궁금해서 묻는 경우라면 끝을 올리고(rising intonation), 다 아는 사실을 확인차 묻는 거라면 끝을 내려(falling intonation) 말합니다.

LESSON 10

(두 직장 동료가 점심 식사 후 사무실로 다시 돌아가는 길에)

아멜리아: 날씨가 정말 좋네요! 우리 여기 앉아서 잠시 수다 좀 떨까요? 점심시간 끝나려면 아직 20분 남았으니까요.

샬롯: 그러죠. 오전 내내 너무 바빠서 이런 시간이 정말 필요했어요.

아멜리아: 저도 그래요!

샬롯: 그건 그렇고, 그레이스 씨 파티는 어땠어요?

아멜리아: 처음에는 조용한 (절제된) 파티 같았는데, 그 낡아빠진 가라오케 기계가 그렇게 재미있을지 누가 알았겠어요! 그날 모두가 즐거운 시간 보낸 것 같아요. 샬롯 씨도 오실 줄 알았는데요.

샬롯: 저도 가려고 했는데, 그날 제 딸아이가 설거지하다가 유리잔을 깨서 손가락을 베었지 뭐예요. 걔는 왜 그렇게 뭘 잘 떨어뜨리는지 모르겠어요. 우리 중 아무도 안 그렇거든요.

아멜리아: 에이, 10대 아이들이 다 그렇죠, 뭐.

샬롯: 그런가 봐요. 어쨌든 너무 깊게 베인 상처가 아닌지 확인하고 싶기도 했고 아이를 계속 지켜봐야 했어요.

아멜리아: 샬롯 씨는 정말 좋은 엄마시네요.

(Two coworkers are on their way back to their office after having lunch.)

Amelia: Such nice weather! Can we please have a seat here and ❶**chew the fat** for a while? We still have 20 minutes left before the lunch break ends.

Charlotte: Why not? I've been ❷**on the go** all morning and really needed this time.

Amelia: Same here!

Charlotte: By the way, how was Grace's party?

Amelia: It seemed like a low-key party at first, but who knew that ❸**beat-up** karaoke machine would be so much fun! I think everyone ❹**had a ball** that day. I thought you would also be there.

Charlotte: I was going to, but my daughter broke a glass while washing the dishes and cut her finger that day. I have no idea why she ❺**has butterfingers**. None of us are like her.

Amelia: Come on, she's just being a teenager.

Charlotte: Maybe. Anyways, I just wanted to make sure it was not a deep cut and had to monitor her.

Amelia: You're such a great mom.

---

low-key 절제하는, 삼가는

129

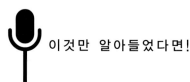 이것만 알아들었다면!

MP3 060

1 To chew the fat: To have a long conversation
오래 이야기를 나누다

After chewing the fat for an hour, they finally started working.
한 시간 동안 이야기를 나눈 후에야 마침내 그들은 일하기 시작했다.

2 On the go: Very busy and active
계속 일이나 활동을 하며 바쁜

Having two part-time jobs keeps me on the go.
아르바이트를 두 개 하니까, 내가 바쁘네.

3 Beat-up: Shabby/In a very bad condition **다 낡아빠진**

If you take your beat-up furniture to Evan, he'll make an amazing piece of art with it.
에반에게 네 낡은 가구를 가지고 가면, 에반이 그걸로 놀라운 예술 작품 하나를 만들어 줄 거야.

4 To have a ball: To have lots of fun
즐거운 시간을 보내다/신나게 즐기다

It was an awesome party. I had such a ball.
끝내주는 파티였어. 난 정말 즐거운 시간을 보냈어.

5 To have butterfingers:
To be a clumsy person who often drops things
물건 등을 잘 떨어뜨리다

My roommate would never let me wash the dishes because I have butterfingers.
내 룸메이트는 절대로 나한테 설거지 못하게 해.
왜냐하면 난 뭘 잘 떨어뜨리거든.

To be a butterfingers 라고도 한다.

이디엄 on the go를 보면 go가 동사가 아니라 명사로 쓰이고 있습니다. 이렇게 go가 명사로 쓰이는 다른 경우를 몇 가지 살펴볼까요?

To have a go: 한번 해 보다
It looks like a really fun game. Can I have a go?
그거 정말 재미있는 게임 같아 보여. 나 한번 해 봐도 될까?

Can I have a go on your bike? 나, 네 자전거 한번 타 봐도 되니?

Go: 차례(turn)
Whose go is it? 누구 차례니?
It's my go./It's your go. 내 차례야./네 차례야.

To make a go of ～: ～를 성공시키다(= To make a success of ～)
In order to take on the role of the main character, Vivian had an audition, but she wasn't able to make a go of it.
그 주인공 역할을 맡기 위해서 비비안은 오디션을 봤지만, 떨어졌다.

Vocabulary Point 2

뭘 잘 떨어뜨리는 사람을 보고 왜 butterfingers를 가졌다고 할까요? 버터가 잔뜩 묻어 있는 손가락은 미끄러워서 물건을 제대로 잡고 있을 수 없기 때문입니다. 예전에 우리나라에서도 물건을 잘 떨어뜨리는 아이에게 어른들이 "손에 참기름을 발랐나?" 하고 말씀하시곤 했는데, 같은 맥락으로 이해하시면 됩니다. 말이 나온 김에 동사 have와 finger가 들어간 또 다른 이디엄도 살펴볼까요? To have sticky fingers는 '도벽이 있다'의 뜻입니다. Sticky(달라붙는)의 의미를 생각해 보면 쉽게 이해할 수 있죠?

A lot of things have disappeared lately. I think someone has sticky fingers.
최근 들어 많은 것들이 없어졌어. 누군가 도벽이 있는 것 같아.

People say Jerry got fired because he has sticky fingers.
사람들은 제리 씨가 도벽이 있어서 해고됐다고 합니다.

Have와 finger가 들어간 또 다른 이디엄으로 to have a finger in every pie도 있습니다. 파이마다 손가락을 찔러 본다는 것으로 '온갖 일에 다 참견하다'의 뜻이랍니다.

I don't like her because she likes to have a finger in every pie.
난 그 여자가 싫어. 그 사람이 온갖 일에 다 참견하길 좋아하기 때문이야.

She is not the kind of person who likes to have a finger in every pie.
그 여자는 온갖 것에 다 참견하기 좋아하는 그런 사람이 아닙니다.

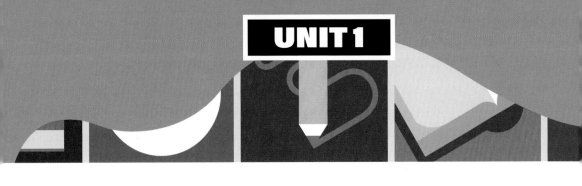

영어로 말하고 싶은, 또는 못 알아들을 것 같은 예문에 체크해 보세요.

(전화로)

페이지: 여보세요!

재니스: (불안한 목소리로) 페이지, 내 팀 프로젝트 파트너가 나와의 약속을 깬 후에 2주 동안 내 문자에 답을 안 하고 있어. 그 프로젝트 마감일이 2주 후인 것 알잖아. 이것 때문에 나 미치고 팔짝 뛸 지경이야. 정말 어떻게 해야 할지 모르겠어.

페이지: 진정해! 팀 프로젝트 파트너야 언제든 새로 구하면 되지. 너만 괜찮다면 우리 팀에 합류할 수도 있고.

재니스: 정말?

페이지: 안 될 게 뭐 있어? 엡스 교수님이 한 팀에 두 사람 이상 참여해도 된다고 하셨으니까 괜찮을 거야.

재니스: 진짜 너무 고마워! 네가 생명의 은인이다! 네 파트너는 누구니?

페이지: 샤론. 걔한테 전화해서 물어볼게. 틀림없이 걔도 괜찮다고 할 거야.

재니스: 어, 샤론이 네 파트너야? 글쎄, 그 애가 소통하는 방식이 난 좀 불편해. 걔가 가끔 지나치게 직설적이라고 느껴져. 난 샤론 같은 사람들이 옆에 있으면 눈치를 엄청 보는 경향이 있고. 너도 나 알잖아.

페이지: 나도 네가 무슨 말 하는지는 알아. 걔가 뭐든 부당한 걸 보면, 참지 않고 말을 해서 네가 그 애가 직설적인 것 같다고 느끼게 할 수도 있어. 그렇지만 걔가 다른 사람들을 함부로 대하는 부류는 정말 아니야.

재니스: 나도 샤론이 나쁜 사람 아니라는 건 알지. 그래 좋아! 그 애도 내가 너희 팀에 합류하는 것 괜찮다고 하는지 나한테 알려 줘, 알았지?

페이지: 그럴게.

재니스: 아, 그리고 발표할 때 보여 줄 만한 괜찮은 이미지를 내가 몇 가지 찾았어. 네가 한번 보고 싶다면 지금 너한테 이메일로 보내 줄 수 있어.

페이지: 좋아!

(On the phone)

Paige: Hello!

Janis: (In an agitated voice) Paige, my partner for the team project has stopped responding to my texts after ❶ **flaking on me** for two weeks. You know the project deadline is in two weeks. This is so nerve-racking, and I don't really know what to do now.

Paige: ❷ **Don't have a cow!** You can always get a new partner for the team project. If you want to, you can join our team.

Janis: Really?

Paige: Why not? Dr. Eppes said we could have more than two people on our team, so it should be fine.

Janis: Thank you so much! You're a life saver! Who's your partner?

Paige: Sharon. Let me give her a ring and ask her. I'm sure she will be fine with that.

Janis: Oh, Sharon's your partner? Well, something about her communication style makes me a little uncomfortable. I feel like she's sometimes too direct, and I tend to ❸ **step on eggshells** around people like her. You know me.

Paige: I know what you mean. When she sees anything unjust, she won't ❹ **put a sock in it**, which could make you feel like she's straightforward, but she's really not the kind of person who ❺ **walks all over people**.

Janis: I know she's not a bad person. Alrighty! Please let me know if she's okay with my joining your team, will you?

Paige: I will.

Janis: Oh, also, I've found great images to project during the presentation. If you'd like to check them out, I can e-mail them to you now.

Paige: Sounds good!

---

nerve-racking 안절부절못하게 하는   **give someone a ring** ~에게 전화하다

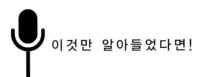 이것만 알아들었다면!

MP3 062

1 To flake on ~

You don't want to flake on your boss especially if you want to get promoted.

직장 상사와의 약속을 어기면 안 돼. 특히 네가 승진을 하고 싶다면 말이야.

~와의 약속을 어기다

2 Don't have a cow!

Don't have a cow! If we work together, we will be able to solve this problem.

진정해! 우리가 함께하면, 이 문제 해결할 수 있을 거야.

흥분하지 마! 진정해!

have a cow는 '화내다, 동요하다'의 뜻이다.

3 To step on eggshells (= To walk on eggshells)

He's a hyper-sensitive person, and I feel like I'm stepping on eggshells around him.

그 사람은 초 예민한 사람이라서, 난 그 사람 옆에 있으면 눈치 보면서 극도로 조심해야 할 것 같아.

눈치를 살피면서 말과 행동을 극도로 조심하다

4 To put a sock in it

Hey, put a sock in it. The whole building can hear you talking!

야, 조용히 해. 이 건물 전체에 너 말하는 소리가 다 들려!

입 다물다

5 To walk all over ~

My boss had been walking all over me for the last couple of months, and I finally stood up to him.

우리 사장이 지난 두어 달간 날 너무 함부로 대해서, 결국은 내가 사장한테 맞서게 됐어.

~를 함부로 대하다 /~를 깔아뭉개다

Grammar Point

Lesson 10에서 기본적인 부가 의문문의 형식을 짚어 봤습니다. 그렇다면 명령문 뒤에는 부가 의문문을 어떻게 만들까요? 대화 속 재니스의 문장(Please let me know if she's okay with that, will you?)에서 볼 수 있듯이, 명령문 뒤에 흔히 사용하는 부가 의문문은 "~, will you?"입니다. 하지만 좀 더 공손하게 말하고 싶다면 다음과 같이 "~, would you?"라고 하세요.

Help me please, <u>would you</u>? 도와주세요. 그렇게 하실 거죠?
Pass me the pepper, <u>would you</u>? 후추 좀 건네주세요, 네?

이 밖에 "~, can you?"나 "~, could you?"를 쓰기도 합니다.

Hold this, <u>could you</u>? 이것 좀 잡아 봐. 해 줄 수 있지?

하지만 짜증이 난 상태에서 아주 강한 어조로 명령하는 경우라면, "~, can't you?" 또는 "~, won't you?"라고도 씁니다.

Put a sock in it, <u>won't you</u>? 제발 입 좀 다물어, 응?
Put a sock in it, <u>can't you</u>? 제발 입 좀 다물어, 응?

Pronunciation Point

재니스의 문장, "I've found great images to project during the presentation."에서 project는 동사로 쓰이고 있습니다. 그러니 여기서 project의 강세는 명사인 team project와 달리 2음절에 있습니다. 이렇게 같은 단어가 동사로도 쓰이고 명사로도 쓰이면서 강세가 달라질 때, 명사는 1음절에 동사는 2음절에 강세가 있는 경우가 많습니다. 그래서 한국의 영어 선생님들은 이를 '명전동후'(강세가 명사는 앞에 동사는 뒤에 온다고)라고도 부르죠? 명전동후의 법칙을 따르는 단어에는 record, export, project, increase, refund, permit, progress 등이 있습니다.

명사: **re**cord 기록	동사: re**cord** 기록하다
명사: **ex**port 수출	동사: ex**port** 수출하다
명사: **pro**ject 프로젝트	동사: pro**ject** 기획하다, 투사하다
명사: **pro**gress 진척, 진행	동사: pro**gress** 진행하다, 나아가다
명사: **in**crease 상승, 증가	동사: in**crease** 상승하다, 증가하다
명사: **re**fund 환불	동사: re**fund** 환불하다
명사: **per**mit 허가	동사: per**mit** 허가하다

동사에서 파생된 명사의 경우, 동사일 때와 같은 음절에 강세가 옵니다.

re**cord**er: 녹음기   pro**ject**or: 프로젝터

LESSON 11

게이브: 그레그가 또 안 나타났어! 난 진짜 개한테 질려 버렸다. 정말이야!

해리슨: 흥분하지 마! 개한테 무슨 일이 생긴 건지도 모르잖아?

게이브: 오, 내가 장담하는데, 그레그한테 아무 일도 없었어. 개가 나한테 이러는 게 한두 번이 아니거든. 우리가 뭘 같이 하기로 할 때마다, 개가 꼭 마지막에 가서 취소하거나 아니면 오늘 그런 것처럼 약속을 안 지켜.

해리슨: 와우! 그럼, 개하고 탁 터놓고 이야기를 해 보지 그래? 누가 날 함부로 대한다면, 나라면 입 다물고 있지 않겠어.

게이브: 글쎄, 그레그가 날 함부로 대한다고는 정말 생각하지 않아. 개가 날 존중하지 않아서 그런 게 아니라는 건 나도 알아. 개가 그냥 지나치게 잘 잊어버리고, 체계적이지 못해서 그래. 그게, 개랑 내가 어린이집에 다닐 때부터 친구였잖아. 그렇지만 네 말이 맞아. 그레그한테 말해서 이 문제로 내가 정말 어떻게 느끼는지 알려 줄 거야. 이번에는 개한테 아주 솔직하게 말할 거야.

해리슨: 내가 봐도 네가 그래야 할 것 같아. 난 친한 친구 눈치를 볼 필요는 없다고 생각하거든.

136

Gabe: Greg didn't show up again! I am so fed up with him, I really am!

Harrison: ❶ **Don't have a cow!** Probably something might have happened to him?

Gabe: Oh, I'm positive nothing has happened to Greg because it's not even the first or second time he's done this to me. Whenever we plan something together, he either cancels at the last minute, or ❷ **flakes on me**, just like what he did today.

Harrison: Wow! Then, why don't you talk it out with him? If someone ❸ **walked all over me**, I wouldn't ❹ **put a sock in it**.

Gabe: Well, I don't really think he **walks all over me**. I know he doesn't mean to be disrespectful to me. He's just extremely forgetful and unorganized. You know, we've been friends since we were in preschool…but you're right. I'll talk to him and let him know how I really feel about this issue. This time, I'll give it to him straight.

Harrison: I think you should. I believe there's no need to ❺ **walk on eggshells** around your close friends.

---

fed up with ~에게 신물이 나는

137

이것만 알아들었다면!

MP3 064

1

Don't have a cow!:
Don't be excited[upset/agitated]!

My mom will have a cow if I get an F.
내가 F를 받는다면, 우리 엄마가 크게 화내실 거야!

have a cow는 '화내다, 동요하다'의 뜻이다.

2

To flake on ~: Not to follow through after promising to do something

I don't feel like my girlfriend loves me because she keeps flaking on me.
내 여자 친구가 날 사랑하는 것 같지가 않아. 자꾸만 나하고의 약속을 안 지키거든.

3

To walk all over ~: To mistreat ~
/To treat ~ in a disrespectful way/To treat ~ badly

George: I didn't know that Kristin broke up with Shawn.
Paul: Yup. Shawn's been walking all over her, and she has decided enough is enough.
조지: 난 크리스틴이 숀이랑 헤어진 줄 몰랐어.
폴: 맞아. 숀이 크리스틴을 너무 함부로 대해서 그녀가 더 이상 참지 않기로 한 거지.

4

To put a sock in it: To stop talking/To be quiet

I think my joke was kind of inappropriate. I should've put a sock in it.
내 농담이 좀 부적절했던 것 같아. 그냥 입 다물고 있었어야 했는데.

5

To step on eggshells
(= To walk on eggshells): To be extremely careful
about what one says and does

Just give it to me straight. You don't have to walk on eggshells around me.
그냥 나한테 솔직하게 말해 줘. 내 눈치 볼 필요 없어.

여러분은 Lesson 10과 앞의 대화에서 다양한 부가 의문문의 형태를 살펴봤습니다. 그런데 영어에 이렇게 문장 끝에 붙는 부가 어구가 꼭 의문문 형태만 있는 것은 아닙니다. 의문문이 아닌 부가 어구 중에서 흔히 쓰이는 형태가 바로 Emphasizing Tag 라고 불리는 '강조를 위한 부가 어구'입니다. 대화에서 게이브는 약속 장소에 안 나타나는 행동을 반복하는 친구가 지긋지긋하다면서 "I am so fed up with him, I really am!"이라고 말합니다. "I am so fed up with him."이라는 완전한 문장 뒤에 "I am!"이라고 주어와 동사를 또다시 반복해 붙임으로써 앞 문장을 강조해 주는 역할을 합니다. 이런 문법 형태를 Statement Tag라고도 부릅니다. 부가 의문문이 Question Tag라고 불리니 이해하기 쉽죠? 이렇게 강조를 나타내는 부가 어구의 예문을 몇 가지 더 살펴봅시다.

He loves his wife, he really does.
그는 자기 아내를 사랑해. 진짜 그래!

My grandmother was a strong woman, she sure was.
우리 할머니는 강인한 여성이셨어. 확실히 그러셨지.

You've made a huge mistake, you have.
넌 큰 실수를 한 거야. 정말 큰 실수를!

이렇게 문장에 have 등의 조동사가 있다면 해당 조동사를 이용해서 부가 어구를 만들면 됩니다. 부가 의문문 만드는 법칙과 유사하죠?

Vocabulary Point

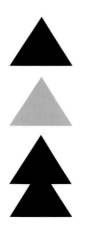

"Don't have a cow!"는 직역하면 '젖소를 갖지 말라'라는 뜻인데 이 말이 어떻게 흥분하지 말고 진정하라는 뜻의 이디엄이 되었을까요? 사실 이 이디엄의 기원을 정확하게 아는 사람은 없습니다. 그렇지만 많은 사람들은 이 표현이 영국인들이 이 이디엄이 쓰이기 훨씬 전부터 사용해 왔던 "Don't have kittens!"에서 유래되었다고 생각합니다. 이 두 이디엄은 운율도 비슷한 데다 의미까지 똑같아서 꽤 설득력 있어 보이는 설명입니다. BBC 방송에 따르면, 중세 시대 영국인들은 마녀의 저주를 받으면 아기를 임신하는 대신 새끼 고양이(kitten) 여러 마리를 뱃속에 지니게 된다고 믿었습니다. 그렇게 되면, 그 새끼 고양이들이 여성의 몸 밖으로 나오려고 몸속에서 할퀴고 난리가 나서 그 결과 그 여성은 거의 미쳐 버리겠지요? 이렇게 시작된 "Don't have kittens!"라는 표현이 시간이 지나면서 "Don't have a cow!"라는 이디엄으로 쓰이게 된 것이라고 하는 설이 있습니다.

그레이스: 늦어서 정말 미안해. 난 네가 그냥 갔겠지 했어.

아만다: 네가 나하고의 약속을 절대 어기지 않을 거라는 걸 아니까, 그래서 무슨 일이 생겼을 수도 있다고 생각했어.

그레이스: 맞아. 무슨 일이 정말 있었어. 내가 수업 시간에 토론하던 중에 브리짓을 화나게 했고, 방과 후에 우리가 대판 싸웠거든.

아만다: 프랑스에서 온 브리짓 말이야?

그레이스: 그래.

아만다: 난 그 이유를 알 것 같은데. 동물에 관한 뭔가 때문이었지, 안 그래?

그레이스: 너 그거 어떻게 알아?

아만다: 브리짓이 학교에서 극단적인 동물 애호가로 알려져 있거든. 그래서 애들이 뭐든 동물과 관련된 주제를 언급할 때면 개 눈치를 엄청나게 보잖아.

그레이스: 어째서 난 그걸 전혀 몰랐지? 뭐 어쨌든, 오늘의 토론 주제는 문화적 상대주의였고, 기훈이가 우리만의 문화적 잣대로 다른 문화를 판단해서는 안 된다고 주장했어. 그랬더니, 브리짓이 기훈이한테 개고기를 먹는 나라에 대한 그의 의견을 물어보더라니까.

아만다: 뭐라고?

그레이스: 나도 알아. 그건 너무나도 갑작스러운 질문인데다 좀 모욕적이기도 하지. 기훈이가 한국에서 왔잖아. 어쨌든, 기훈이가 개고기를 먹는 게 소고기나 베이컨을 먹는 것과 도덕적으로 다르지 않다고 말했어. 그랬더니, 브리짓이 엄청 화가 나서는 기훈이한테 악을 쓰는 거야. 세상에, 그건 정말 너무 심하잖아. 그냥 입 다물고 있을 수가 없어서 내가 "진정해! 수업 중 토론일 뿐이잖아."라고 했어. 잭슨 선생님이 걔를 말렸기 때문에, 걔가 더는 아무 말도 할 수 없었거든. 하지만 방과 후에, 걔가 기훈이를 또 공격하더라고. 인종 차별적인 욕설까지 사용하면서. 뭐, 그래서 나도 거기에 뭐라도 해야겠다고 생각이 들었는데, 그게 결국 큰 싸움이 됐어. 어휴, 걔가 기훈이 공격하는 걸 보면서, 난 걔가 주먹다짐이라도 시작할 줄 알았어.

아만다: 그러니까, 다른 사람들을 깔아뭉개고 인종 차별주의자이면서 동물의 권리를 보호하겠다고? 완전 위선자네!

그레이스: 그러니까 말이야! 내가 동물 권리 운동가들 몇 명을 아는데, 그 사람들 모두 엄청 멋진 사람들이거든. 하지만 브리짓은 진짜 지나치게 극단적이야.

Grace: I am so sorry for being late. I thought you would've left.

Amanda: I know you would never ❶ **flake on me**, and I thought something might have happened.

Grace: Yeah, something really happened. I offended Bridget in the middle of the class debate, and we had a big fight after school.

Amanda: Bridget from France?

Grace: Yup.

Amanda: I think I know why. It was something about animals, wasn't it?

Grace: How do you know that?

Amanda: Bridget is known as an extreme bunny hugger in school, and kids ❷ **step on eggshells** around her when they talk about any topics related to animals.

Grace: How come I never knew that? Anyways, today's debate topic was cultural relativism, and Gi-hun insisted we shouldn't judge other cultures through the prism of our own culture. Then, Bridget asked him his opinion of dog eating countries.

Amanda: What?

Grace: I know. That was so out of the blue, and it's kind of offensive as well because Gi-hun's from S. Korea. In any case, Gi-hun said eating dog meat is morally equivalent to eating beef or bacon. Then, Bridget was infuriated and bit his head off. Gosh, that was just too much, and I couldn't ❸ **put a sock in it**, so I said, "❹ **Don't have a cow!** It's just a class debate." Since Mr. Jackson stopped her, she couldn't say anything anymore, but right after school ended, she attacked Gi-hun again, using racial slurs. Well, I felt like I had to do something about it, which eventually led to a big fight. Gosh, from the way she attacked Gi-hun, I thought she was going to start a fist fight.

Amanda: So ❺ **walking all over other people** and being a racist, she's trying to protect animal rights? What a hypocrite!

Grace: Thank you! I know several animal rights activists, and they're all super cool people, but Bridget is way too extreme.

---

bunny hugger 동물 애호가　**How come** 어째서　**out of the blue** 난데없이, 갑자기
bite one's head off ∼에게 버럭 화를 내다　**racial slurs** 특정 인종에 경멸을 담은 욕설 (예: 흑인을 nigger라고 부르는 것)　**hypocrite** 위선자　**Thank you!** (상대방의 말에 동조하며) 그렇다니까!

141

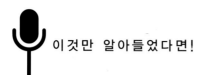

이것만 알아들었다면!

MP3 066

1

To flake on ~: Not to follow through after promising to do something ~와의 약속을 어기다

How can you flake on your boss? Aren't you afraid of the consequences?
어떻게 넌 직장 상사랑 한 약속을 어길 수가 있니? 그 일이 초래할 결과가 두렵지도 않아?

2

To step on eggshells (= To walk on eggshells): To be extremely careful about what one says and does
눈치를 살피면서 말과 행동을 극도로 조심하다

When talking about issues like religion and politics, we need to walk on eggshells.
종교와 정치 같은 이슈에 관해 이야기할 때는 극도로 조심해야 해.

3

To put a sock in it: To stop talking/To be quiet 입 다물다

Why are you making so much noise?
Please put a sock in it!
너 왜 그렇게 시끄럽게 구니? 제발 조용히 좀 해!

4

Don't have a cow!: Don't be excited[upset/agitated]
흥분하지 마! 진정해!

My mom had a cow when my brother came out last month.
우리 오빠가 지난달에 커밍아웃했을 때, 우리 엄마는 무척 흥분하셨지.

> have a cow는
> '화내다,
> 동요하다'의
> 뜻이다.

5

To walk all over ~:
To mistreat ~/To treat ~ in a disrespectful way/To treat ~ badly
~를 함부로 대하다/~를 깔아뭉개다

Madison: Cathy, why did you stop talking to Karen?
Cathy: She walked all over me in front of my other friends, so I wanted to give her a lesson.
매디슨: 캐시, 왜 캐런하고 더 이상 말 안 해?
캐시: 걔가 내 다른 친구들 앞에서 날 깔아뭉갰거든. 그래서 걔가 나한테 잘못했다는 걸 알려 주고 싶었어.

Vocabulary Point

A flake는 '뭘 잘 잊어버리는 사람', 또는 '약속을 잊어버리고 잘 안 지키는 사람'이라는 뜻이 있습니다. 이 과에서는 flake가 동사로 어떻게 쓰이는지 주목해서 보세요. A flake가 잘하는 행동이 바로 to flake겠죠? 그래서 to flake on ~은 '~와 약속한 후에 잊어버리고 안 지키다', '~와 만나기로 해놓고 안 나타나다'라는 뜻입니다. 다음 예문에서 이 단어의 형용사형 flaky가 어떻게 쓰이는지 살펴보세요.

Will: Gosh, Josh forgot about our lunch appointment again, and this is the third time! What's worse, when he doesn't forget about it, he just cancels at the last minute. I'm so done with planning anything with him.
Bruce: I don't blame you. Dealing with a flaky friend is annoying.

월: 에잇, 조시가 우리 점심 약속을 또 잊어버렸는데 이번이 세 번째야! 더 나쁜 건, 걔가 약속을 잊어버리지 않을 때는 마지막에 그냥 취소해. 나 이제 더는 걔랑은 무슨 계획 같은 거 안 세울 거야.
브루스: 네가 그러는 것도 무리는 아니지. 약속을 자주 어기는 친구를 상대하는 건 짜증나는 일이야.

CULTURE POINT

대화 속에서 아만다는 브리짓이 학교에서 extreme bunny hugger로 알려져 있다고 말합니다. 미국에서 환경보호주의자(environmentalist)들 중에서 다소 극단적인 사람을 일컫는 표현으로 tree hugger, bunny hugger 등이 있습니다. 둘 다 어느 정도 경멸의 의미를 담고 있어서 주로 부정적인 뜻으로 쓰입니다. 어쨌든 두 부류 모두 자연을 사랑하고 환경을 보호하자고 주장하는 사람들이지만, tree hugger에 비해 bunny hugger는 동물 보호에 더 중점을 두고 있다는 점이 다릅니다. Bunny가 토끼니까 쉽게 이해되시죠? 이 두 가지 표현 모두 tree hugging, bunny hugging과 같이 동명사 또는 현재분사형으로 쓰이기도 합니다.

In the 1960's, there were a lot of tree hugging hippies in America.

1960년대에는, 미국에 극단적 환경보호주의자인 히피들이 많았습니다.

또 동물을 너무나 사랑한 나머지 고기를 절대로 안 먹는 채식주의자를 salad muncher라고 부르기도 합니다.

영어로 말하고 싶은, 또는 못 알아들을 것 같은 예문에 체크해 보세요.

파커: 그래, 예산은 어때 보여요, 아드리안 씨?

아드리안: 대체적으로, 큰 부서들한테는 나쁘지 않아요. 하지만 규모가 작고 전문화된 부서들에게는 그리 좋아 보이지 않아요.

파커: 저런. 그렇지만 엄청난 전면적인 삭감보다는 낫다고 생각해요.

아드리안: 명심하세요. 비교적 작은 부서들이 예산 삭감의 직격탄을 맞겠지만, 거기 일하는 몇몇 사람들은 큰 부서로 옮길 수도 있을 거라는 사실을요.

파커: 글쎄, 최소한 그렇겠죠.

아드리안: 제 말은 현 경제 상황으로 볼 때, 우리가 이런 일을 예측하지 못한 것은 아니지 않습니까?

파커: 그렇죠.

아드리안: 게다가 여전히 최고 경영자분은 우리가 정리 해고해야 하는 사람들에게 퇴직금과 진로 정보 서비스를 지원할 예정입니다.

Parker: So, how does the budget look, Adrian?

Adrian: ❶ **By and large**, not bad for our larger departments, but not so good for some of the smaller, specialized departments.

Parker: Oh no. But I guess it's better than massive ❷ **across-the-board** cuts.

Adrian: ❸ **Keep in mind** that while the smaller departments will ❹ **bear the brunt of the budget cuts**, some of those folks might be able to move over to the larger departments.

Parker: Well, at least that.

Adrian: I mean with the current economic situation, it's not like we didn't ❺ **see this coming**.

Parker: True.

Adrian: Still, the CEO is promising to provide severance pay and career coaching for people that we have to lay off.

---

severance pay 퇴직금, 퇴직[해직] 수당
lay off 정리 해고하다

145

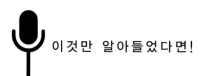 이것만 알아들었다면!

MP3 068

1 By and large

I find that, by and large, if people want advice, they will ask for it.

나는 사람들이 다는 아니지만 대체로, 조언이 필요하면 조언해 달라고 부탁할 거라고 생각해.

대체적으로

2 Across the board

The government implemented across the board tax hikes to pay for new infrastructure.

정부는 새로운 사회 기반 시설에 필요한 비용을 마련하기 위해 전면적인 세금 인상을 시행했다.

전반에 걸쳐/전체적으로 /전면적으로/전면적인

이 이디엄은 형용사로도 쓰이고 부사로도 쓰인다. 하이픈을 사용해 across-the-board 처럼 쓰기도 한다.

3 To keep in mind

Keep in mind, the movie won't start for another 35 minutes, so you have plenty of time to go buy some popcorn.

기억하세요. 영화는 앞으로도 35분 동안은 시작하지 않을 거예요. 그러니 가서 팝콘을 좀 살 시간은 충분히 있어요.

명심하다/염두에 두다

4 To bear the brunt of ~

The roof bore the brunt of the hurricane's winds.

지붕은 허리케인 바람의 직격탄을 맞았다.

~에 가장 큰 타격을 받다 /~의 직격탄을 맞다

5 To see ~ coming

She seemed surprised that her boyfriend left her, but I could see it coming from the moment I met him.

그녀는 남자 친구가 자신을 떠나자 놀란 것 같았지만, 난 그를 만난 순간부터 이런 일이 일어날 거라는 걸 예감할 수 있었어.

(주로 좋지 않은 일) ~를 예측하다

To see something coming은 일어날 일이 너무도 뻔히 보일 때 사용합니다. 그러니 이를 부정문에 쓰면 그런 일이 일어날지 몰랐기 때문에 놀랐다는 의미가 되죠.

분명하게 예측할 수 있었던 일이 벌어졌을 때:
Fortunately, we <u>saw the stock market crash coming</u>, so we moved our money to safer investments before it happened.
다행히도, 우리에게는 주식 시장의 붕괴가 일어날 것이 뻔히 보였고, 그래서 그렇게 되기 전에 우리 돈을 더 안전한 투자처로 옮겼습니다.

예측하지 못했던 일이 벌어져서 놀랐을 때:
I knew he had a spiritual side, but I just heard that he quit his job as a lawyer to become a priest. I never <u>saw that coming</u>!
나는 그에게 영적인 측면이 있다는 건 알고 있었는데, 그가 신부님이 되려고 변호사를 그만뒀다는 소식을 막 들었거든. 그렇게 될 줄은 정말로 몰랐어!

일어난 일이 너무나도 뻔히 보여서 쉽게 예측할 수 있다는 것을 강조하고 싶을 때는 from a mile away(1마일 떨어진 곳에서도)를 붙여서 다음과 같이 말하기도 합니다.

So she finally broke up with her boyfriend—the one who was never interested in her, always needed money, and did not seem keen on getting a job? I <u>saw that breakup coming from a mile away</u>.
그래서 그녀가 자신한테는 전혀 관심이 없고, 언제나 돈은 필요했지만 직장을 구하는 거에는 관심 없어 보이던 자기 남자 친구와 결국 헤어졌다고? 난 그 두 사람이 헤어질 거라는 걸 너무나도 쉽게 예측할 수 있었어.

1마일은 1.6킬로미터 정도인데, 이는 쉽게 볼 수 있는 거리가 아닙니다. 그런데도 1마일이나 떨어진 곳에서조차도 볼 수 있었다는 말은 굉장히 쉽게 볼 수 있었다는 말입니다. 이런 문맥에서 from a mile away는 very easily의 의미이죠.

CULTURE POINT

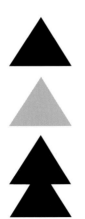

아드리안은 CEO가 회사 측의 예산 삭감 때문에 직장을 잃는 직원들에게 퇴직 수당(severance pay)을 지급할 예정이라고 말합니다. 한국과 마찬가지로, 미국도 이렇게 어느 단체나 회사가 직원들을 정리해고할 때는 퇴직금(severance packages)을 지불하기도 합니다. 그 금액은 보통 몇 주에서 몇 달 치에 해당하는 급여입니다. 때로 회사에서 일할 때 계속 받고 있던 급여 외의 혜택, 이를테면 건강보험이나 새로운 직장을 찾을 수 있도록 돕는 진로 정보 서비스(career coaching service) 등을 계속해서 제공하기도 합니다. 물론 정리해고를 당하는 건 결코 좋은 일이 아닙니다. 그래도 넉넉한 퇴직 수당을 받게 되면 생활비를 걱정하지 않으면서 새로운 일자리를 구할 수 있는 시간과 여유를 가질 수 있겠지요?

LESSON 12

뉴스캐스터 마이크: 오늘 중서부 전역에 폭풍이 몰아쳤고, 오하이오주 클리블랜드가 비와 바람의 직접적인 피해를 보았습니다.

뉴스캐스터 수: 그렇습니다, 마이크 씨. 도시 여러 곳에서 정전이 발생했고, 클리블랜드 지역 전역에서 약간의 피해가 보도되었습니다.

뉴스캐스터 마이크: 이 폭풍 전선이 오늘 오후 이른 시간에 그 지방 전역을 빠르게 지나갈 때, 그 지역 주민들은 대체로 미리 대비하고 있어서 부상자는 보고되지 않았습니다. 정확한 일기예보 때문에, 주민들은 이미 예상하였습니다.

뉴스캐스터 수: 바로 그래서 WXTV에 채널을 고정하시는 게 매우 중요한 겁니다. 특히 최신 날씨 정보를 아시려면 말이죠. 그리고 저희 채널의 날씨 앱을 이용하실 수도 있다는 점을 기억해 두세요.

뉴스캐스터 마이크: 그렇습니다, 수 씨. 저희 웹페이지에 오시면 우리 지역의 혹독한 기상 상황에 관한 최신 업데이트를 보실 수 있습니다. 이제 스포츠 캐스터 빌 데이비스 씨에게 우리 지역 미식축구 경기 결과를 들어보겠습니다.

Newscaster Mike: There were storms across the Midwest today, and Cleveland, Ohio ❶ **bore the brunt of the rain and wind**.

Newscaster Sue: That's right, Mike, there was minor damage reported ❷ **across the board** in the Cleveland area along with power outages in several parts of the city.

Newscaster Mike: ❸ **By and large**, the residents of the area were prepared for this system of storms which raced across the region earlier this afternoon, so no injuries were reported. Because of excellent weather forecasting, residents did ❹ **see this coming**.

Newscaster Sue: That's why it's so important to tune into WXTV, especially for weather updates, and ❺ **keep in mind** that you can also use our weather app.

Newscaster Mike: That's right, Sue. You can also visit our webpage for the latest updates on severe weather in our area. And now, let's hear from sportscaster, Bill Davis, about the local football results.

---

power outage 정전
system of storms 폭풍 전선
tune into (라디오·TV 채널 등) ~에 고정하다

149

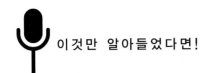 이것만 알아들었다면!

1

To bear the brunt of ~: To suffer or take the main impact or worst part of a physical or emotional hardship

She spent years caring for her aging aunt and had to bear the brunt of her aunt's complaints and demands.
그녀는 나이 드신 자기 고모를 몇 년 동안 보살펴 드렸고, 고모의 불평과 요구를 고스란히 받아들여야 했다.

2

Across the board: When something applies to all or everyone

The university has approved across the board pay increases for the new fiscal year.
대학은 다음 회계 연도의 전면적인 임금 인상을 승인했다.

이 이디엄은 형용사로도 쓰이고 부사로도 쓰인다. 하이픈을 사용해 across-the-board 처럼 쓰기도 한다.

3

By and large: For the most part/Generally speaking

By and large, these plants do not need a lot of water; they are very easy to care for.
대체로, 이 초목들은 물을 많이 필요로 하지 않습니다. 돌보기가 매우 쉽습니다.

4

To see ~ coming: To foresee, usually, an unpleasant event

I told you not to work so hard for so long. Now you have a bad cold, and you need to stay in bed. I totally saw this coming.
내가 너한테 그렇게 장시간 열심히 일하지 말라고 했잖아.
이제 감기에 심하게 걸렸으니 쉬어야 해. 내가 정말로 이렇게 될 줄 알았어.

5

To keep in mind: To be mindful of something

Yes, she's an Olympic gymnast, and she did just make a mistake in her routine, but keep in mind, she's competing with several injuries that have not fully healed.
네, 그녀는 올림픽 체조선수고, 정해진 동작에서 실수를 하나 하긴 했지만 기억하세요.
그녀가 완전히 회복되지 않은 부상이 여럿 있는 상태에서 참가하고 있다는 사실을요.

By and large는 원래 선원(뱃사람)들이 쓰던 용어입니다. 바람이 부는 방향으로 (바람을 타고) 항해하거나, 혹은 바람을 거슬러 항해할 수 있는 배의 기량에 관한 이야기를 할 때 쓰이던 말인데, 이는 커다란 범위의 바람 상태를 모두 포함하는 표현이라고 합니다. 바로 이런 이유로 '전반적으로는' 또는 '대개는'이라는 의미를 가진 이디엄이 되었습니다. By and large와 동의어로, on the whole, on the main, largely, generally, in general, mostly, all in all, overall 등이 있습니다.

CULTURE POINT

미국인들은 일기예보 듣는 것을 굉장히 좋아합니다. 또 날씨에 관한 이야기는 친구, 가족, 심지어 모르는 사람과의 스몰 토크에서 가장 흔한 주제이기도 합니다. 물론 한국인들 역시 날씨에 관한 이야기를 하긴 하지만, 미국인들은 그 빈도가 훨씬 더 높습니다. 그것은 나라가 작아서 서로 엇비슷한 날씨인 우리나라 지역들과 달리, 미국은 매우 다양한 기후대를 가진 나라이기 때문인 것 같습니다. 사막, 산악 지역, 우림 지대, 대초원 지대, 열대 지역까지 모두 다 있는 나라가 미국이니까요. 그러니 자연스럽게 미국인들은 곳곳에서 허리케인, 토네이도, 가뭄, 홍수, 눈보라 등 굉장히 다양한 종류의 기상 이변을 경험하면서 살아갑니다. 그래서 많은 미국인들에게는 휴대전화에 날씨 앱을 깔고 다니면서 그날의 날씨를 확인해 보는 것이 일상화되어 있습니다. 날씨를 전문으로 다루는 방송국인 The Weather Channel 같은 곳에서는 일기예보뿐만 아니라 토네이도, 번갯불, 산사태 등과 같은 극적인 날씨 현상을 주제로 하는 다큐멘터리도 종종 방영합니다.

LESSON 12

코리: 롭 씨, 가서 맥주 한 병 따고 축하할 시간이에요!

롭: 왜요? 무슨 일 있었어요?

코리: 못 들었어요? 수잔 씨가 드디어 퇴사하셨어요. 전 그분이 떠나셔서 아쉽다는 말은 못 하겠네요.

롭: 우와! 스티브 씨와 리사 씨가 신나겠네요! 그분들이 오랫동안 수잔 씨의 별난 경영 방식의 직격탄을 맞아 왔잖아요.

코리: 저는 롭 씨가 그걸 '경영 방식'이라고 부르는 게 재밌네요. 저는 몇 가지 다른 단어들이 떠오르거든요.

롭: 수잔 씨가 퇴사했다는 사실이 놀라워요. 그건 전혀 예상치 못했던 일이거든요. 저는 회사에서 수잔 씨를 나가게 해야 한다고 생각했어요.

코리: 글쎄, 전체적으로 봤을 때 수잔 씨가 쫓겨난 거죠, 뭐. 지난 회계감사 중에 그분이 사실상 자기 팀을 극도로 심하게 제어한 후에, 사람들이 인사과에 불만을 제기했거든요.

롭: 네, 그건 저도 들었어요. 게다가 그분이 감사 보고서에 있는 오류들을 자기 직원들 몇 명 탓으로 돌리려 했다는 것도 들었어요.

코리: 네. 그분이 그 사람들한테 필요한 데이터를 주지 않았고, 그래서 그 부서가 전면적으로 서면 징계를 받았죠. 그들이 아무런 잘못을 저지르지 않았는데도 불구하고 말이죠.

롭: 그렇군요. 그래서 인사과가 그분에게 퇴사를 할지, 해고를 당할지 선택권을 준 건가 봐요?

코리: 맞아요. 이건 알아두세요. 인사과는 수잔 씨한테 당한 사람들이 어떤지는 신경쓰지 않는다는 사실을요. 그러니까 제 말은 그 부서 직원들 말이에요. 인사과는 그저 혹시라도 소송을 당할까 봐 회사를 보호한 것뿐이에요.

롭: 자기 이익을 보호하기 위해 행동한 거죠.

코리: 바로 그거죠!

롭: 아무튼, 더 놀랄 일이 벌어지기 전에 가서 축하 맥주나 마시자고요!

Corrie: Rob, it's time to go crack open a beer and celebrate!

Rob: Why? What happened?

Corrie: Haven't you heard? Suzanne has finally retired. I can't say that I'm sorry to see her go.

Rob: Wow! I'll bet Steve and Lisa are thrilled! ❶ **They've borne the brunt of Suzanne's outrageous management style** all these years.

Corrie: I like how you call it a "management style." I can think of a few other words.

Rob: I'm surprised Suzanne retired. I didn't really ❷ **see it coming**; I figured they'd have to force her out.

Corrie: Well, ❸ **by and large**, she was forced out. After she practically micromanaged her team to death during the last audit, people complained to HR.

Rob: Yeah, I heard about that. And I heard that she tried to blame errors in the audit report on some of her staff.

Corrie: Yup. She withheld the necessary data from them, and then the department faced ❹ **across the board** written reprimands even though they hadn't done anything wrong.

Rob: I see. So, HR offered her the option to retire or be fired?

Corrie: That's right. ❺ **Keep in mind**, HR is not looking out for the well-being of Suzanne's victims…I mean, staff. HR is just protecting the company from potential legal dramas.

Rob: CYA.

Corrie: Exactly!

Rob: Well, before more surprises happen, let's go have those beers!

---

crack open 깨다, 열다　　**I'll bet** 확실하다
outrageous 터무니없는, 언어도단인　　**force out** 내쫓다
micromanage 소소한 것까지 일일이 간섭하다　　**blame A on B** A를 B 탓으로 돌리다
withhold 주지 않다　　**reprimand** 질책
look out for ~을 보살피다
CYA (= cover your ass) 문제가 생길 것을 대비하여 미리 행동하다(보호 정책과 관습을 일컬을 때 사용)

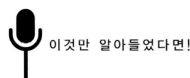 이것만 알아들었다면!

MP3 072

1 To bear the brunt of ~:
To suffer or take the main impact or worst part of a physical or emotional hardship
~에 가장 큰 타격을 받다/~의 직격탄을 맞다

Homeowners had to bear the brunt of the increase in property taxes.
주택 보유자들이 재산세 인상의 직격탄을 맞아야 했다.

2 To see ~ coming: To forese, usually, an unpleasant event
(주로 좋지 않은 일) ~를 예측하다

I was so shocked when I got laid off. My boss simply told me I could clear out my office and leave. I didn't see it coming.
난 정리 해고됐을 때 너무 충격을 받았어. 우리 사장이 그냥 나한테 내 사무실을 정리하고 가도 된다고 하더라고. 이런 일이 일어날 줄은 몰랐어.

3 By and large: For the most part/Generally speaking 대체적으로

Although they had a few problems with the lighting, by and large, the concert went well, and the reviews were great.
조명에 몇 가지 문제점이 있었는데도 불구하고 대체적으로 그 콘서트는 잘 진행됐고, 후기도 꽤 좋았습니다.

4 Across the board: When something applies to all or everyone
전반에 걸쳐/전체적으로/전면적으로/전면적인

We've seen an across the board drop in lung cancer now that smoking has been banned.
우리는 흡연이 금지되고 폐암 발생의 전면적인 감소를 확인했습니다.

> 이 이디엄은 형용사로도 쓰이고 부사로도 쓰인다. 하이픈을 사용해 across-the-board 처럼 쓰기도 한다.

5 To keep in mind: To be mindful of something
명심하다/염두에 두다

Keep in mind that learning disabilities are extremely varied; some respond more easily to learning support than others.
학습 장애는 굉장히 다양하다는 사실을 명심하세요. 어떤 것들은 다른 것들보다 학습 지원에 더 쉽게 반응하여 차도를 보이기도 합니다.

롭은 "CYA."라고 말하는데, 이는 "Cover your ass."의 줄임말로, '자신의 이익을 보호하기 위해 문제가 생길 것을 대비하다'라는 뜻입니다. 이 대화의 경우는, 회사 측이 효율적으로 팀을 꾸리지 못한 매니저가 체면을 구기지 않고 퇴직할 수 있도록 해줌으로써, 그 매니저 때문에 다른 직원들과 일어날 수 있는 마찰이나 법적 분쟁을 미리 방지한 것을 두고 롭이 하는 말입니다. 인사과는 결국 회사의 이득을 위해서 행동한다는 사실을 말하는 거죠. 이 흥미로운 표현은 ass라는 단어 때문에 사적인 대화에서만 들을 수 있는 편입니다. 같은 의미이면서 좀 더 예의를 차린 표현으로는 cover your butt, cover your behind, cover your rear, cover your back, cover your backside가 있습니다.

If I were you, I wouldn't agree to lead the project because you might be blamed for everything—you've got to <u>cover your rear</u>.
내가 너라면, 그 프로젝트를 주도하는 것에 동의하지 않겠어. 왜냐하면 모든 일에 대한 비난이 너한테 돌아올 수도 있으니까. 문제가 생길 때를 대비해서 네 이익을 보호해야지.

CULTURE POINT

코리는 수잔이 스태프들을 micromanage했다고 말합니다. Micromanage는 직장에서 일하는 것과 관련된 문맥에서 들을 수 있는 단어입니다. 여러분은 manage someone(누군가를 관리·감독하다)이라는 표현의 뜻을 아실 거예요. 그래서 to micromanage는 부하 직원이 일할 때 아주 작은(micro) 부분까지 통제하고 감시하려는 행위를 말합니다. 예를 들어, 직장에서 상사가 부하 직원이 하는 일을 지나치게 자주 체크하고 자잘한 것들까지 지적하거나, 부하 직원이 하는 결정은 무조건 의심부터 하고 본다면 micromanagement라고 볼 수 있습니다. 직장 상사가 이런 행동을 하면 좋아할 사람은 아무도 없겠지만, 개인주의가 강한 미국 사회에서는 개개인의 자율성을 존중하지 않는 micromanagement는 특히나 더 욕먹는 행동입니다. 미국인들은 직장 상사가 이런 행동을 하면, 자신이 직장에서 신뢰받지 못한다는 느낌을 받아서 굉장히 불쾌해합니다.

영어로 말하고 싶은, 또는 못 알아들을 것 같은 예문에 체크해 보세요.

짐: 토리, 너 그 새로 생긴 피자집에 가 봤니?

토리: 퍼플 피자 파티 말하는 거야? 대학교 옆에 있는 그거?

짐: 그래, 바로 거기. 난 아직 안 가 봤는데, 거기가 굉장히 새로운 방식으로 피자를 만든다는 것 같아서.

토리: 나도 아직 못 가 봤어, 짐. 하지만 신문에서 그곳에 관한 기사를 읽었거든. 거기서 모든 종류의 피자를 다 만들더라고. 뉴욕 스타일의 얇은 크러스트부터 시카고 스타일의 두꺼운 피자까지. 콜리플라워 크러스트로 만든 완전 채식주의자용 피자도 있고. 정말 모든 피자를 자기들만의 스타일로 만들지.

짐: 오늘 밤에 일 끝나고 갈래? 나 며칠 동안 사무실에 갇혀 있었더니 좀 재밌는 걸 하고 싶거든!

토리: 그거 좋지! 우리 모두 몇 주 동안 일을 너무 많이 해서 몹시 지쳐 있잖아. 그래, 나도 끼워 줘! 너 거기 메뉴 가지고 있니?

짐: 응, 여기 내 노트북 컴퓨터에 있어. 이거 봐. 여기 있는 이게 거기 대표 피자야. 토마토소스 대신에 자주색 바질 페스토랑 버펄로 모차렐라를 써서 만들어. 난 버펄로 모차렐라가 뭔지도 몰라.

토리: 오, 그건 물소 젖으로 만든 모차렐라야. 사실 그게 이탈리아에서는 최고 등급의 모차렐라 치즈거든. 정말 끝내주겠는데. 게다가 자주색 페스토까지? 난 벌써부터 군침이 나온다!

짐: 우와! 빨리 이 피자 먹어 보고 싶다!

Jim: Tori, have you been to that new pizza place yet?

Tori: You mean Purple Pizza Party? The one near the university?

Jim: Yup, that's the one. I haven't been yet, and it sounds like they're pretty creative.

Tori: I haven't been yet either, Jim, but I read about them in the paper. They do all kinds of pizza—thin crust, New York style and deep-dish, Chicago style. They've got vegan pizza with cauliflower crust. They really ❶ **put their own twist on everything**.

Jim: You wanna go after work tonight? I've been trapped in this office for days, and I need some fun!

Tori: That sounds great! ❷ **We've all been burning the candle at both ends** for the last few weeks, so yeah, ❸ **count me in!** Do you have their menu?

Jim: Yeah, it's here on my laptop. ❹ **Check this out**: this one here is their signature pizza—it uses a purple basil pesto, instead of a tomato sauce, and buffalo mozzarella. I don't even know what buffalo mozzarella is.

Tori: Oh yeah, it's mozzarella made from water buffalo milk. It's actually the ❺ **gold standard** of mozzarella in Italy. It sounds amazing…and purple pesto? I'm drooling already!

Jim: Wow! I can't wait to try this pizza!

---

deep-dish 피자 등이 두꺼운
signature 특징
drool 침을 흘리다
I can't wait to + 동사원형 어서 ~하고 싶다

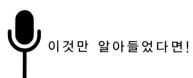
이 것 만 알 아 들 었 다 면!

MP3 074

1 To put one's own twist on ~

My sister lives in a traditional-looking house, but she's put her own twist on the place by painting the doors and shutters bright colors.

우리 누나는 전통 스타일의 집에 살지만, 문과 셔터는 밝은색 페인트로 칠해서 그 집을 누나만의 스타일로 만들었어.

~를 자신만의 스타일로 만들다

2 To burn the candle at both ends

We have a huge project at work, and we're burning the candle at both ends to get it finished. We're in by 7:30 in the morning, and we don't go home until 8 at night.

우리가 회사에서 큰 프로젝트를 하나 하는데, 그걸 끝내느라 우리 모두 과로로 몹시 지쳐 있어. 우린 아침에는 7시 30분까지 오고, 밤 8시까지 집에 못 가고 있지.

지나치게 많은 일을 하여 몹시 지치다

3 Count me in.

If you're going to the beach this weekend, count me in. I love the beach!

너 이번 주말에 해변가에 가면, 나도 끼워 줘. 나 해변 정말 좋아하거든!

나도 끼워 줘.

4 Check this out!*

(Pointing to a photograph) Check this out, this is my mom in 1975 wearing bell-bottom jeans.

(사진 하나를 가리키면서) 이것 좀 봐. 나팔 청바지를 입고 있는 이 분이 1975년의 우리 엄마야.

이것 좀 봐! /얘기 한번 들어봐!

보통 다른 사람의 관심이나 흥미를 끌기 위해 사용한다.

5 Gold standard

I did an at-home test for colon cancer this year, but my doctor says that doing a colonoscopy is the gold standard for detecting this cancer.

내가 올해는 집에서 하는 대장암 검사를 했는데, 내 주치의는 대장 내시경을 하는 것이 이 암을 발견하는 표준 검사라고 하네.

최고 기준/표준

---

* 『미국적인 너무나 미국적인 영어회화 이디엄』 1권 Lesson 15에서 To check ~ out 이 '~를 해 보다, ~를 확인해 보다'(To examine something)라는 의미로 쓰인다는 걸 공부했습니다. 이 과에서는 그와는 살짝 다른 의미로 쓰이는 "Check this out!"을 달라진 문맥에 집중하면서 살펴보세요.

Vocabulary Point

토리는 맛있는 피자를 생각하면서, "I'm drooling already!"(나 벌써부터 군침이 나온다!)라고 말합니다. 동사 drool은 '침을 흘리다'라는 말인데요, 다소 지저분하게 느껴질 수도 있는 이 단어는 아주 맛있는 음식을 기대하면서 사용하는 표현입니다. 같은 문맥에서 비슷하게 사용할 수 있는 형용사로 mouth-watering(군침이 도는/군침이 돌게 하는)이 있습니다. 이 표현 또한 맛있는 음식을 나타낼 때 사용합니다.

Look at this <u>mouth-watering</u> steak!
이 군침 도는 스테이크 좀 봐!

같은 의미로 다음과 같이 동사로 풀어서 사용할 수도 있습니다.

<u>My mouth is watering</u> just thinking about that deep-dish pizza.
그 두꺼운 피자를 생각만 해도 입 안에 군침이 돌아.

CULTURE POINT

피자는 이탈리아에서 시작된 음식이지만, 미국인들은 피자를 미국 음식의 하나로 끌어안았습니다. 미국에서는 피자를 다양한 크기로 주문하거나, 하나 또는 몇 조각만 주문할 수도 있습니다. 미국에서 전통적으로 가장 흔한 치즈피자(cheese pizza)는 피자빵에 토마토소스를 바르고 그 위에 모차렐라 치즈를 덮은 거예요. 보통 미국의 동네 피자 가게는 이 치즈피자에 손님들이 토핑을 골라서 얹게 합니다. 피자 토핑으로는 페퍼로니, 올리브, 토마토 조각, 시금치, 파인애플, 브로콜리, 버섯, 소시지, 마늘, 양파 등이 있습니다. 때로는 토핑 값이 꽤 비싸기도 합니다.

흥미로운 사실은 어떤 사람들은 half toppings로 피자를 주문하기도 합니다. 그것은 기본 메뉴인 치즈피자를 주문하되, 그 피자 위에 딱 반만 주문한 토핑을 얹어달라는 뜻입니다. 미국에서는 또 Specialty pizza라고 불리는 특별한 피자를 주문해 보는 것도 재미있습니다. 다양한 토핑을 독특하게 배합해서 색다른 피자를 만들어 내니까요. 참고로, 뉴욕 스타일의 피자는 얇으면서 쉽게 휘어지는 피자빵(crust)을 사용해서 만듭니다. 그래서 사람들은 큰 조각의 피자를 반으로 접어서 먹기도 합니다. 반면, 시카고 스타일의 피자는 deep-dish pizza라고 알려져 있는데, 그 이유는 두껍고 깊은 피자빵(crust)을 사용해 만들기 때문입니다.

LESSON 13

리자: 보아하니, 우리가 비 오는 주말을 맞겠는 걸.

오티스: 맞아. 나가서 할 수 있는 게 별로 없을 것 같아.

리자: 글쎄, 난 집에 있으면서 아무것도 안 하는 것에 대찬성이야! 일주일 내 내 회사에서 지나치게 일만 해서 지쳤거든. 괜찮은 요리법을 찾아서 요리해 서 먹고, 시작도 못하고 있는 소설을 읽으면서 주말을 보내고 싶다는 생각이 들어.

오티스: 와, 나도 끼워 줘! 정말 좋은 계획이네. 게다가 내가 너 요리하는 걸 도 울 수도 있어. 뉴욕 타임스에서 찾은 이 빵을 계속 만들어 보고 싶었거든. 저 기, 이 요리법 좀 봐. 이거 좋아 보이지 않니?

리자: 오, 그거 계란빵이네. 그 요리법 좋아 보인다. 토요일 아침 식사로 참 좋 겠어.

오티스: 그리고 다진 피칸이랑 설탕에 졸인 오렌지 조각들도 넣을까 생각했어.

리자: 너만의 스타일로 만들겠다, 이거지? "다진 피칸" 부분으로 날 사로잡았 어. 내 생각에, 넌 아침 식사용 빵의 새로운 기준을 만들어 가고 있는 거야, 오 티스!

오티스: 내가 상상하는 것만큼 잘 나오면 좋겠어. 음, 비가 오기 전에 살 것들 목 록 만들어서 가게에 가자. 그런 다음 빵을 굽고서 쉴 수 있을 거야.

리자: 좋은 생각이야!

Lizzie: Looks like we're going to have a rainy weekend coming up.

Otis: Yeah, I don't think we'll be able to get out and do much.

Lizzie: Well, I'm all for staying home and doing nothing! ❶ **I've been burning the candle at both ends** at work all week. I think I'll look up some good recipes and spend the weekend cooking, eating, and reading that novel I haven't started.

Otis: Well, ❷ **count me in!** That sounds great. Plus, I can help you cook. I've been wanting to make this bread that I found in the *New York Times*. Look, ❸ **check this recipe out**, don't you think this looks good?

Lizzie: Oh, it's an egg bread. That recipe looks good. I can definitely see that working for breakfast on Saturday morning.

Otis: And I was thinking of adding some chopped pecans and bits of candied orange.

Lizzie: ❹ **Put your own twist on it**, huh? You had me at "chopped pecans." I think you're developing a new ❺ **gold standard** for breakfast bread, Otis!

Otis: Hopefully, it will turn out as well as I'm imagining it. Well, let's get a shopping list and get to the store before the rain starts. Then we can start baking and relaxing.

Lizzie: Sounds like a plan!

---

be all for ~에 대찬성이다
candied 설탕에 졸인

161

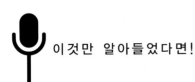

이것만 알아들었다면!

MP3 076

1

To burn the candle at both ends:

To exhaust oneself or one's resources, usually through working too much

He was burning the candle at both ends: going to school and working two jobs.
그는 지나치게 열심히 일했어. 학교에 다니면서 아르바이트를 두 개나 하고.

2

Count me in.: Include me in an activity.

I heard everyone is chipping in to buy Maria a nice birthday present. Count me in. I can add $10.
마리아에게 괜찮은 생일 선물을 사 주려고 모두 각자 조금씩 돈을 부담하고 있다고 들었어. 나도 끼워 줘.
내가 10달러 낼 수 있어.

3

Check this out!:

Look at this!/Listen to this!

Oh, check this out, that band that you like so much is coming to town. There's an ad for the concert in today's paper.
오, 여기 한번 봐 봐. 네가 그렇게 좋아하는 밴드가 우리 도시로 오네.
오늘 신문에 그 콘서트 광고가 있어.

> 보통 다른 사람의 관심이나 흥미를 끌기 위해 사용한다.

4

To put one's own twist on ~:

To add one's own style to ~

Michael was asked to give the opening remarks at the event. He put his own twist on it by composing a little song to sing to entertain the audience.
마이클은 그 이벤트에서 개회사를 해달라는 부탁을 받았어.
그는 짧은 노래를 하나 작곡해 불러서 청중들을 즐겁게 해 줌으로써,
개회사를 자신만의 스타일로 만들었지.

5

Gold standard:

The best or most valuable thing of its type

In my opinion, Louis Vuitton is still the gold standard for quality handbags and suitcases.
난, 루이뷔통이 품질 좋은 핸드백과 여행 가방에 관한 한 여전히 최고라고 생각해.

리지는 오티스에게 "You had me at chopped pecans."라고 말합니다. You had me at ~이라는 이디엄은 누군가의 선택에 즉시 설득되었을 때 사용하는 표현입니다. 다른 예도 한번 볼까요?

Janis: It's so hot, let's go to the beach for a while and then get ice cream.
Annie: Forget the ice cream; you had me at beach.
재니스: 너무 덥다. 해변가에 가서 좀 있다가 아이스크림 먹자.
애니: 아이스크림은 안 먹어도 돼. 네가 해변가에 가자고 한 말이 내 마음을 움직였어.

Vocabulary Point 2

To put a twist on ~은 무언가를 자신만이 가진 솜씨로 하는 것을 말합니다. 이 표현은 다음과 같이 twist 대신 spin이라는 단어와 함께 쓰이기도 합니다.

She put her own spin on that jazz standard by singing it as a country song.
그녀는 그 유명한 재즈곡을 컨트리 장르의 노래로 부르면서 그것을 자신만의 스타일로 만들었다.

그런데 이 표현은 언제나 긍정적인 의미로만 사용된다는 사실도 함께 알아두세요. 그것은 개개인이 자신만의 방식으로 자신을 표현하는 걸 장려하는 분위기의 미국 문화 때문입니다. 일반적으로 미국인들은 독특한 twists와 spins가 창의적이거나 혁신적인 그 무엇을 만들어 내는 시작점이라고 여깁니다. 그리고 창의성과 혁신은 모두 미국 문화가 굉장히 소중하게 여기는 가치이기도 합니다.

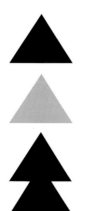

UNIT 3

영어로 말하고 싶은, 또는 못 알아들을 것 같은 예문에 체크해 보세요.

LESSON 13

브렌다: 아멜리아, 내 청재킷 어때?

아멜리아: 우와, 멋있다! 난 등 부분이랑 팔 아래쪽에 있는 가죽 술 장식이 맘에 든다. 어디서 샀니?

브렌다: 이 재킷 구제 가게에서 사서 내가 술을 직접 붙였어. 말하자면 이걸 나만의 스타일로 다시 만든 거지.

아멜리아: 난 좋아. 이 재킷에 웨스턴 스타일이 들어갔네. 브랜드는 뭐야?

브렌다: 리바이스. 데님 브랜드가 많은 건 아는데, 그래도 여전히 리바이스가 데님 제품은 최고로 만드는 것 같아.

아멜리아: 글쎄, 리바이스가 확실히 대표적인 데님 브랜드이긴 하지. 이 재킷하고 같이 신을 카우보이 부츠도 필요하다는 것 알지?

브렌다: 넌 내 마음을 어쩜 그리 잘 아니, 아멜리아. (부츠 한 켤레를 보여 주면서) 이 것 한번 봐! 이 부츠도 빈티지 스타일의 붉은 가죽이야. 이 완벽한 박음질 좀 보라니까.

아멜리아: 우와! 이 부츠 근사하다! 그래, 넌 이 옷을 어디서 입을 거니?

브렌다: 내일 밤에 내가 컨트리 음악 바에 라인 댄스를 추러 가거든. 전에 한번 가 본 적이 있는데, 정말 너무너무 재미있더라고. 직장에서 일을 지나치게 많이 한 탓에 지쳤고, 그래서 뭔가 재밌고 긴장이 풀릴 만한 게 필요해.

아멜리아: 라인 댄싱이라니! 정말 너무 재밌겠다!

브렌다: 내일 밤에 시간 있니? 너도 올래?

아멜리아: 물론이지! 나도 끼워 줘!

164

Brenda: Amelia, how do you like my denim jacket?

Amelia: Oh nice! I like the leather fringe on the back and down the arms. Where did you buy it?

Brenda: I got the jacket at a vintage shop, and then I added the fringe myself—you know, ❶ **put my own twist on it**.

Amelia: I like it. It's got that western-style look to it. What's the brand?

Brenda: Levi's. I know there are a lot of brands of denim out there, but I still think Levi's is the ❷ **gold standard** of denim.

Amelia: Well, it's certainly a classic brand. You know you need cowboy boots to go with this jacket.

Brenda: You're reading my mind, Amelia. (Showing a pair of boots) ❸ **Check these out**! These are also vintage, red leather—look at the beautiful stitching.

Amelia: Wow! These are gorgeous! So where are you wearing this outfit?

Brenda: I'm going out line dancing at a country western bar tomorrow night. I've been there once before, and it was a ton of fun. ❹ **I've been burning the candle at both ends** at work, so I need something fun and relaxing to do.

Amelia: Line dancing! That sounds like so much fun!

Brenda: You free tomorrow night? Want to come?

Amelia: Heck, yeah! ❺ **Count me in!**

How do you like ~? ~는 어때? ~는 마음에 드십니까?
fringe 실, 가죽 등을 꼬아 만든 술
vintage shop 구제 가게
classic brand 대표적인 브랜드
read one's mind 마음을 알아차리다

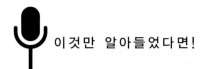 이것만 알아들었다면!

MP3 078

1

To put one's own twist on ~: To add one's own style to ~
~를 자신만의 스타일로 만들다

I just ate at a restaurant which put its own twist on the usual devilled eggs recipe; they topped each egg with a piece of fried lobster!
난 보통의 맵게 양념한 달걀 요리법에 자기들만의 스타일을 더한 어떤 식당에서 먹었거든. 그 식당은 각 달걀 위에 튀긴 랍스터 한 조각을 놓았더라니까!

2

Gold standard: The best or most valuable thing of its type
최고 기준/표준

Teuscher, a confectionary in Switzerland, is considered by many to be the gold standard for chocolate.
스위스 제과 회사인 토이셔는 많은 사람들에게 초콜릿에 관한 한 최고로 여겨진다.

3

Check this out!: Look at this!/Listen to this!
이것 좀 봐!/얘기 한번 들어봐!

Hey, Sam, check this out! Dr. Sanchez is going to do a seminar on African poetry next semester. We should both sign up for that.
저기 샘, 얘기 좀 들어봐! 산체스 박사님이 다음 학기에 아프리카의 시에 관한 세미나를 하실 거야. 우리 둘 다 그 세미나에 등록해야 해.

> 보통 다른 사람의 관심이나 흥미를 끌기 위해 사용한다.

4

To burn the candle at both ends:
To exhaust oneself or one's resources, usually through working too much
지나치게 많은 일을 하여 몹시 지치다

I worked for a New York City investment firm and had to quit. I was ruining my health by burning the candle at both ends all the time.
난 뉴욕시에 있는 어느 투자 회사에서 일했는데, 그만둬야 했어. 늘 지나치게 열심히 일해서 내 건강을 망치고 있었거든.

5

Count me in. : Include me in an activity. 나도 끼워 줘.
Count me in on that project. I'd like to help write up the report.
나도 그 프로젝트에 끼워 줘. 그 보고서 쓰는 걸 내가 돕고 싶거든.

Vocabulary Point

To burn the candle at both ends는 다채로운 표현이면서 굉장히 역사가 오래 된 이디엄입니다. 1600년대 초 프랑스어에서 온 표현으로, 원래 뜻은 '낭비하다'(to be wasteful)였습니다. 그 당시에는 모두가 밤에 촛불을 빛으로 사용했는데, 초를 양쪽에서 태우면 금세 초가 닳아 없어졌겠지요? 시간이 지나면서 이 이디엄의 의미 가 바뀌어서, 현대 영어에서는 '자신의 에너지를 다 써 버리다'(to burn up one's energy), '일을 너무 많이 해서 지칠 대로 지치다'(to exhaust oneself through work)라는 의미로 쓰이고 있습니다.

CULTURE POINT

브렌다와 아멜리아는 라인 댄스를 추러 갈 계획이라고 합니다. 라인 댄스는 여러 명이 함께 추는 그룹 댄스로, 사람들이 줄을 서서 같은 방향을 보면서 모두가 똑같은 스텝을 밟으면서 추는 춤입니다. 라인 댄스에도 여러 종 류의 다른 스타일이 있습니다. 미국의 컨트리 음악을 틀 어 주는 술집이나 댄스홀에 가면 종종 라인 댄스 추는 것 을 볼 수 있습니다. 그런 곳에서는 라인 댄스 레슨을 받 으면서 배우고 연습할 수도 있지요. 라인 댄스를 출 때 사용하는 노래 중에서 유명한 곡으로 빌리 레이 사이러 스(Billy Ray Cyrus)의 〈Achy Breaky Heart〉가 있습니 다. 그렇지만 라인 댄스가 꼭 컨트리 음악에만 추는 댄 스는 아닙니다. 미국인들은 때로 R&B나 디스코 음악에 맞춰 라인 댄스를 추기도 하는데, 맞춰 추는 음악으로 〈The Electric Slide〉와 〈The Cupid Shuffle〉과 같은 곡들이 있습니다. 미국인들은 각종 파티나 결혼식 피로 연에서 이런 곡에 맞춰 라인 댄스를 추기도 합니다.

영어로 말하고 싶은, 또는 못 알아들을 것 같은 예문에 체크해 보세요.

숀: 저기, 에드 씨! 에단 씨 프로젝트, 완전히 망했다는 말 들었어요?

에드: 뭐라고요? 말도 안 돼!

숀: 당사자에게 직접 들었어요. 방금 구내식당에서 에단 씨를 만났거든요.

에드: 저런!

숀: 네, 에단 씨 말로는 처음부터 그 프로젝트의 개요가 무척 허술했다고 해요. 그게, 월레스 씨가 그 개요를 만들었잖아요.

에드: CEO 아들인 월레스 잭슨 씨 말씀이세요?

숀: 네!

에드: 에휴!

숀: 우린 모두 그 사람 아이디어가 쓸모없다고 생각했지만, 피터 씨가 그 프로젝트를 당장 시작해야 한다고 주장하더니, 에단 씨가 그 프로젝트를 맡게 했잖아요. 에단 씨가 정말로 맡기 싫어했지만, 억지로 맡아서 그냥 했고요.

에드: 당연히 피터 씨는 그저 CEO에게 잘 보이려고 그렇게 했겠죠.

숀: 제 말이 바로 그 말이에요!

에드: 어쩜 그렇게 아첨꾼인지! 적어도 피터 씨는 그 프로젝트 실패를 에단 씨 탓으로 돌리면 안 됩니다.

숀: 저도 안 그러길 바랍니다.

English CONVERSATION

MP3 079

Shawn: Hey, Ed! Did you hear that Ethan's project ❶ **went to pot**?

Ed: What? No way!

Shawn: I heard it ❷ **straight from the horse's mouth**. I just saw Ethan at the cafeteria.

Ed: Oh my!

Shawn: Yeah, he said the outline of that project ❸ **had more holes than Swiss cheese** from the get-go. You know, Wallace came up with the outline.

Ed: You mean Wallace Jackson, the son of the CEO?

Shawn: Yup!

Ed: Gosh!

Shawn: We all thought his idea was ❹ **for the birds**, but Peter insisted we should start the project immediately and had Ethan take that project. Ethan really didn't want to, but he ❺ **bit the bullet** and just did it.

Ed: I'm sure Peter did that just to please the CEO.

Shawn: Tell me about it!

Ed: Such a brown-noser! At least Peter shouldn't blame Ethan for the failure of that project.

Shawn: I hope not.

---

get-go 시작
Tell me about it! 제 말이 그 말이요!
brown-noser 아첨꾼

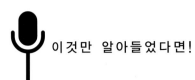 이것만 알아들었다면!

MP3 080

1 To go to pot

After the CEO got arrested for corruption, everything went to pot.

CEO가 부정부패 혐의로 체포된 후에, 모든 것이 엉망이 됐다.

엉망이 되다

2 (Straight) from the horse's mouth

It's really true, and you can trust me because the story came from the horse's mouth.

그건 정말 사실이고, 내 말 믿어도 돼. 왜냐면 그 이야기는 확실한 소식통한테서 들은 이야기거든.

확실한 소식통으로부터

3 To have more holes than Swiss cheese

His new theory has more holes than Swiss cheese.

그의 새로운 이론은 허점이 너무 많아.

(이야기, 주장, 이론 등이) 논리적이지 않고 허점이 많다

4 For the birds

Mary loves poetry and novels, but Tom always says literature is for the birds.

메리는 시와 소설을 아주 좋아하지만, 톰은 언제나 문학은 재미없다고 말하지.

시시한/재미없는 /소용이 없는 /실용적이지 않은 /가치 없는

5 To bite the bullet

I know we're all tired now, but let's bite the bullet and clean the house so that we can rest for the rest of the weekend.

나도 우리 모두 지금 피곤하다는 걸 알아. 하지만 그냥 참고 집을 청소하자. 그래서 남은 주말 동안은 쉴 수 있게 말이야.

(피할 수 없는 일이라서) 억지로 이를 악물고 참다/하다

'~을 탓하다/비난하다'라는 동사 to blame 뒤에는 Ed의 문장(Peter shouldn't blame <u>Ethan</u> for the failure of that project.)과 같이 '비난당하는 사람'이 목적어로 올 수도 있고, '잘못'이 목적어로 올 수도 있습니다. 이때 목적어가 '사람'이냐, '잘못'이냐에 따라 그 이후의 전치사 사용이 달라지기 때문에, 그것에 주의하면서 다음 예문을 보세요.

Blame 사람 <u>for</u> 잘못

Katherine blamed her husband <u>for</u> the car accident.
캐서린은 차 사고를 자기 남편 탓으로 돌렸다.

My dad blamed my mom <u>for</u> spoiling me.
우리 아빠는 나를 응석받이로 키운다고 우리 엄마를 탓하셨어.

Kayla doesn't blame anyone <u>for</u> her brother's death because it was merely an accident.
카일라는 오빠의 죽음에 관해 아무도 비난하지 않아. 그건 그냥 사고였을 뿐이니까.

* For가 '이유의 전치사'라는 점을 기억하면 쉽게 이해할 수 있는 문법 구조입니다.

Blame 잘못 <u>on</u> 사람

That politician always blames his mistakes <u>on</u> others.
저 정치인은 항상 자기 실수를 다른 사람 탓으로 돌려.

The chief editor blamed all the editing errors <u>on</u> the staff.
편집장은 그 모든 편집 오류를 직원들 탓으로 돌렸다.

Vocabulary Point

For the birds가 왜 의미 없고 가치 없는 무언가를 말할 때 쓰이는 이디엄이 되었을까요? 2차 세계대전이 끝날 무렵부터 미국 군인들이 쓰기 시작했다는 이 이디엄의 기원은 이렇습니다. 당시에 말이 거리에 똥을 싸 놓으면, 새들이 달려들어 그 속에서 씨앗 같은 것들을 찾아먹으려고 말똥을 막 쪼았다고 해요. 그걸 본 미군들이 "That's for the birds."를 '말똥'과 같이 아무 의미도 가치도 없고 전혀 중요하지 않은 무언가를 뜻하는 슬랭으로 사용하기 시작했다고 합니다.

앤디: 왜 그렇게 우울한 얼굴을 하고 있니?

라일리: 사회언어학 과목에서 C를 받았어.

앤디: 그걸 어떻게 알아? 교수님들이 아직 기말 페이퍼 성적을 매기고 계시는 것 같은데.

라일리: 내가 교수님께 직접 들었어. 율 교수님 연구실에 방금 갔었거든.

앤디: 아, 왜 그런지 이유는 아니?

라일리: 기말고사는 내가 괜찮게 봤는데, 그룹 과제가 엉망이었고, 기본적으로 그게 성적의 가장 큰 부분을 차지했어.

앤디: 너희 그룹 멤버가 누구였는데?

라일리: 제이크하고 지미. 근데 내 잘못이야. 걔네들은 둘 다 다른 주제를 선택하고 싶어 했거든. 성별에 따른 언어 차이에 집중하고 싶어 했지만 난 그 주제가 시시하다고 생각했어. 제이크가 나한테 자기 계획에 관한 개요를 보여 줬을 때, 내가 개요에 허점이 너무 많다고 했고, 지금 생각해 보니까, 나한테 편견이 있었던 건 아닐까 싶어.

앤디: 결국 걔네들도 네 말에 동의해서 네가 정한 주제를 선택한 거잖아.

라일리: 내 말에 정말로 동의해서 그런 게 아닐 수도 있지. 걔네들이 하기 싫은 걸 정말 억지로 참고 그냥 했을지도 모르지. 내가 고집을 부렸으니까. 이건 정말로 내 책임으로 느껴져.

앤디: 너 자신을 너무 탓하지는 마. 우리 모두 실수로부터 배우잖아.

라일리: 그래. 그래서 나도 이제 팀 워크를 더 잘하는 사람이 되려고 해.

MP3 081

Andy: Why the long face?

Ryley: I got a C in sociolinguistics.

Andy: How do you know that? I think professors are still grading the final papers.

Ryley: I heard it ❶ **straight from the horse's mouth**. I just went to Dr. Yule's office.

Andy: Oh, do you know the reason why?

Ryley: I did an okay job on the final exam, but our group project ❷ **went to pot**, which was basically the biggest part of the grade.

Andy: Who were your group members?

Ryley: Jake and Jimmy, but that's on me. Both of them wanted to select another topic; they wanted to focus on gendered language differences, but I thought that topic was ❸ **for the birds**. When Jake showed me the outline of his plan, I said it ❹ **had more holes than Swiss cheese**. Now that I think about it, I was kind of biased.

Andy: After all, they agreed with you and chose the topic you selected.

Ryley: Maybe they didn't really agree with me. They might ❺ **have bitten the bullet** and did it just because I insisted. I feel really responsible.

Andy: Don't blame yourself too much. We all learn from our mistakes.

Ryley: Yes, and I'll try to become a better team player.

Why the long face? 왜 그렇게 우울한 얼굴을 하고 있어?
That's on me. 내 탓이야.
gendered language 화자의 성별 표현

173

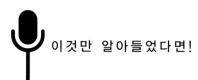 이 것만 알아들었다면!

1 (Straight) from the horse's mouth:
From a reliable source

I got the information straight from the horse's mouth; Dr. Fauci told me himself.
난 그 정보를 확실한 소식통한테서 들었어. 파우치 박사가 나한테 직접 말해 줬거든.

2 To go to pot: To become ruined

The unemployment rate is the worst. Due to the pandemic, the economy went to pot.
실업률이 최악이야. 팬데믹 때문에 경제가 엉망이 됐어.

3 For the birds: Unimportant or uninteresting/worthless/useless/stupid

Jack came up with a brilliant idea to solve the issue, but Tim made it sound like Jack's idea was for the birds. I think Tim's just jealous of Jack.
잭이 그 문제를 해결할 훌륭한 아이디어를 냈지만, 팀은 잭의 아이디어가 실용적이지 않다는 식으로 말했어. 내 생각에 팀이 그냥 잭을 시기하는 것 같아.

4 To have more holes than Swiss cheese:
To have many flaws/To be illogical

This film is pretty comical and fun to watch, but in my opinion, the synopsis has more holes than Swiss cheese.
이 영화는 굉장히 웃기고 보기에 재미는 있는데, 내 생각에는 시놉시스에 허점이 많은 것 같아.

5 To bite the bullet: To do something unpleasant because one has to

Samantha was exhausted and really didn't want to do the dishes, but she bit the bullet and just did it because she didn't want to make her aunt upset.
사만다는 기진맥진해서 정말로 설거지를 하고 싶지 않았지만, 억지로 참고 그냥 했어. 왜냐하면 고모를 화나게 하기 싫었거든.

라일리는 그룹 프로젝트가 실패한 이야기를 하면서 "That's on me."라고 말합니다. "That's on me."는 "That's my fault."와 같은 말입니다. 예문을 몇 가지 더 볼까요?

What she did made the situation worse, but after all, that's on me.
그녀가 한 행동이 상황을 더 악화시키긴 했지만, 그래도 결국은 내 잘못이지 뭐.

He didn't do anything wrong; that one's on me.
그 사람은 아무것도 잘못한 게 없어. 그건 내 잘못이야.

그런데 이와 비슷한 이디엄인 "It's on me!"는 "(식사나 술 등을) 제가 사겠습니다."라는 뜻이 있죠? 이 둘을 꼭 구분해서 쓰시고, 절대로 헷갈리지 마세요.

What would you like to have? It's on me today!
뭐 드시고 싶으세요? 오늘은 제가 살게요!

Vocabulary Point 2

To have more holes than Swiss cheese는 '이야기나 계획 등에 허점이 많다'라는 뜻의 이디엄입니다. 일단 스위스 치즈의 이미지를 한번 떠올려 보세요. 체더 치즈나 구다 치즈 등과 달리 스위스 치즈에는 여기저기 구멍이 숭숭 뚫려 있습니다. 그래서 이런 스위스 치즈보다도 구멍이 더 많이 있다는 것은 논쟁이나 주장 또는 이야기 등에 허점이 아주 많다는 뜻입니다.

This synopsis has more holes than Swiss cheese.
이 시놉시스는 허점이 너무 많아.

흥미롭게도 우리 한국어에도 '구멍'이라는 단어에 이런 뜻이 있다는 것 아시죠? 참고로, 네이버 국어사전에는 한국어 '구멍'의 정의와 예문을 다음과 같이 제시합니다.
정의) 허점이나 약점을 비유적으로 이르는 말
예문) 사건의 수사에 많은 구멍이 뚫려 있다.

재러드: 저기, 오언이 자기 첫 번째 영화를 곧 만들기 시작할 거라는 말 들었니?

브라이언: 정말로?

재러드: 그래, 내가 당사자한테 직접 들었어. 며칠 전에 오언과 몰에서 마주쳤는데, 직접 나한테 다 이야기해 주더라고.

브라이언: 진짜 신나겠다! 뭐에 관한 영화냐?

재러드: 경찰관 두 명에 관한 액션 영화라고 하더라.

브라이언: 액션 영화? 오언이 액션 영화는 시시하다고 생각하지 않나?

재러드: 나도 오언이 액션 영화를 딱히 좋아하는 건 아니라는 걸 알지만, 뭐 억지로 그 영화를 만드는 것처럼 보이지는 않았어. 진심으로 신나 하는 것처럼 보였거든. 내 생각에는 오언이 이게 자신에게 훌륭한 기회라고 결론 내린 것 같아.

브라이언: 그렇다면, 다른 액션 영화 프로젝트는 왜 거절했던 거지?

재러드: 아, 그건 액션 영화라서 그런 게 아니야. 오언 말로는 그 영화 플롯에 구멍이 많았다고 하더라. 그 영화가 결국 망한 걸 보면, 오언이 시나리오 보는 눈이 있는 것 같아.

브라이언: 잘됐네! 그 영화 정말 기대된다. 나도 어느 정도는 영화 평론가라고.

Jared: Hey, did you hear that Owen's going to start producing his first movie soon?

Brian: For real?

Jared: Yeah, I heard it ❶ **straight from the horse's mouth**. I ran into Owen at the mall the other day, and he told me all about it.

Brian: How exciting! What is the movie about?

Jared: He said it's an action movie about two police officers.

Brian: Action movie? Doesn't Owen think action movies are ❷ **for the birds**?

Jared: I know Owen is not exactly into action movies, but it didn't look like he ❸ **bit the bullet** or something. He looked truly excited. I think he's decided it's a great opportunity for him.

Brian: Then why did he turn down the other action movie project?

Jared: Oh, that's not because it's an action movie. He said the movie's plot ❹ **had more holes than Swiss cheese**. That movie project ❺ **went to pot** after all, so I guess Owen has an eye for scenarios.

Brian: Good for him! I'm really looking forward to the movie. I'm something of a movie critic.

---

be into ~ ~에 빠지다, ~을 좋아하다
have an eye for ~ ~를 보는 눈이 있다

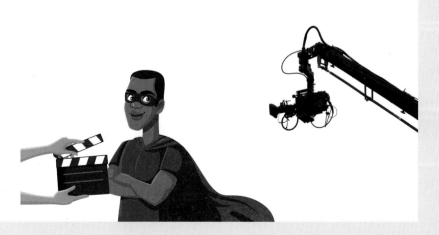

177

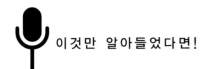

이것만 알아들었다면!

MP3 084

1

(Straight) from the horse's mouth:
From a reliable source 확실한 소식통으로부터

Matt: Did you just say half of us got an F in the history class? That doesn't make any sense!

Jake: I heard it straight from the horse's mouth. I just had a meeting with Dr. Johnson.

맷: 너 지금 역사 수업에서 우리 중 반이 F를 받았다고 했니? 말도 안 돼!
제이크: 확실한 소식통한테서 직접 들었어. 존슨 박사님이랑 방금 회의했거든.

2

For the birds: Unimportant or uninteresting/worthless/useless/
stupid 시시한/재미없는/소용이 없는/실용적이지 않은/가치 없는

I really liked Brian's plan, but Ryley's idea was really for the birds.
난 브라이언의 계획은 정말 좋았지만, 라일리의 아이디어는 정말 쓸데없었어.

3

To bite the bullet:
**To do something unpleasant because one has to
(피할 수 없는 일이라서) 억지로 이를 악물고 참다/하다**

I didn't really like the task that was assigned to me, but I bit the bullet and completed it.
난 나한테 할당된 그 업무가 정말로 싫었지만, 억지로 참고 해서 다 끝냈어.

4

To have more holes than Swiss cheese:
**To have many flaws/To be illogical
(이야기, 주장, 이론 등이) 논리적이지 않고 허점이 많다**

I couldn't have Kayla's back because her argument had more holes than Swiss cheese.
난 카일라를 지지할 수가 없었어. 왜냐하면 걔의 주장에 허점이 많았거든.

5

To go to pot: To become ruined 엉망이 되다
After the groom's ex-girlfriend showed up with his baby, the wedding ceremony went to pot.
신랑의 옛 애인이 그의 아기를 데리고 나타난 후, 결혼식은 엉망이 됐어.

대화 끝에 재러드는 "I'm something of a movie critic."이라고 말합니다. I am something of a ~는 '나는 일종의 ~와 같거든'이라는 뜻으로, 어떤 사람에 관한 부분적인 사실을 말해 주는 표현입니다. 그러니까 이 경우, 재러드가 '영화 평론가'라는 직업을 가진 전문가라기보다는, 그런 경향을 조금 보이는 '일종의 평론가와 같은'이라는 의미로 해석하는 것이죠. 다시 말해, 이는 자신의 직업을 소개하는 상황이 아니라, '나한테도 그런 면이 있다'라면서 상대방을 다소 놀라게 하는 말에 더 가깝습니다. '이래 봬도, 나도 ~ 기질이 있다니까'라고도 해석되는 표현입니다. 다른 예문을 몇 가지 더 살펴보면서 이 표현이 가진 의미를 정확하게 이해해 보세요.

Dad: PJ, I'm really impressed by your scientific analysis!
Son: I'm something of a scientist, dad!
아빠: PJ, 너의 과학적인 분석이 정말 인상적이구나!
아들: 아빠, 이래 봬도 저 과학자 기질이 있다니까요!

I'm under the impression that he's not telling us the truth, but maybe that's because I'm something of a cynic.
난 그 사람이 우리한테 진실을 말하지 않고 있다는 인상을 받았어. 하지만 아마도 그건 내가 다소 냉소적인 사람이라 그런 것일 수도 있을 거야.

Vocabulary Point 2

Go to pot은 '어떤 일이 망하거나 엉망이 되어 버리다'라는 뜻입니다. 음식을 만들 때 생고기를 손질하면서 좋은 부위는 스테이크 같은 고급 요리를 만들지만, 좋지 않은 부위는 그냥 잘라서 솥(pot)에 넣고 수프나 국으로 끓여 버리죠? 그런 연유에서 출발한 go to pot은 '엉망이 되다'라는 뜻의 이디엄이 되었습니다. 그런데 흥미롭게도 영국 영어에는 이와 같은 의미로 쓰이는 또 다른 이디엄으로 go to the dogs가 있습니다. 이 또한 사람이 못 먹을 정도의 안 좋은 고기나 음식을 개에게 던져 줬다는 데서 유래한 이디엄이라고 합니다. 영국 영어의 go to the dogs도 go to pot과 같은 의미로 쓰인다는 걸 기억하면서 다음 예문을 보세요.

If the government doesn't take any action, our economy is going to the dogs.
정부가 어떤 조치도 취하지 않으면, 경제는 엉망이 되어 버릴 겁니다.

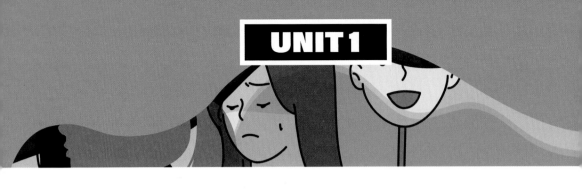

영어로 말하고 싶은, 또는 못 알아들을 것 같은 예문에 체크해 보세요.

더그: 저기 에밀리 씨, 혹시 옛날 광고 사진들 넣어 놓은 그 상자 어디에 있는지 아세요? 어제는 그게 여기 작업 테이블 위에 있었거든요.

에밀리: 아 네, 앨리스 씨가 새로 온 인턴에게 창고에 다시 넣어 두라고 한 것 같아요.

더그: 아이고, 천만다행이네요! 제가 그걸 찾느라 사무실 전체를 샅샅이 뒤졌지 뭐예요. 마케팅팀장 멜린다 씨가 새 광고 캠페인에 그게 필요하시거든요.

에밀리: 그분이 자기는 1970년대에 쓰던 옛날 자료를 보는 것에는 관심이 없다고 하신 것 같은데요.

더그: 글쎄, 그분 마음이 바뀌었거든요. 제가 그분한테 그 자료를 즉시 갖다드리지 않으면, 몇 사람 목이 날아갈 거라 생각했어요.

에밀리: 그래요. 멜린다 씨가 상냥하고 친절한 타입은 아니죠.

더그: 딱 그 반대죠.

에밀리: 조언 하나 드리자면요, 제가 전에 멜린다 씨와 일한 적이 있어요. 자기 일은 아주 잘하지만, 그래도 뒤를 조심하세요. 갑자기 당신을 공격할 수도 있으니까요.

더그: 변덕스러운 거죠, 그분이?

에밀리: 네.

더그: 조심하라는 충고 고마워요. 음, 그건 이미 충분히 유명해요. 근데 그 새로 온 인턴은 어디에 있죠?

English CONVERSATION

MP3 085

Doug: Hey, Emily, do you happen to know where that box of old ad photos is? It was right here on the work table yesterday.

Emily: Oh yeah, I think Alice told the new intern to put it back in storage.

Doug: Oh, thank God! I just ❶ **turned the whole office upside down** looking for it. Melinda, the head of marketing needs it for the new ad campaign.

Emily: I thought she was the one who said she wasn't interested in looking at the old materials from the 70s.

Doug: Well, she changed her mind. I thought ❷ **heads were going to roll** if I couldn't get it to her right away.

Emily: Yeah, ❸ **Melinda's** not exactly **sweetness and light**.

Doug: Quite the opposite.

Emily: A little word of advice: I've worked with Melinda before. She's very good at what she does, but just ❹ **watch your back**; she can turn on you ❺ **in a heartbeat**.

Doug: Capricious, is she?

Emily: Yup.

Doug: Thanks for the warning, em; it has been duly noted. Now, where can I find that new intern?

---

capricious 변덕스러운
noted 잘 알려진, 유명한

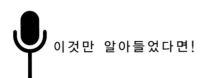 이것만 알아들었다면!

MP3 086

1 To turn ~ upside down

I turned the house upside down looking for my cell phone.

휴대전화를 찾느라 난 온 집안을 샅샅이 뒤졌어.

무엇을 찾느라
~를 샅샅이 뒤지다

2 Heads are going to roll. / Heads will roll.

If the boss finds out that people went home early while he was out of town, heads are going to roll!

사장님이 여기 안 계신 동안 사람들이 일찍 퇴근한 걸 아시게 되면, 몇 명은 모가지가 날아갈 거라고요!

몇 사람들 모가지가
날아갈 겁니다.

3 To be sweetness and light

My old office was the worst. Everyone was always being bullied by the supervisor. My new job is the opposite; it's all sweetness and light.

내가 예전에 일했던 사무실은 최악이었어. 모두가 상사에게 늘 괴롭힘을 당했거든. 내 새 직장은 그 반대야. 다들 상냥하고 친절하지.

상냥하고 친절하다

인물이나 상황을
설명하는 데
쓰인다.

4 Watch your back.

When you ride the subway in New York, you literally need to watch your back, or you could get pickpocketed.

뉴욕에서 지하철을 탈 때는, 문자 그대로 뒤를 조심해야 해. 그렇지 않으면 소매치기당할 수가 있거든.

뒤를 조심하세요.

위험하거나
안전하지 못한
상황에서
주의를 주기 위해
하는 말.

5 In a heartbeat

Although it was a tough project to work on, I'd do it again in a heartbeat.

그게 일하기에 어려운 프로젝트이긴 했지만, 난 당장이라도 또 하겠어.

즉시/당장

에밀리는 더그에게 마케팅팀장이 can turn on you라는 사실을 경고합니다. To turn on someone이라는 말은 '누군가를 다정하게 대해 주다가 갑자기 공격하거나 비판하다'(to suddenly attack/criticize someone after having been friendly)라는 뜻입니다. 말하자면, 이 표현에는 갑작스러움(suddenness)과 놀람(surprise)이라는 요소가 포함되어 있다는 뜻입니다. 다음 예문에서 이를 확인해 보세요.

Although the lion had been cared for by people for several years, it turned on its trainer biting the man's arm.
그 사자는 몇 년 동안 사람들이 돌봤음에도 불구하고, 훈련사의 팔을 물면서 그를 갑자기 공격했다.

Vocabulary Point 2

Sweetness and light는 영국 작가 조나단 스위프트(Jonathan Swift)가 1704년에 처음으로 쓴 표현입니다. 그 후, 1869년 또 다른 영국 작가 매튜 아놀드(Matthew Arnold)가 그의 에세이에서 이 표현을 사용한 후부터 많은 사람들이 쓰기 시작하면서 이디엄이 되었습니다. 이 두 단어가 주는 느낌 그대로 주로 긍정적인 의미로 쓰이는 표현입니다. 그렇지만 때로 다음과 같이 가식적인 상냥함(insincere pleasantness)을 나타낼 때 반어법으로 사용되기도 한답니다.

He never had anything good to say about his supervisor, but to his supervisor's face he was all sweetness and light.
그는 자기 상사에 관해 단 한 번도 좋은 말을 한 적이 없지만, 상사 앞에서는 상냥하고 친절했다.

이런 어법을 '아이러니'(irony)라고 하지요?

LESSON 15

마가릿: 그래 헬렌, 너희 조카 웨딩드레스 찾는 건 어떻게 돼 가니?

헬렌: 독한 술 한 잔 따라 주면 내가 말해 줄게.

마가릿: 우와, 그렇게 심각해?

헬렌: 글쎄, 우리 조카 제시카가 자기가 원하는 것에서 늘 구체적이긴 했어도 자라면서 굉장히 예의가 발랐거든. 10대일 때도 그 애가 다정하고 친절했어.

마가릿: 이제는 안 그래?

헬렌: 지금은 무시무시한 예비 신부(bridezilla)야.

마가릿: 어머나!

헬렌: 우리 언니랑 내가 제시카를 데리고 드레스 가게 아홉 군데를 갔어. 정말로 괜찮은 드레스 샵들이었거든. 샴페인도 주고 몇 시간 동안 드레스를 갖다 주고 또 갖다주는 그런 곳들 말이야. 그 제멋대로인 것이 자기 맘에 쏙 드는 드레스를 찾아내게 우리가 모든 가게를 샅샅이 뒤지게 했지 뭐야. 아주 작은 것 하나라도 마음에 안 들면, 사람들에게 엄청 난리를 치고! 우리가 갔던 거의 모든 가게에서 걔가 성질을 부렸어.

마가릿: 뭐, 웨딩드레스를 사는 게 감정선을 건드리는 일이긴 하는데, 그래도 그렇게 행동하면 안 되지.

헬렌: 이젠 그게 너무 심해서 우리가 새로운 가게로 가면, 내가 가게 점원들에게 뒤를 조심하라고 조용히 말해 주려고 한다니까. 그 사람들이 조카 딸애를 자기네 가게로 못 오게 금지할 수 있다면, 아마 당장이라도 그렇게 할 거야. 나라면 그렇게 할 거라고.

마가릿: 정말 유감이다, 헬렌. 보통의 경우, 웨딩드레스를 사러 다니는 건 아주 재밌는데 말이야. 있잖아, (네가 부탁한 대로) 내가 너한테 술 한 잔 따라 줄게. 아니, 두 잔 따를 거야. 이제 나도 한 잔이 필요하거든.

Margaret: So, Helen, how is the quest for your niece's wedding gown going?

Helen: Pour me a stiff drink, and I'll tell you.

Margaret: Wow, that bad?

Helen: You know, my niece Jessica was always specific in what she wanted, but she was so well behaved growing up—even as a teenager, she ❶ **was** just **sweetness and light**.

Margaret: Not anymore?

Helen: She is a bridezilla.

Margaret: Oh no!

Helen: My sister and I have taken Jessica to nine dress shops—very nice dress shops—like the kind where they serve you champagne and spend hours with you bringing you dress after dress. That brat has had us ❷ **turn every shop upside down** looking for the perfect dress. If one little detail is wrong, ❸ **heads will roll**! She has thrown a fit in almost every shop we've been to.

Margaret: Well, it is an emotional thing buying a wedding dress, but still, she shouldn't act like this.

Helen: It's so bad now that when we go into a new shop, I try to quietly tell the salespeople to ❹ **watch their backs**. If they could ban her from their shops, they'd probably do it ❺ **in a heartbeat**. I know I would.

Margaret: I'm so sorry, Helen. Usually, wedding dress shopping is a lot of fun. You know what? I am going to pour you a drink. I'll pour two. I need one now myself!

---

quest 탐구, 탐색
stiff (술 등이) 독한
brat 버릇없는 녀석
throw a fit 발끈하다

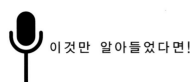

이것만 알아들었다면!

MP3 088

1 To be sweetness and light: To be kind and gentle

At first, I thought my college roommate was really mean, but once I got to know her, I realized she was all sweetness and light.

처음엔 난 내 대학 때 룸메이트가 정말 못됐다고 생각했는데, 일단 그 아이를 알게 되고 나자, 걔가 얼마나 상냥하고 친절한지 깨닫게 됐어.

인물이나 상황을 설명하는 데 쓰인다.

2 To turn ~ upside down: To look everywhere for something

My sister turned the garden center upside down looking for a special kind of plant fertilizer.

우리 언니가 특별한 종류의 초목 비료를 찾느라 원예용품점을 샅샅이 뒤졌어.

3 Heads are going to roll./Heads will roll.: People will be punished severely (for an error).

When my brother heard that my friends and I had accidentally broken his favorite guitar, I knew that heads would roll.

우리 오빠가 나랑 내 친구들이 실수로 자기가 좋아하는 기타를 망가뜨렸다는 사실을 들었을 때, 난 우리가 크게 혼나게 될 거라는 걸 알았어.

4 Watch your back.: Be vigilant and protect yourself.

I know your boss means well, but I don't think he knows what the administration is planning. I would watch my back if I were you.

나도 네 상사한테 나쁜 의도가 없다는 건 잘 알지만, 그분이 행정실에서 무엇을 계획하고 있는지는 모르는 것 같아. 내가 너라면 난 뒤를 조심하겠어.

위험하거나 안전하지 못한 상황에서 주의를 주기 위해 하는 말.

5 In a heartbeat: In an instant/Immediately

If I got a job offer in Rome, I'd move there in a heartbeat. It's my favorite city.

내가 만약 로마에서 일자리 제안을 받는다면, 난 당장 그곳으로 이주하겠어. 내가 좋아하는 도시거든.

헬렌은 그녀의 조카가 웨딩드레스를 고르러 다닌다고 얘기를 하다가 "She has thrown a fit…"이라고 말합니다. To throw a fit은 '성질을 내다/부리다'라는 말입니다. 같은 의미를 가진 다른 표현으로 to throw a temper tantrum, to have a hissy fit 등이 있습니다. 유·소아나 어린 아이들이 발끈하며 성질을 내는 것은 성장하면서 겪는 정상적인 행동이라고 여겨지지만, 미국 문화권에서 다 큰 성인이 그러는 것은 문제가 있다고 봅니다. 그러니 이 표현은 다음과 같이 부정적인 의미로만 쓰입니다.

My brother is so demanding. I told him I'd be 15 minutes late, and he threw a fit about how valuable his time is and how inconsiderate I am.
우리 오빠는 너무나도 힘든 성격이야. 오빠한테 내가 15분 늦을 거라고 말했더니 자기 시간이 얼마나 소중한지, 또 내가 얼마나 배려심이 없는 사람인지 모르겠다며 성질을 버럭 냈어.

CULTURE POINT

헬렌은 마가릿에게 자기 조카를 "bridezilla"라고 말합니다. 이는 Godzilla(고질라)와 bride(신부)를 결합한 단어로, 결혼식을 준비하는 과정에서 엄청난 욕심을 부리며 지나치게 자기중심적인 모습을 보이는 예비 신부를 뜻하는 말입니다. 즉, 그 어떤 것에도 만족하지 못하고, 모든 것이 완벽하기를 바라면서 주변 사람들에게 최소한의 배려심도 보이지 않는 극도로 이기적인 신부를 미국인들은 bridezilla라고 부릅니다. 이 말은 1995년 어느 미국인 기자가 지나치게 까다롭고 상대하기 힘든 예비 신부들에 관한 글을 쓰면서 처음으로 사용한 단어입니다. 미국에 이런 사람들이 얼마나 많은지, 2004년에는 〈Bridezillas〉라는 이름의 리얼리티 쇼도 텔레비전에서 방영되었습니다.

도나: 뭄바이 여행은 어땠어, 앤?

앤: 오, 굉장했지! 당장이라도 또 가고 싶어.

도나: 네 남편 가족이 뭄바이에 사는 거야?

앤: 가족들 대부분이 방갈로르에 살지만, 뭄바이에 사촌들이 있거든. 전에 우리가 거기 함께 간 적은 한 번도 없어서 이번 여행에서야 비로소 거기에 가 보기로 했지.

도나: 난 그렇게 큰 도시에 가 본 적이 한 번도 없어. 신나고 재미있었어?

앤: 뭄바이는 확실히 에너지가 가득한 곳인데, 어떤 곳에서는 정말 조심할 필요가 있어. 너도 알겠지만, 관광객들은 주의해야 하잖아. 그렇지만 우리 남편 사촌인 라비가 우리를 어디든 데리고 다녔기 때문에 안심할 수 있었어. 게다가, 라비는 키가 이렇게 크고 굉장히 무서워 보이는 남자거든. 사람들이 라비가 오는 걸 보면, 몇 사람 목이 날아가겠다고 생각할 정도라서 (어디를 가든) 그는 대개 최상의 서비스를 받아.

도나: 착한 사람이니?

앤: 오 말도 마. 라비는 내가 아는 가장 착한 사람이거든! 얼마나 상냥하고 친절한지! 그냥 보기에만 거칠어 보일 뿐이야.

도나: 음식도 엄청 맛있었겠네! 나 인도 음식 정말 좋아하거든!

앤: 맛있었지! 남편이 특별한 향신료 몇 가지를 많이 사 놓고 싶어 해서 그가 원하는 제품들을 찾느라 향신료 시장 전체를 샅샅이 뒤졌지 뭐야.

Donna: How was your trip to Mumbai, Anne?

Anne: Oh, it was wonderful! I would go again ❶ **in a heartbeat**.

Donna: Does your husband's family live in Mumbai?

Anne: Most of them live in Bangalore, but he has cousins in Mumbai, and we had never been there together, so we decided to finally visit it on this trip.

Donna: I've never been to such a big city. Was it exciting?

Anne: Mumbai is definitely full of energy, and in some places you do need to ❷ **watch your back**. You know, tourists have to be careful. But my husband's cousin, Ravi, took us everywhere, so we were in good hands. Plus, Ravi is this tall, very stern-looking guy. When people see him coming, they think ❸ **heads are going to roll**, so he usually gets excellent service.

Donna: Is he a nice guy?

Anne: Oh my gosh, Ravi is the nicest! ❹ **He's all sweetness and light**! He just looks tough.

Donna: The food must have been incredible! I love Indian food!

Anne: It was! My husband wanted to stock up on some special spices, and we ❺ **turned an entire spice market upside down** looking for the right items.

---

in good hands 안심할 수 있는, 잘 관리되는
stock up 많이 사다, ~을 채워 놓다

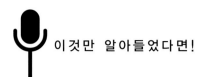

이것만 알아들었다면!

MP3 090

1 In a heartbeat: In an instant/Immediately 즉시/당장

Listen, I'm around all day on Friday, so if you need me to help while you move this weekend, just call me. I'll be over in a heartbeat.

잘 들어. 나 금요일 종일 있을 테니까 너 이번 주말에 이사할 때 내 도움이 필요하면, 그냥 전화해. 내가 즉시 갈게.

2 Watch your back.: Be vigilant and protect yourself.
뒤를 조심하세요.

My brother is a professional ballet dancer. He says that ballet is a really competitive environment where you have to watch your back all the time.

우리 오빠는 직업 발레 댄서거든. 오빠는 발레가 항상 뒤를 조심해야 하는, 실로 경쟁이 심한 분야라고 해.

위험하거나 안전하지 못한 상황에서 주의를 주기 위해 하는 말.

3 Heads are going to roll./Heads will roll.:
People will be punished severely (for an error). 몇 사람들 모가지가 날아갈 겁니다.

"Heads are gonna roll!" my mother yelled when she walked into the kitchen and saw the huge mess that my siblings and I had made.

"너희들 가만히 안 둘 줄 알아!" 우리 엄마가 부엌에 들어가셔서 형제자매들과 내가 엄청나게 어질러 놓은 것을 보시고는 소리치셨지.

4 To be sweetness and light: To be kind and gentle
상냥하고 친절하다

Don't let his quiet demeanor deceive you. Professor Smith is not all sweetness and light.

그분의 조용한 행동 때문에 착각하면 안 돼. 스미스 교수님은 그렇게 다정하고 친절한 분이 아니셔.

인물이나 상황을 설명하는 데 쓰인다.

5 To turn ~ upside down: To look everywhere for something
무엇을 찾느라 ~를 샅샅이 뒤지다

We turned the office upside down trying to find the flash drive with all the backup files.

우리는 그 모든 백업 파일이 들어 있는 플래시 드라이브를 찾느라 온 사무실을 샅샅이 뒤졌어요.

Heads are going to roll.은 그야말로 무시무시한 이미지를 떠올리게 하는 이디엄이 죠? 문자 그대로 의미를 보면, 이 표현은 사람들이 형벌을 받아서 목이 잘려 나갈 거라는 뜻이니까요. 물론 이런 일은 지금 미국 사회에서는 거의 일어나지 않으므로 이 이디엄이 문자 그대로의 뜻으로 쓰이는 것은 아닙니다. 이 표현은 사용하면 안 되는 금기어는 아니지만, 격식을 갖춰야 하는 자리에서 쓰면 굉장히 무례하게 들리는 말이 긴 합니다. 그러니, 이 이디엄은 친구들이나 아주 친한 동료들과 사적인 대화를 하면서만 사용하는 것이 안전하겠지요?

Vocabulary Point 2

In a heartbeat은 '아주 빠르게(very quickly), 즉시(immediately), 갑자기(suddenly)' 등의 의미로 쓰이는 표현입니다. 문맥에 따라서는 기꺼이 하겠다는 마음(willingness)과 열정(enthusiasm)을 보여 주기 위해서 쓰이는 표현이기도 합니다. 이게 어떤 의미인지, 다음 예문을 보면 알 수 있을 거예요.

If the choir director asked me to sing a solo, I would do it <u>in a heartbeat</u>.
만약 합창단 지휘자가 나에게 독창을 해달라고 요청한다면, 난 당장(기꺼이) 그렇게 할 거야.

영어로 말하고 싶은, 또는 못 알아들을 것 같은 예문에 체크해 보세요.

에스터: 재키, (크리스마스) 휴가철에 뉴욕에서 쇼핑하는 것 참 좋지 않니?

재키: 최고지! 모든 축제 행사들이 절정에 다다르고 있으니까. 가게들도 모두 (크리스마스) 장식으로 꾸며져 있고, (크리스마스) 콘서트도 있고, 록펠러 센터에 스케이트 타러 갈 수도 있고. 난 그냥 너무 좋아! 그런데 너 그거 아니? 뭔가가 빠져 있어.

에스터: 그게 뭔데?

재키: 칵테일이나 샴페인 한 잔. 지금이 오후 세 시인데, 지금까지 우리 한 잔도 안 마시고 있잖아.

에스터: 낮술 한 잔 없이 하는 이게 무슨 쇼핑이 되겠니? 더 비통한 상황이 되지 않게 미리 방지하자고. 내가 안성맞춤인 곳을 알고 있어. 한 블록만 가면 블루밍데일스 백화점 근처에 끝내주는 샴페인 바가 있어. 두 블록 더 가면 좀 더 작은 곳도 있고.

재키: 끝내주는 샴페인 바는 최고지! 거기가 문을 안 열었으면, 최후 수단으로 다른 바에 갈 수도 있고.

에스터: 좋아. 그 샴페인 바에 마음에 쏙 드는 에피타이저도 있어.

재키: 우리 에너지 충전해야 해. 일단 에너지를 재충전하고 나서, 블루밍데일스에 가 보자.

English CONVERSATION

MP3 091

Esther: Jackie, don't you just love shopping in New York City during the holidays?

Jackie: It's the best! All the festivities ❶**are in full swing**. The stores are all decorated, there are holiday concerts, and you can go ice skating at Rockefeller Center. I just love it! But you know what? Something's missing.

Esther: What's that?

Jackie: A cocktail or a glass of champagne. It's 3 in the afternoon, and we haven't had a drink yet.

Esther: What kind of shopping trip would this be without a bit of day drinking? Let's ❷**nip this deplorable situation in the bud**. I know ❸**just the place**. There's a fabulous champagne bar a block away, around the corner from Bloomingdale's. There's also a smaller place two blocks away.

Jackie: Fabulous champagne bar ❹**for the win**! If it's not open, we can go to the other place as ❺**a last resort**.

Esther: Excellent. The champagne bar has delightful appetizers too.

Jackie: We need to maintain our stamina. Once we've refueled, we can check out Bloomingdale's.

---

festivities 축제 행사들
deplorable 개탄스러운

193

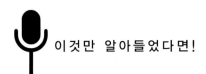이것만 알아들었다면!

MP3 092

1 To be in full swing

February is a busy time at the National Academy for Music. Student auditions are in full swing at that time.
2월은 국립음악원에서는 바쁜 달입니다.
그때쯤에 학생들 오디션이 한창 진행 중이니까요.

(어떤 이벤트 관련해)
한창 진행 중이다
/절정에 이르다/무르익다

2 To nip ~ in the bud

Sounds like you're coming down with something. Let me fix you a cup of herbal tea with some honey; this will nip your cold in the bud.
네가 뭐에 걸려서 아픈 것 같아. 내가 꿀 좀 넣고 허브차를 만들어 줄게. 이거 마시면 감기를 초기에 잡아 줄 거야.

~가 문제의 소지가 되기 전에 싹을 자르다

3 Just the thing

I've got just the thing to bring out the flavor in this soup: a squeeze of lemon juice.
나한테 이 수프 맛을 끌어올릴 딱 맞는 해결책이 있어. 레몬즙 짠 걸 약간 넣으면 돼.

안성맞춤
/어떤 상황에서 딱 맞는
해결책

안성맞춤인
장소일 경우에는
just the place
라고 쓴다.

4 For the win

Grandmother: Let's all go out for ice cream!
Granddaughter: Grandma for the win!
할머니: 아이스크림 사 먹으러 모두 나가재
손녀: 할머니 최고예요!

뭔가가 놀랍도록
훌륭하다는 의미로 쓰이는
표현

5 A last resort

Taking out a loan for this project was the last resort, but in the end, I had to do it. I was running out of money.
이 프로젝트를 위해 대출을 받는 건 최후의 수단이었지만, 결국 난 대출을 받아야 했어. 돈이 다 떨어져 가고 있었거든.

최후의 수단

에스더는 자신이 재키와 칵테일을 한잔할 수 있는 "just the place"를 알고 있다고 말합니다. 이 표현은 just the thing이 변형된 표현으로 의미는 같습니다. 같은 방식으로 person을 이용해서 just the person이라고 할 수도 있는데요, 셋 다 어떤 상황에서 완벽한 해결책이라는 의미를 내포하고 있습니다.

Mike says he knows just the person to help with the finances.
마이크가 재정 관련해서 도움을 줄 수 있는 완벽한 적임자를 알고 있다고 했어.

Alice: I need to get my cell phone repaired.
Sue: Oh, I know just the place. There's a shop on Oak St. that fixes phones.
앨리스: 나 내 휴대전화 수리해야 해.
수: 오, 내가 딱 좋은 곳을 알아. 오크가에 휴대폰 수리하는 가게가 하나 있거든.

CULTURE POINT

에스더와 재키가 낮술을 하자고 얘기하는데요, 이 '낮술'은 영어로 "day drinking" (drinking alcohol during the day)이라고 합니다. 물론 한국이든 미국이든 저녁/밤이 아닌 대낮부터 술을 마시는 걸 곱지 않은 시선으로 보는 사람들도 있습니다. 그런데도 day drinking은 미국 여성들 사이에서 크게 유행하고 있습니다. 거나하게 마시기보다는 보통 낮에 모여 주로 칵테일이나 샤도네이 같은 화이트 와인을 한 잔씩 마십니다. 〈섹스 앤드 더 시티(Sex and the City)〉처럼 꽤 자유분방한 여성들을 그린 드라마는 물론이고, 〈위기의 주부들(Desperate Housewives)〉 같이 가정주부들을 그린 드라마만 봐도 낮에 여성들이 모여 수다 떨면서 와인 한 잔씩 하는 모습이 그려집니다. 미국의 국영 라디오 방송인 NPR (National Public Radio)에 따르면, 이런 유행으로 인해, 과거의 미국 여성들보다 현재의 미국 여성들이 훨씬 더 술을 많이 마시게 되었다고 합니다.

LESSON 16

조나단: 멜리사 씨, 멜리사 씨 학과는 요즘 어때요?

멜리사: 바쁘죠! 하지만 지금이 그럴 때니까요. 10월 중순이고, 학기가 한창 진행 중이잖아요. 조나단 씨 학과는 어떤가요?

조나단: 저기, 멜리사 씨한테만 말씀드리는 건데요, 우리 과에 큰 문제가 터졌어요.

멜리사: 어머나! 무슨 일이에요?

조나단: 저희 학과장이 우리가 학장님 사무실에 제출해야 하는 중요한 보고서를 망쳐서 지금 우리 과 전체가 곤경에 치해 있거든요.

멜리사: 엄청난 일이네요! 하시는 강의는 어떻게 돼 가고 있어요? 다행히 다 괜찮은 거죠?

조나단: 솔직히, 제 수업은 별로예요. 숙제를 제때 제출 안 하는 학생들이 몇 명 있는데, 그것 때문에 제 채점 스케줄이 엉망이 되고 있네요.

멜리사: 그런 행동은 처음부터 싹을 잘라야 해요. 그 학생들한테 늦게 제출하는 과제는 안 받겠다고 하세요.

조나단: 맞아요. 저도 학생들 낙제시키고 싶지는 않지만, 학기 말에 불완전 이수 점수를 주고 싶지도 않거든요.

멜리사: 어, 그건 아니에요. 불완전 이수 점수는 최후 수단으로만 주세요. 학생이 심각한 병에 걸리거나 했을 때만 말이죠. 제가 제안 하나 드린다면, 조나단 씨에게 딱 맞는 게 있을 것 같아요.

조나단: 그게 뭐죠?

멜리사: 제가 교수진 협업 그룹에 속해 있거든요. 수업 준비를 하려고 저희가 한 달에 두 번 만나는데, 조나단 씨가 말씀하시는 그런 문제들을 해결할 수 있게 서로 돕고 있어요. 문제 학생들을 공정하고도 단호하게 대하는 뭐 그런 것들이랑 문제 학과장들도요.

조나단: 그거 정말 좋은데요! 제안해 주셔서 감사해요, 멜리사 씨. 협업 그룹, 정말 최고네요!

Jonathan: How are things going in your department, Melissa?

Melissa: Busy! But this is how it should be. We're in the middle of October, and the semester ❶ **is in full swing**. How are things in your department, Jonathan?

Jonathan: Well, just between you and me, the shit has kind of hit the fan in my program.

Melissa: Oh no! What's going on?

Jonathan: Our department chair dropped the ball on an important report that we needed to get to the dean's office, so now the whole program is in hot water.

Melissa: That's terrible! How are your classes going? Hopefully, things are okay?

Jonathan: Honestly, my classes could be better. I've got several students who aren't turning in work on time, and it's messing up my grading schedule.

Melissa: You've gotta ❷ **nip that behavior right in the bud**. Tell them that you will not accept late work.

Jonathan: Yeah, I don't want to fail students, but I don't want to give incompletes at the end of the semester.

Melissa: Oh no, only give incompletes as ❸ **a last resort**, like if a student has had a serious illness or something. If I can make a suggestion, I might have ❹ **just the thing** for you.

Jonathan: What's that?

Melissa: I'm in this faculty co-working group. We meet twice a month to prepare our classes, and we help each other out with the kinds of problems you're talking about, like dealing fairly and firmly with problematic students…and problematic department chairs!

Jonathan: That sounds great! Thanks for the suggestion, Melissa. Co-working group ❺ **for the win**!

---

the shit hits the fan 어떤 상황이 누군가에게 큰 문제를 일으키다
drop the ball 망치다, 실수하다   **in hot water** 힘든 상황에 부닥친
incomplete 불완전 이수 점수

197

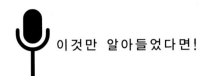

1

To be in full swing: (Relating to an event) To be fully underway and at their peak activity

Things are slow in the office in the summer months, and I enjoy the relaxed pace. It gives me a chance to get organized before we get back into full swing in September.

여름에는 우리 사무실이 한가한 편이라서, 그 느긋한 페이스를 즐깁니다. 9월에 다시 한창 바쁘게 되기 전에 제게 정리할 기회가 주어지는 거지요.

> Full swing 표현을 이용해 be동사 말고 이런 식의 쓰임도 가능하다.

2

To nip ~ in the bud: To stop ~ before a situation gets worse

Our new puppy started chewing up all of our furniture. I decided to nip this behavior in the bud by signing up for puppy training classes.

우리 집에 새로 온 강아지가 가구를 다 씹어대기 시작했어. 그래서 강아지 훈련 수업에 등록해서 그런 행동을 더 못하도록 싹을 잘라 버리기로 했어.

3

A last resort: The last option after other options have been tried

We only expel students from school as a last resort. There is a lot we can do to help students improve behavioral issues before we have to take such dire action.

우리는 오직 최후 수단으로만 아이들을 퇴학시킵니다. 그토록 심한 조처를 해야 하기 전에, 학생들의 잘못된 행동 개선을 돕기 위해 우리가 할 수 있는 것들이 많습니다.

4

Just the thing: Exactly what is best for a situation

When you're feeling under the weather, a hot bath is just the thing.

컨디션이 안 좋을 때는, 뜨거운 물에 목욕하는 게 딱 맞는 해결책이지.

5

For the win: Used to express when something is great or amazing

Tom: Your jacket is awesome!

Sally: Thanks! Thirty bucks at Target.

Tom: Target for the win!

톰: 네 재킷 멋지다!
샐리: 고마워! 타겟에서 30불 주고 샀어.
톰: 타겟은 정말 최고라니까!

조나단은 "The shit has (kind of) hit the fan in my program."이라고 말합니다. 이 표현을 들으면, 대변이 날아와 선풍기를 치는 장면이 떠오릅니다. 그야말로 난장판이 된 어떤 생생한 이미지가 떠오르지 않나요? 이 이미지가 주는 느낌 그대로, 이 표현은 아주 크게 망쳐 놓은 무언가로 인해 굉장히 곤경에 처한 상황을 말합니다.

After my dad found out that my brother had been skipping classes at college for half of the semester, the shit hit the fan.
우리 아빠가 오빠가 대학에서 반 학기 동안 수업을 빠졌다는 사실을 아시게 된 후에, 아주 문제가 크게 됐지.

그런데 shit이라는 단어가 주는 불쾌함과 무례한 느낌 때문에, 어떤 사람들은 이 이디엄에서 금기어인 shit을 빼고, 그냥 hit the fan이라고만 말하고, 주어 부분은 다른 단어로 대체하기도 합니다. 물론 그렇게 말해도, 미국인이라면 이 표현에서 원래 주어가 "shit"이라는 걸 알기 때문에, 그걸 암시한다는 걸 이해합니다.

We're supposed to be collecting data on who uses our services, but we've never set up a data collection system. I'm afraid that things are going to hit the fan when it comes time to do our annual report.
누가 우리 서비스를 이용하는가에 관한 데이터를 모아야 하지만, 우리는 전에 데이터 수집 시스템을 구축한 적이 없습니다. 우리가 연례 보고서를 작성할 시점이 올 때 문제가 발생할까 봐 걱정입니다.

Vocabulary Point 2

대화에서 조나단의 학과가 in hot water라고 말합니다. To be in hot water는 '힘든 상황에 부닥치다'(to be in a difficult situation), '곤경에 처하다'(to be in trouble)라는 뜻의 이디엄입니다. 이때 곤경(trouble)은 대개 잘못으로 인한 벌(punishment)이나 비판(criticism) 또는 비난을 뜻합니다.

If your mom finds out that you didn't do your chores, you're going to be in hot water.
너희 엄마가 네가 할 일을 안 했다는 사실을 아시게 되면, 넌 곤란하게 될 거야.

참고로, 이 표현은 to be in hot water뿐만 아니라, 다음과 같이 to find oneself in hot water, to land him/her in hot water처럼 쓰이기도 합니다.

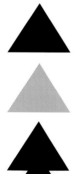

The senator found himself in hot water for making discriminatory comments about another senator.
그 상원의원은 다른 상원의원에 대해 차별적인 발언을 해서 곤경에 처하게 됐다.

The pop star's crazy antics on stage landed her in hot water on social media.
무대에서 했던 그 팝스타의 위험한 행동들은 그녀를 소셜 미디어상에서 곤경에 처하도록 만들었다.

LESSON 16

맥스: 저기, 알리야 씨. 오랜만에 보네요. 잘 지내세요?

알리야: 윽. 별로예요.

맥스: 괜찮아 보이지 않긴 하네요. 무슨 병이라도 있는 거예요?

알리야: 아니요. 말하기 창피한데, 숙취가 너무너무 심해요.

맥스: 아이고, 이를 어째요! 그거 진짜 최악인데! 어젯밤에 큰 파티라도 있었어요?

알리야: 그랬죠. 회식에서 저녁 먹으러 갔거든요. 정말 좋았어요. 사람들이 칵테일, 와인에 식후 음료까지 마셨어요. 전 평소보다 많이 마시긴 했는데, 제 생각에 너무 많은 종류의 술을 섞어 마신 게 문제인 것 같아요. 저도 더 이상 청춘이 아니니까요!

맥스: 무슨 뜻인지 잘 알죠. 숙취가 더 심해지기 전에 미연에 방지해야 하는데, 알리야 씨에게 그만인 해결책이 저한테 있어요.

알리야: 그게 뭐예요?

맥스: 해장술이요. 여기 책상 서랍에 제가 늘 좋은 술 한 병을 넣어 두거든요. 그러니까, 위기 상황에 대비한 최후 수단으로만 말이죠. 이게 아주 좋은 코냑인데, 조금씩 홀짝거리는 게 최고로 맛있지만, 알리야 씨는 그냥 빨리 마셔 버릴 것을 권합니다. 원샷하세요, 친구!

알리야: (마시고는) 오! 코냑 최고죠! 고마워요, 맥스 씨! 정말로 이게 효과가 있으면 좋겠어요. 오늘 할 일이 엄청난데, 지금까지 이메일 하나도 쓸 수 없는 지경이었거든요. 이제 다시 사람 구실을 할 수 있게 되려나요!

맥스: 컨디션이 곧 회복되길 바랄게요, 알리야 씨!

Max: Hey, Aliyah, haven't seen you in a while, how are you doing?

Aliyah: Ugh. I've been better.

Max: You don't look so good—are you coming down with something?

Aliyah: No. I'm ashamed to say it: I've got a massive hangover.

Max: Oh no! Those are the worst! Big party last night?

Aliyah: Sort of. I went to this dinner for work. It was really nice, too. We had cocktails and wine and after dinner drinks. I drank more than usual, but I think the problem is that I combined too many kinds of alcohol. I'm not 23 anymore!

Max: I know what you mean. We need to ❶**nip this hangover in the bud**, and I've got ❷**just the thing** for you.

Aliyah: What's that?

Max: A little hair of the dog that bit you. Here, I always keep a bottle of something good in my desk drawer. You know, just as ❸**a last resort** for crisis situations. It's excellent cognac, best enjoyed sipped, but in your case, I recommend slamming it. Bottoms up, my friend.

Aliyah: (Drinks) Ooh! Cognac ❹**for the win**! Thanks, Max. Hopefully, this will do the trick. The workday ❺**is in full swing**, and I've barely been able to type a single email. Maybe now I can rejoin humanity!

Max: I hope you feel better soon, Aliyah!

I'm not 23 anymore! 더 이상 젊지 않아요!
a little hair of the dog that bit you 해장술
Bottoms up! 원샷!
do the trick 성공하다, 잘하다

201

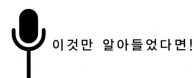

이 것 만 알아 들었 다 면!

MP3 096

1

To nip ~ in the bud: To stop ~ before a situation gets worse

～가 문제의 소지가 되기 전에 싹을 자르다

It's the second week of school, and some of my students are coming to class late. I think I need to nip this in the bud by deducting points for tardiness.

학기 두 번째 주인데, 우리 학생 중 몇 명이 수업에 지각하고 있습니다. 전 지각할 때마다 점수를 깎는 방법으로 이 문제의 싹을 잘라 버려야 한다고 생각해요.

2

Just the thing: Exactly what is best for a situation

안성맞춤/어떤 상황에서 딱 맞는 해결책

I found a framed poster that will be just the thing for my sister's new house.

우리 언니의 새집에 딱 안성맞춤일, 액자에 넣은 포스터를 하나 찾았어.

3

A last resort: The last option after other options have been tried

최후의 수단

My doctor says that, along with diet and exercise, there are several medications I can try for my heart condition. She says that surgery would be considered only as a last resort.

우리 의사 선생님이 식이요법과 운동을 병행하면서, 내 심장 질환에 써 볼 수 있는 약이 몇 가지 있다고 하시네. 선생님은 수술은 최후 수단으로만 고려해 봐야 한다고 하셔.

4

For the win: Used to express when something is great or amazing

뭔가가 놀랍도록 훌륭하다는 의미로 쓰이는 표현

(Text message to a friend) Skinny jeans fit! Keto diet for the win!

(친구에게 보내는 문자 메시지) 스키니 진이 맞다니! 키토 다이어트가 최고야!

5

To be in full swing:

(Relating to an event) To be fully underway and at their peak activity

(어떤 이벤트와 관련하여) 한창 진행 중이다/절정에 다다르다/무르익다

My brother is getting married in three weeks, so at this point, the wedding preparations are now in full swing.

우리 형이 3주 후에 결혼해서, 지금 결혼식 준비가 한창 진행 중이야.

인터넷과 비디오 게임에서 자주 쓰이는 이디엄 for the win은 원래 TV 게임 쇼에서 시작된 표현입니다. 게임의 세계에서 이 표현은 영리하고 효과적인 전략으로 전진하는 것을 묘사할 때 쓰입니다. 다음 아래 표현처럼 말이죠.

I'm gonna use the glowing green axe <u>for the win</u>!
난 이기기 위해 빛나는 녹색 도끼를 사용할 거야!

하지만 지금은 어떤 상황에서든 멋지고 효과적인 선택이나 행동을 했을 때, 그것을 칭찬하는 의미로 사용되고 있습니다.

Mom: I did the Thanksgiving turkey in a roasting pan with this nonstick liner. The turkey came out perfect, and all I do is throw away the liner; no messy clean-up!
Daughter: Nonstick liner <u>for the win</u>!
엄마: 내가 로스팅 팬에다 달라붙지 않는 라이너를 깔고 추수감사절 칠면조를 요리했거든. 칠면조가 아주 완벽하게 잘 나왔어. 그냥 나는 라이너만 버리면 돼. 여기저기 난장판 안 되고 깨끗하게 치워지네!
딸: 달라붙지 않는 라이너가 최고네요!

Vocabulary Point 2

이 대화에는 술과 관계된 표현이 몇 가지 나옵니다. 첫 번째로, 맥스는 알리야에게 그녀가 hair of the dog that bit her가 필요하다고 합니다. 말도 안 되는 것 같은 이 표현은 미국인들이 전통적으로 사용한 숙취 해소법을 뜻하는 이디엄입니다. 바로 숙취를 없애려고 술을 또 한 잔 마시는 것을 말합니다. 한국에서는 이를 '해장술'이라고 부르죠? 참고로, hair of the dog처럼 짧게 부르기도 합니다. 두 번째로, 맥스가 쓴 to slam a drink 라는 표현인데, 이는 재빨리 한 번에 꿀꺽 삼켜 버린다는 뜻입니다. 보통 독주를 샷 글라스로 마실 때, 미국인들이 사용하는 표현이죠.

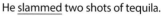

He <u>slammed</u> two shots of tequila.
그는 테킬라 두 잔을 재빨리 마셔 버렸다.

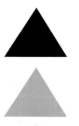

마지막으로 맥스는 "Bottoms up"이라는 표현을 씁니다. 미국인들은 보통 술을 마시기 전에 잔을 부딪치며 "건배!"라는 의미로 "Cheers!"라고 하지만, 어떤 사람들은 "원샷"의 의미로 "Bottoms up!"이라고 말합니다. 잔에 든 술을 다 마시면, 글라스의 바닥이 위로 들어 올려진다는 것을 생각해 보면 쉽게 기억할 수 있는 표현입니다.

영어로 말하고 싶은, 또는 못 알아들을 것 같은 예문에 체크해 보세요.

(연구비 신청서를 작성하면서)

디나: 지금 무슨 일 하고 있어, 해롤드?

해롤드: 연구비 신청서 작성하고 있어. 아휴, 모든 걸 정리하면서 철저히 준비하는 게 정말 힘든 일이네.

디나: 나도 작년에 지원해 봐서 네가 무슨 말 하는지 잘 알아. 요즘은 지원할 때 (연구비를 지원하는 곳에서) 자기네들이 찾는 지원자들의 진입 장벽을 엄청나게 높였더라고.

해롤드: 정말로 그래. 자기소개서, 학업 계획서, 문화적 다양성에 관한 에세이, 연구 업적과 계획에 관한 글을 지원할 때 포함해야 해. 각각의 것들마다 굉장히 구체적인 요구사항이 있어서 내가 계속 열심히 준비하고는 있는데, 그저 제자리걸음만 하는 것처럼 느껴져.

디나: 이게 좋은 펠로우쉽 프로그램이니? 그러니까, 돈이 많이 나와?

해롤드: 25,000달러야.

디나: 우와, 괜찮다! 해야 할 게 많긴 하지만, 시간을 들여서 잘해 낼 만한 가치가 있는 프로그램이네.

해롤드: 알아. 그런데 이제는 힘이 다 빠지고 있어. 며칠 더 해서 최선을 다한 후에 제출할 계획이야. 그런 다음에는 그냥 하늘에 맡겨야지. 내가 가진 프로젝트가 재정 지원을 받을 만한 좋은 거라서 이 연구비 지원을 받을 거라고 기대하고 있어.

디나: 현실적인 계획인 것 같아, 해롤드. 행운을 빌어!

English CONVERSATION

MP3 097

(Writing a Fellowship Application)

Dina: What are you working on, Harold?

Harold: A fellowship application. Oh my god, it's such a slog trying to **❶ get all my ducks in a row**.

Dina: I applied for one last year--I know what you mean. **❷ They've** really **raised the bar** on what they're looking for in applications these days.

Harold: Tell me about it. I have to include a personal statement, a statement of purpose, a diversity statement, and a research statement. Each statement has very specific requirements, and I keep working on them, but I feel like **❸ I'm** just **spinning my wheels**.

Dina: Is this a good fellowship? I mean, does it come with a lot of money?

Harold: $25,000.

Dina: Oh, that's great! I know it's a lot of work, but it's worth it to take your time and do a good job.

Harold: I know, but **❹ I'm running out of steam** at this point. I'm going to work on this for a few more days, do my best, submit it, and then **❺ let the chips fall where they may**. I think I have a good project that deserves funding, so I'm hopeful that I'll get this.

Dina: Sounds like a realistic plan, Harold. My fingers are crossed!

---

fellowship application 연구비 신청
slog 열심히 하는 것, 고투

205

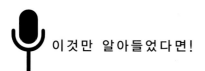

이것만 알아들었다면!

MP3 098

1 To get one's ducks in a row

If you want the moving process to go smoothly, you need to get all of your ducks in a row before you actually move.

이사 과정이 순조롭게 진행되기를 원한다면, 실제로 이사하기 전에 만반의 준비를 다 해야 해.

만반의 준비를 하다

2 To raise[lower] the bar

During the pandemic, the university dropped certain exam requirements to attract more students to apply. Some saw this as lowering the bar.

팬데믹 동안에 더 많은 학생이 지원하게 하려고 대학에서 몇 가지 시험 요건을 없앴습니다. 어떤 사람들은 이를 진입 장벽을 낮춘 것으로 봤습니다.

기대치나 기준을
높이다[낮추다]

3 To spin one's wheels

Until the new president comes on board, we're just spinning our wheels as we can't make any real decisions.

새 총장이 오기 전까지, 실제로 아무런 결정을 할 수 없기에 우리는 그냥 시간 낭비만 하고 있습니다.

헛수고를 하다
/진전이 없다

4 To run out of steam

After a week of painting the house, I started to run out of steam.

일주일 동안 우리 집 페인트칠한 후에, 난 힘이 다 빠지기 시작했어.

기력이 다하다

5 To let the chips fall where they may

I've done all I could with this project, so now I'm just going to let the chips fall where they may.

이 프로젝트와 관련해 내가 할 수 있는 건 다 했어. 이젠 결과가 어찌 되든 그냥 하늘에 맡기겠어.

결과가 어찌 되든
운명에 맡기다

뭔가에 대해
사실을 말하는
맥락에서
자주 쓰인다.

디나는 해롤드에게 행운을 빌어준다는 말을 "My fingers are crossed!"라고 합니다. 그 이유는, 미국에서는 두 번째 손가락(검지)과 세 번째 손가락(중지)을 서로 꼬는 행위가 행운을 빌어주는 제스처이기 때문입니다. 이때 오른손이든 왼손이든 어느쪽 손을 사용해도 상관없습니다. 그래서 미국인들은 가끔 아무 말 없이 그냥 이 두 손가락을 꼬기만 하기도 합니다. 물론, 디나와 같이 말로 표현하기도 하고요. 이 제스처와 관련된 영어 표현으로 cross your fingers, keep your fingers crossed, fingers crossed 등이 있습니다. 이런 표현들은 상대방에게 행운을 빌어줄 때 사용하기도 하지만, 자기 자신에게 행운을 빈다는 뜻으로도 사용할 수 있습니다. 예를 들면, 앞의 대화에서 해롤드가 "I just sent in my application. My fingers are crossed!"(나 방금 지원서를 보냈어. 행운을 빌어야지!)라고 말할 수도 있답니다.

해롤드는 fellowship을 받으려고 합니다. Fellowship이란 어떤 특정한 일이나 프로젝트를 수행하기 위해서 받는 일종의 상(award)이라는 점에서 scholarship이나 grant와 같습니다. 보통은 재정적인 지원이 따라오지요. Fellowship에 지원하려면 많은 것을 준비해야 합니다. 미국에서는 주로 전문직 종사자나 교수, 연구직에 있는 사람들이 지원하는데, 다양한 서류와 에세이 등을 제출해야 합니다. 대화에 나오는 personal statement는 자신이 살아온 삶과 경험이 자신의 직업적 목표 달성에 어떻게 영향을 미치는지를 쓰는 일종의 에세이입니다. Statement of purpose는 해당 fellowship에서 요구하는 학업이나 일과 관련된 계획에 더 중점을 두는 글입니다. Diversity statement는 요구하는 일과 관련해서 지원자의 세계관과 더불어 문화적 다양성과 포용력에 관한 글입니다. Research statement는 연구원들에게 요구되는 것으로 연구 의제에 관한 구체적인 사항들을 제시해야 하는 문서입니다.

(체조 대회)

스포츠 해설자 1: 자, 저희는 여기 미국 전국 체조 대회에 와 있습니다. 저희가 주목해야 할 선수는 멜리사 스미스 선수입니다. 이제 15살인데요, 멜리사 선수는 새 코치인 다이애나 로빈슨 코치 아래에서 매우 열심히 훈련해 왔습니다.

스포츠 해설자 2: 그렇습니다. 멜리사 선수가 훈련 요법에 몇 가지 변화를 줬습니다. 이 선수는 내년에 올림픽 팀에 합류하고 싶어 하고, 그래서 힘과 민첩성 측면에서 그야말로 만반의 준비를 해야 했습니다.

스포츠 해설자 1: 음, 제가 멜리사 선수를 최근에 인터뷰했는데요, 멜리사 선수가 예전 코치 아래에서는 자신이 정체기를 겪었고 실력이 제자리걸음을 하는 것 같았다고 하더군요. 힘든 결정이긴 했지만, 뭔가 새로운 걸 해 보고 결과는 하늘에 맡겨야겠다고 그렇게 말했습니다.

스포츠 해설자 2: 저렇게 어린 선수가 그렇게 하는 데는 정말로 많은 배짱이 필요하지만 한편으로 생각해 보면, 이것이 진정한 승부사의 정신이기도 하죠. 저는 오늘 이 선수의 마루 운동 경기가 기대됩니다. 기술적으로, 기존보다 텀블링 회수가 추가된 높은 레벨의 난이도입니다. 그러니까 제 말씀은, 누가 그걸 하겠습니까? 저는 이 선수가 부담이 큰 이 동작을 하면서 탈진하지 않기를 바랍니다.

스포츠 해설자 1: 누가 그렇게 대담한 동작을 하는지 말씀드리자면 멜리사 스미스 선수, 바로 이 선수입니다! 이 선수가 이단 평행봉을 하는 모습도 빨리 보고 싶습니다. 이 선수가 3회전 뒤로 돌기를 시도할 예정이군요. 극히 소수의 체조 선수들만이 실제로 이 동작을 시도할 텐데, 하물며 대회에서는 훨씬 더 드물게 시도하죠.

스포츠 해설자 2: 한 마디로, 멜리사 스미스 선수가 실로 체조 스포츠계에서 기준을 높이고 있습니다. 제가 의도한 언어유희랍니다!

(Gymnastics competition)

Sportscaster 1: Well, here we are at the US National Gymnastics Competition. One gymnast to watch is Melissa Smith. She's just 15 years old. Melissa has been training very hard under her new coach, Diana Robinson.

Sportscaster 2: That's right. Melissa made some changes to her training regimen. She hopes to make the Olympic team next year, and she really needed to ❶ **get all her ducks in a row** in terms of strength and agility.

Sportscaster 1: You know, I interviewed Melissa recently. She said that under her old coach, she felt she had plateaued and ❷ **was spinning her wheels**. It was a hard decision, but she said she had to try something new and ❸ **let the chips fall where they may**.

Sportscaster 2: It really takes a lot of guts for such a young person to do something like that, but then again, this is the spirit of a true competitor. I'm looking forward to her floor routine today. Technically, it's got a high level of difficulty with an extra tumbling pass. I mean, who does that? I just hope she doesn't ❹ **run out of steam** with this demanding routine.

Sportscaster 1: Well, I'll tell you who takes on such an ambitious routine: Melissa Smith, that's who! I can't wait to see her on the uneven parallel bars. She's attempting a triple back dismount. Very few gymnasts will even try this in practice, much less in competition.

Sportscaster 2: Let's just say, Melissa Smith ❺ **is** really **raising the bar** in the sport of gymnastics! Pun intended!

---

agility 민첩성, 영민함   **plateau** 정체 상태를 유지하다
gut 배짱, 근성   **but then again** 한편으로 잘 생각해 보면
floor routine 마루 운동 경기
uneven parallel bars 이단 평행봉
much less 하물며

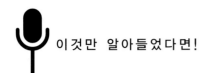 이것만 알아들었다면!

MP3 100

1 **To get one's ducks in a row:** To do what is needed to be prepared and organized

A month before I do my taxes, I get my ducks in a row so that the process doesn't take so long.
나는 세금 정산하기 한 달 전에, 그 과정이 너무 오래 걸리지 않게 만반의 준비를 하지.

---

2 **To spin one's wheels:** To waste energy by being stuck in one position/To make no progress

I've been working on this history paper for hours! I'm no closer to being finished because I'm just spinning my wheels.
내가 이 역사 페이퍼를 몇 시간째 쓰고 있어! 끝내려면 한참 멀었어. 왜냐면 내가 그냥 헛고생만 하고 진전이 없거든.

---

3 **To let the chips fall where they may:** To let things happen as they will and to accept the results

He decided to be honest with his girlfriend about his credit card debt and let the chips fall where they may.
그는 자신의 신용카드 빚에 관해 여자 친구에게 솔직하게 말하고, 그 결과가 어찌 되든 받아들이기로 했다.

원가에 대해 사실을 말하는 맥락에서 자주 쓰인다.

---

4 **To run out of steam:** To lose the energy or motivation to complete a task

Before I run out of steam, let's stop by the store and get groceries.
내가 힘이 다 빠지기 전에, 가게에 들러서 장을 보자.

---

5 **To raise the bar:** To raise standard or expectations
To lower the bar: To lower standard or expectations

Our cosmetics brand has raised the bar on quality skincare products. We use higher grade, cleaner ingredients and do no animal testing.
우리 화장품 브랜드가 품질 좋은 피부관리 제품에 관한 기준을 높였습니다. 우리는 더 높은 등급의 더 깨끗한 성분을 사용하며, 동물 테스트를 하지 않습니다.

210

To get one's ducks in a row라는 이디엄을 들으면 우리는 자연스럽게 새끼 오리들이 엄마 오리를 따라 줄지어가는 모습을 상상하게 됩니다. 그런데 미국인들은 이 표현을 들으면 또 다른 이미지를 떠올리는데, 그것은 사격 연습할 때 가짜 오리를 일렬로 쭉 세워 놓은 모습입니다. 이 이디엄과 관련해 미국인들이 떠올리는 이미지가 하나 더 있습니다. 볼링을 할 때 일렬로 가지런히 세워 놓는, 오리 모양의 duck pins라고 불리는 볼링핀들입니다. 사실 이 표현이 이 중 어디에서 왔는지는 아무도 모르지만, 이런 이미지들을 하나하나 떠올려 보면, 이 이디엄을 외우는 데 도움이 될 거예요. 참고로, 이 이디엄에서 동사는 get 대신 have를 사용할 수도 있습니다.

Before I go on my trip to South America, I need to have my ducks in a row.
남미로 여행 가기 전에, 내가 만반의 준비를 해야 해.

Vocabulary Point 2

대화에서 스포츠 해설자의 마지막 대사는 pun이라고 불리는 언어유희의 일종입니다. 그는 멜리사 스미스 선수가 "raising the bar"를 한다고 말하고 있습니다. Raising the bar는 이 레슨에서 배우는 것처럼 '기준치나 기대치를 높이다'라는 의미를 가진 이디엄이기도 하지만, 동시에 이단 평행봉을 이용하는 체조 경기를 뜻하기도 합니다. 이런 식의 언어유희를 pun이라고 하죠. 대부분의 경우, 사람들은 재미삼아 의도적으로 이런 식의 농담을 하는데, 그럴 때 어떤 미국인들은 "Pun intended."라고 말합니다. 하지만 대화를 하다 보면 화자가 의도치 않았음에도 불구하고 우연히 이런 언어유희적 순간이 발생하기도 합니다. 그럴 때는 미국인들이 "No pun intended."라고 말합니다. 그 예를 하나 들자면, 어떤 사람이 따뜻한 차를 만들다가 실수로 뜨거운 물을 쏟고는 이렇게 말했습니다.

"Oops, I'd better clean this up, or I'll be in hot water. No pun intended."
오, 이거 빨리 치우는 게 낫겠어. 안 그러면 내가 곤란해지게 될 거야. 말장난하려는 건 아니었는데.

자, 여기서 hot water는 말 그대로 실수로 쏟은 뜨거운 물을 말하기도 하지만, 동시에 Lesson 16에서 배운 '골칫거리'나 '곤란' 등의 의미를 가진 이디엄이기도 합니다. 그러니 이 또한 언어유희를 이용한 pun이죠? 흥미로운 건 미국인들은 일부러 이런 pun을 이용해 농담해 놓고서도, 아무도 웃지 않을 때면 태연하게 "No pun intended!"라고 말하기도 합니다. 썰렁한 농담을 해서 아무도 웃지 않으니 무안하니까, 체면을 구기지 않으려고 하는 말이죠.

LESSON 17

조시: 나 정말 좌절감이 든다. 내가 마이크한테 왜 백신을 맞아야 하는지 설명하려고 했거든. 근데 걔가 자기는 대중 매체에서 말하는 건 다 믿지 않는다고 하더라고. 그러면서 자기 면역 체계는 완벽하다네. 운동하고 비타민을 먹으니까.

밸러리: 조시, 걔를 설득하려고 한다면 너 헛수고하는 거야. 마이크는 백신 반대론자라고. 마이크가 네 주장을 조금이라도 듣기 전에 네가 먼저 지칠 거야. 내 말 들어. 나도 해 봤거든!

조시: 지칠 거라니, 말도 마! 백신 반대론에 관한 거라면 내 인내심은 완전히 바닥났으니까. 그러니까 내 말은, 백신은 모두 과학에 기초해서 만들어진 거잖아. 제약 회사들이 백신을 제공하기 전에 만반의 준비를 해야 했다고.

밸러리: 그래, 나도 알아. 그렇지만 어떤 사람들은 백신을 전혀 신뢰하지 않아. 그런 사람들은 결과가 어떻게 되든 운에 맡기는 편이 더 낫다고 생각해. 난 (백신을) 나중에 맞으려고 기다리고 있는 과학자 친구도 있어. 그 친구는 제약회사들이 백신 효능 연구의 기준을 낮췄다고 믿고 있거든. 그녀도 백신이 효과적이라는 사실은 믿어. 하지만 자기가 백신을 맞기 전에 좀 더 많은 데이터를 보고 싶을 뿐이래.

조시: 글쎄, 그래도 난 계속 화가 나. 난 백신이 이 바이러스에 대항할 수 있는, 우리가 가진 가장 좋은 방어라고 생각하거든.

밸러리: 나도 네 말이 무슨 뜻인지 잘 알아. 이 나라에서 백신이 너무나도 정치적인 논쟁거리가 돼 버린 게 참 안타깝다.

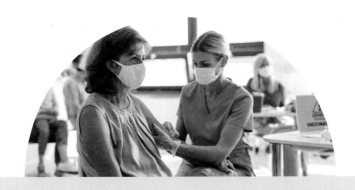

Josh: I'm so frustrated. I was trying to explain to Mike why he should get vaccinated. He told me that he didn't believe everything that mass media tells him, and that his immune system is in perfect condition because he works out and takes vitamins.

Valerie: You ❶ **are spinning your wheels** trying to convince him, Josh. Mike is an anti-vaxxer. You'll ❷ **run out of steam** before he even listens to any of your arguments. Believe me. I've tried!

Josh: Talk about **running out of steam**! I've totally run out of patience for the whole anti-vaxxer thing. I mean, there's science behind the vaccines. The pharmaceutical companies had to ❸ **get their ducks in a row** before they started offering the vaccines.

Valerie: I know. I know. But some people don't trust vaccines at all. They'd rather take their chances and ❹ **let the chips fall where they may**. I even have a scientist friend who is still waiting to be vaccinated. She believes that the pharmaceutical companies ❺ **lowered the bar** in their efficacy studies with the vaccine. She believes in vaccines; however, she just wants more data before she gets one.

Josh: Well, it still makes me mad. I think vaccines are the best defense we have against this virus.

Valerie: I know what you mean. It's a shame that it's gotten so political in this country.

---

run out of patience 인내심이 바닥나다
take one's chances 운에 맡기다
efficacy studies 효능 연구
It's a shame that ~ ～가 안타깝다

213

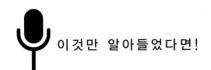 이것만 알아들었다면!

MP3 102

1

To spin one's wheels: To waste energy by being stuck in one
position/To make no progress 헛수고를 하다/진전이 없다

My uncle is super conservative; you're just spinning your wheels trying to convince him that gun rights should be limited.
우리 삼촌은 굉장히 보수적이셔. 네가 총기 소지권이 제한돼야 한다며 삼촌을 설득하려고 시도하는 건 헛고생일 뿐이야.

2

To run out of steam: To lose the energy or motivation to
complete a task 기력이 다하다

We had a lot of enthusiasm for the project, but the leadership has not been supportive, and now we're running out of steam.
우리는 그 프로젝트에 열정이 많았지만, 지도력이 받쳐주지 않았고, 지금은 우리 모두 힘이 다 빠지고 있어.

3

To get one's ducks in a row: To do what is needed to be
prepared and organized 만반의 준비를 하다

I thought I had gotten all my ducks in a row for our kitchen remodeling project, but I forgot to order some tiles, so I messed up our schedule.
난 우리 부엌 리모델링 프로젝트에 만반의 준비를 다했다고 생각했어. 하지만 타일 주문하는 걸 깜빡 잊어서 우리 일정을 엉망으로 만들어 버렸지.

4

To let the chips fall where they may:
To let things happen as they will and to accept the results
결과가 어찌 되든 운명에 맡기다

She realized that her co-workers were embezzling money from the company. She decided to tell her boss and let the chips fall where they may.
그녀는 자기 직장 동료가 회삿돈을 횡령하고 있다는 사실을 알게 되었다. 그녀는 자기 상사에게 말하고, 그 결과가 어찌 되든 두고 보기로 했다.

원가에 대해 사실을 말하는 맥락에서 자주 쓰인다.

5

To raise the bar: To raise standard or expectations
기대치나 기준을 높이다

To lower the bar: To lower standard or expectations
기대치나 기준을 낮추다

The training methods for the Kenya running team produced a lot of winners and raised the bar for runners around the world.
케냐 달리기 팀의 훈련 방법은 많은 우승자를 낳았고, 전 세계 주자들에 대한 기대치를 높였습니다.

To let the chips fall where they may는 1800년대부터 쓰인 이디엄으로 알려져 있습니다. 이는 나무를 자르는 것과 관련해서 생긴 이디엄인데, 대략 이런 발상에서 나온 표현입니다. 우리가 나무를 자를 때는, 대개 그것을 자르고 쓰는 행위에 집중합니다. 그러다 보면 그 과정에서 나오는 자잘한 나무 조각(chips)들이 땅바닥 어디에 떨어지는지까지 걱정할 겨를이 없겠지요? 바로 그런 연유에서, 이 표현은 자기가 할 수 있는 일은 이미 다 했으니 다른 것들은 어쩔 수 없이 그냥 운명에 맡기겠다는 뜻이 되었습니다.

CULTURE POINT

대화에서 조시는 백신에 반대하는 그의 친구에게 코로나바이러스 백신을 맞으라고 설득하려 합니다. 미국에서는 이렇게 백신을 맞는 것에 반대하는 사람들을 anti-vaxxer라고 부릅니다. 어떤 사람들은 다른 건 몰라도 코로나바이러스(COVID-19) 백신만 맞지 않겠다고 합니다. 그 이유는 개인적인 사정이나 정치적인 입장, 또는 자신의 종교적 신념 등 매우 다양합니다. 그런데 또 어떤 미국인들은 코비드 백신뿐만 아니라 독감 예방주사 등을 포함한 세상의 모든 백신에 반대합니다. 이런 사람들은 자기 아이들까지도 모두 백신을 못 맞게 하려고 합니다. 그래서 홍역(measles) 등과 같이 어릴 때 맞아야 하는 백신조차 아이에게 맞히지 않습니다. 이런 걸 보면, 미국은 정말 다양한 생각을 가진 다양한 사람들이 함께 살아가고 있는 나라임이 틀림없습니다.

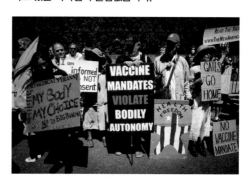

영어로 말하고 싶은, 또는 못 알아들을 것 같은 예문에 체크해 보세요.

(핼러윈)

드니스: 벤, 너희들은 핼러윈 준비 다 됐니?

벤: 아, 그럼! 내가 우리 집 앞 마당에 으스스한 묘지 설치하느라 주말 다 보냈어. 멋진 불빛 장식도 했고, 또 올해 새롭게 안개를 만들어 내는 기계도 샀어!

드니스: 그거 정말 멋지다! Trick-or-treat 놀이하는 애들이 아주 좋아하겠는걸! 그런데 아이들이 무서워하지 않을까 걱정되긴 한다.

벤: 걱정할 건 없어. 그렇게 무섭지는 않아. 조그만 아이들을 지나치게 겁주기는 싫거든! 넌 어때? 너희 집이랑 뜰을 (핼러윈을 위해) 다 꾸몄니?

드니스: 우리 집 뜰은 굉장히 전통적이라, 뭐 그렇게 무서운 건 없어. 올해는 우리 아이들 모두 각자 호박을 깎게 돼서 호박 초롱(jack-o-lantern) 컬렉션이 있지.

벤: 괜찮네! 음, 내가 우리 아이들이 Trick-or-treat 놀이하러 갈 때 데리고 갈 거라서, 그 호박 초롱들을 보고 맛있는 사탕도 얻게 들를게. 넌 항상 호화찬란한 사탕을 준비해 놓으니까.

드니스: 네 주특기는 뜰을 핼러윈에 맞게 완벽하게 꾸미는 것이고, 내 특기는 최고의 캔디를 주는 거잖아. 그래서 내가 우리 동네를 좋아해. 우리가 모든 명절에 기대 이상으로 열심히 준비하니까.

벤: 나도 그렇게 생각해! 음, 난 이만 가서 우리 집 뜰 장식 마무리를 해야겠어. 오늘 밤에 보자. 참고로 말하자면, 난 해적이 될 거고, 디즈니 공주님, 고슴도치 소닉이랑 유령을 데리고 갈 거야.

드니스: 재밌겠다! 모두들 변장한 모습 빨리 보고 싶네!

English CONVERSATION

MP3 **103**

(Halloween)

Denise: Ben, ❶**are** you guys **all set** for Halloween?

Ben: Oh, yes! I just spent the weekend installing a spooky cemetery in our front yard. I've got some cool lighting displays and, new for this year: a fog machine!

Denise: That sounds great! The trick-or-treaters are going to love it! However, I'm afraid that kids are scared of it.

Ben: Not to worry, it's not too spooky. I don't want to ❷**scare the pants off the little kids**! What about you? ❸**Have you got** the house and yard **all decked out**?

Denise: Our yard is pretty traditional, and nothing too spooky; this year each of my kids got to carve their own pumpkins, so we've got quite a collection of jack-o-lanterns.

Ben: Nice! Well, I'll be the one taking my kids trick-or-treating, so we'll be by to see them, and to get the good candy. You always have the ❹**fancy schmancy** candy, too.

Denise: Your specialty is yard décor, and mine is excellent candy offerings. This is why I love this neighborhood; we always ❺**go above and beyond** for all the holidays.

Ben: I agree! Well, I've got to go put the finishing touches on my yard. I'll see you later tonight—just so you know, I'll be a pirate, and I'll be accompanied by a Disney princess, Sonic the Hedgehog, and a ghost.

Denise: Oh fun! I can't wait to see all the costumes!

---

spooky 귀신이 나올 것 같은, 으스스한
cemetery 공동묘지
specialty 전문 분야
just so you know 참고로 말하자면

217

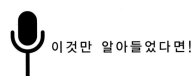 이것만 알아들었다면!

1 To be all set

Kids, are you all set for school? We need to go in five minutes, or we'll be late.

얘들아, 너희들 학교 갈 준비 다 됐니? 우리 5분 후에는 가야 해. 안 그러면 지각할 거야.

준비가 다 돼 있다

주로 전치사 for와 함께 쓰여, to be all set for ~ (~할 준비가 다 되다) 처럼 쓰인다.

2 To scare the pants off (of) ~

Oh, my goodness, I didn't see you come into the room! You just scared the pants off of me!

어머나, 세상에! 나 너 이 방에 들어오는 거 못 봤어! 나 진짜 깜짝 놀라게 했어!

(바지가 벗겨질 정도로) ~를 놀라게 하다 /~를 무섭게(두렵게) 하다

3 To be[get] all decked out

Wow, look at you! You're all decked out in a fabulous suit and tango shoes. You look great!

와, 너 좀 봐! 멋진 정장에 탱고용 구두까지 완벽하게 차려입었네. 너 정말 멋져 보여!

(사람에게 쓰일 때) 잘 차려입거나 어떤 특별한 목적을 위한 옷을 입다 /(방이나 공간에 쓰일 때) 어떤 이벤트를 위해 잘 꾸며지거나 장식되다

4 Fancy schmancy

So, I heard you just got promoted to a fancy schmancy supervisor position. Congratulations!

그래, 네가 멋지고 화려한 관리직으로 승진했다는 소식 들었어. 축하해!

굉장히 멋지고 화려한

5 To go above and beyond

I needed some advice on a presentation I was giving, and Marty went above and beyond in helping me. He gave me some great tips and even helped me make my slides look more organized.

난 내가 할 발표에 조언이 좀 필요했는데, 마티가 기대 이상으로 열심히 나를 도와줬어. 그는 몇 가지 훌륭한 조언을 해 줬고, 내 파워포인트 슬라이드가 더 체계적으로 보이도록 만들게 도와주기까지 했어.

자신에게 할당된 직무의 범위를 넘어서 그 이상으로 일하다 /기대 이상으로 열심히 일하다

Vocabulary Point

Fancy schmancy는 schm 음절을 이용한 중복형의 좋은 예입니다. 언어학에서는 이런 현상을 reduplication(어두나 음절의 중복형)이라고 합니다. Fancy schmancy 의 경우는 첫 번째 음절에 있는 schm를 제외한 나머지 음절이 중복되고 있죠? 영어 에서 이런 형태의 언어 사용은 이디시어(Yiddish: 유럽에서 쓰이던 유대인 언어)에서 왔습니다. 이런 식의 schm를 이용한 중복형은 어떤 의견이나 제안 따위를 무시하거 나 묵살, 또는 조롱할 때 주로 쓰입니다

Fines schmines! I had every right to park in this space; I'm not paying the fine!
벌금 좋아하시네! 나는 이 공간에 주차할 자격이 충분히 있었다고. 난 벌금 안 낼 거야!

그렇지만 앞의 벤의 문장(You always have the fancy schmancy candy, too.) 에서 보는 것처럼, 그저 가볍게 놀릴 때도 쓰일 수 있습니다. 여기서 벤은 드니스를 조롱하는 것이 아니라, 그저 장난기 있는 표현을 쓴 것이라고 봐야겠죠? 영어에서 reduplication의 또 다른 예로는 okey-dokey(좋아! = OK), teeny-tiny(조그마한), easy-peasy(아주 쉬운), hodge-podge(뒤범벅), fiddle-faddle(실없는 짓) 등이 있 습니다.

CULTURE POINT

미국에서 10월 31일은 핼러윈 데이입니다. 요즘은 한국에서도 핼러윈 행사를 곳곳에 서 많이 하죠? 미국에서 핼러윈은 특히 아이들에게 인기 있는 날입니다. 재미있는 분 장을 하고 돌아다니면서 여기저기서 초콜릿과 사탕을 받는 날이니 아이들이 좋아하 는 것이 당연한 것 같습니다. 미국인들이 핼러윈을 holiday라고 부르기는 하지만, 이 날은 쉬는 날이 아닙니다. 그저 밤에 여기저기서 핼러윈 행사와 파티를 할 뿐입니다. 핼러윈이 종교적인 전통은 아니지만, 오래전의 종교 관습에서 유래한 것은 사실입니 다. 지금의 아일랜드, 영국, 프랑스 북부 지역에서 예전에 살았던 켈트족들은 해마다 이 시기가 되면, 죽은 이들의 영혼이 다시 돌아온다고 믿었습니다. 바로 이런 이유로 핼러윈에 죽음이나 으스스한 느낌 같은 것들이 강조되는 것이죠. 전통적으로, 사람들 은 큰 호박의 속을 깎아내고 바깥을 조각해서 얼굴처럼 만든 후, 그 안에 촛불을 집어 넣습니다. 이를 미국인들은 jack-o-lantern이라고 부릅니다. 안에 촛불을 넣었으니, 밤이면 호박 안에서 빛이 나겠지요? 아이들은 가게에서 사거나 집에서 만든 각종 핼 러윈 복장을 하고, 어두워지면 trick-or-treating을 하러 갑니다. Trick-or-treating이 란, 아이들이 집집마다 문을 두드리고 사람이 나오면 "Trick or treat!"이라고 말하는 놀이입니다. 너무 어린 아이들은 부모가 동반합니다. 그러면 사람들은 준비해 놓은 초 콜릿과 사탕 등을 아이들에게 줍니다. 그래서 미국에서 10월에 슈퍼마켓에 가면 사탕 이나 초콜릿이 특히 더 많이 있습니다. 핼러윈 행사를 할 때 으스스한 분위기가 테마 이긴 하지만, 미국인들에게 이날은 편안한 마음으로 장난치면서 파티를 하는 날로 인 식되어 있습니다.

LESSON 18

리나: 캐롤, 너희 추수감사절에 다른 도시로 떠나니?

캐롤: 아니, 올해는 우리 집에서 해. 가족들이 모두 오거든.

리나: 우와! 준비는 다 됐어?

캐롤: 응, 다 된 것 같아. 그랬으면 좋겠어! 보통은 우리가 엄마네로 가는데, 엄마가 이제는 나한테 넘겨줄 때가 됐다고 하셨고, 나도 그렇게 생각해. 엄마도 그런 명절 치르는 건 그만하시고 좀 쉬셔야지. 나도 인정하는데, 엄마가 나한테 명절에 손님 치르고 해 보라고 하실 때, 나 정말 두렵기도 했거든! 넌 어떠니? 올해는 너희가 가족들을 초대해 치르니?

리나: 추수감사절이라면 아니. 우리는 이모 댁에 가는데, 정말 좋을 거야. 이모가 항상 기대 이상으로 열심히 준비하시거든. 매년 특별한 칵테일을 만드시는데, 이모네 식탁은 늘 이모가 가진 최고의 크리스털 잔과 도자기, 은 식기류로 완벽하게 꾸며지거든.

캐롤: 멋지게 들리긴 하지만, 일이 너무 많겠다.

리나: 우리 이모가 그렇게 하는 걸 좋아하셔. 그렇지만 올해는 하누카가 추수감사절이랑 정말 가까운 날짜라서 이모가 (하누카) 모임은 하나도 안 하실 거야.* 우리 모두 하룻밤씩 돌아가면서 할 거라서 내가 하나 할 거지만, 난 그냥 편하게 하고 싶어.

캐롤: 그래, 그게 바로 추수감사절에 내가 원하는 바이기도 해. 지나치게 화려한 것 말고, 그냥 칠면조 고기하고 파이나 먹으면서 가족들과 함께 시간 보내는 거 말야.

리나: 그렇지! 나도 칠면조 고기랑 호박 파이, 그리고 라트카(감자 팬케이크) 기대하고 있어!

* 하누카는 8일 밤 동안 지속되는 명절이니, 8일 중 하룻밤도 이모 집에서는 모임을 안 한다는 뜻.

Leena: Carole, are you guys going out of town for Thanksgiving?

Carole: No, this year we're doing it at our place. The whole family is coming.

Leena: Wow! ❶ **Are** you **all set**?

Carole: Yeah, I think so. I hope so! Usually, we go to my mom's, but she said it was time to pass the torch, and I agree. She deserves a break from hosting, but I have to admit, she ❷ **scared the pants off me** when she asked me to host! What about you? Are you hosting family this year?

Leena: For Thanksgiving, no. We're going to my aunt's place, and that'll be nice. She always ❸ **goes above and beyond**. She creates a special cocktail each year, and her dining table ❹ **is** always beautifully **decked out** with her best crystal, china, and silver.

Carole: Sounds wonderful…but a lot of work.

Leena: My aunt loves doing it. This year, however, Hanukkah falls really close to Thanksgiving, so my aunt won't host any of those gatherings. We're all taking turns with a night, so I'll host one, but I want it to be relaxed.

Carole: Yeah, that's what I want for Thanksgiving, too. Nothing ❺ **fancy schmancy**, just turkey, pie and hanging out with family.

Leena: Yes! I'm looking forward to turkey, pumpkin pie, and latkes!

---

go out of town 도시를 떠나다
pass the torch 일을 다른 사람에게 넘기다
host 파티나 행사를 열다, 주최하다
Hanukkah 11월이나 12월에 8일간 진행되는 유대교 축제
take turns 교대로 하다

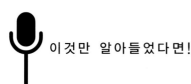 이것만 알아들었다면!

MP3 106

1

To be all set: To be ready

We should be all set for the meeting. I've put an agenda at each seat, and I've updated the PowerPoint slides.

회의할 준비가 다 됐습니다. 제가 의제 목록을 각 자리에 놓아뒀고, 파워포인트 슬라이드도 가장 최신 정보로 고쳐 놨습니다.

> 주로 전치사 for와 함께 쓰여, to be all set for ~ (~할 준비가 다 되다) 처럼 쓰인다.

2

To scare the pants off (of) ~: To intentionally or unintentionally scare or startle ~

I hate driving in the mountains. Going up and down those steep inclines scares the pants off me.

난 산에서 운전하는 게 싫어. 가파른 경사면들을 따라 올라갔다 내려갔다 하는 게 날 너무나 무섭게 하거든.

3

To go above and beyond: To do much more than is required or expected for a given task

After the hurricane, the Red Cross volunteers not only made sure that we had a place to stay and food to eat; they also made sure that our pets were cared for. They really went above and beyond.

허리케인이 지나간 후에 적십자 자원봉사자들은 우리가 머무를 곳과 먹을 음식이 있는지 뿐만 아니라, 우리 반려동물들까지 잘 돌봐지고 있는지를 확인했어. 그들은 정말로 자신들에게 맡겨진 임무 이상으로 열심히 일했어.

4

To be[get] all decked out:
(For people) To be dressed in fine clothing or in special clothing for a specific purpose
/(For a room or space) To be fully decorated for an event

For the wedding reception, the ballroom was all decked out with beautiful flower arrangements and hundreds of little twinkling lights. It was really romantic.

결혼식 피로연을 위해서 무도회장은 아름다운 꽃장식과 수백 개의 작고 반짝이는 불빛들로 잘 꾸며져 있었어. 정말 로맨틱했지.

5

Fancy schmancy: Extremely fancy or impressive

Ooh, are you driving a Tesla now?
Fancy schmancy!

이야, 너 이제 테슬라 몰고 다니니? 끝내주는걸!

222

미국의 추수감사절은 매년 11월 넷째 주 목요일입니다. 참고로, 캐나다의 추수감사절은 매년 10월 둘째 주 월요일입니다. 추수감사절의 중심은 가족 모임으로, 가족들이 모두 모여 커다란 식탁을 차린 후 음식을 함께 먹으면서 시간을 보냅니다. 미국인들이 추수감사절에 먹는 전통적인 음식으로 옥수수, 으깬 감자 요리(mashed potatoes), 고구마, 칠면조 속에 넣는 스터핑(stuffing), 옥수수빵, 크랜베리 소스(cranberry relish) 등이 있습니다. 그렇지만 추수감사절 식탁에서 결코 빠져서는 안 되는 하이라이트는 역시 구운 칠면조 요리입니다. 대부분의 미국인 가정에는 자기들만의 칠면조 요리법이 있습니다. 디저트로는 각종 파이를 먹는데, 전통적으로 호박 파이, 피칸 파이, 그리고 고구마 파이를 가장 많이 먹습니다.

CULTURE POINT 2

하누카(Hanukkah: 드물지만 Chanukah라고 쓰기도 합니다)는 더럽혀진 예루살렘의 성전을 마카베오 혁명 후에 하느님에게 다시 봉헌했다는 성서 속 이야기를 기념하고 축하하는 유대인들의 명절입니다. 참고로, 하누카(Hanukkah)라는 단어 또한 영어로 dedication(봉헌)으로 번역됩니다. 이 명절은 8일간 지속되는데, 8일 동안 하루에 하나씩 초를 켜는 의식을 합니다. 하누카가 종교에서 유래하긴 했지만, 이 또한 가족들이 모이는 명절이기 때문에 함께 먹는 음식과 놀이 전통이 있습니다. 유대인들은 이 명절에 latkes라고 불리는 감자로 만든 팬케이크와 각종 튀김 요리를 함께 먹으면서 dreidl이라고 불리는 일종의 팽이 놀이를 합니다. 하누카에는 서로 선물을 나누기도 하며, 더불어 자신이 속한 공동체에 베푸는 삶이 강조되는 명절이기도 합니다.

LESSON 18

폴: 찰리, 자네 집에 크리스마스 장식을 다 한 것 같구먼. 창문으로 크리스마스트리도 보이고. 정말 멋져 보여. 그게 뭔가? 9피트 길이지?

찰리: 10 피트야. 프레이저 전나무. 그거 사느라고 우리 퇴직금 반을 썼다니까.

폴: 완전 화려한걸! 크리스마스트리용 나무들이 해마다 더 비싸지는구먼. 우리는 내년엔 인조 나무로 하나 살까 생각 중이네. 자네 아이들은 올해 오는가?

찰리: 그래, 와. 이제 손주들도 산타를 알 정도의 나이가 돼서 마가릿이랑 내가 크리스마스 장식을 엄청 열심히 하고 있다니까. 자네도 알겠지만 말일세. 우리 아이들 어릴 때 이후로 이렇게 열심히 (크리스마스) 장식을 한 적이 없다네.

폴: 내가 기억하는데, 5살 때 내가 산타를 몰래 훔쳐보려고 했는데, 우리 아버지한테 들켰지. 밤늦은 시각이었는데, 내 생각에 아버지가 우리 형 주려고 자전거를 조립하고 있었던 것 같아. 어쨌든, 아버지가 나한테 "폴리, 산타가 막 들어오려고 하고 있었어. 자, 다시 침대로 가라. 안 그러면 산타 할아버지가 안 오실 거야."

찰리: (웃으면서) 그래서 자네가 작은 엉덩이를 침대로 옮겨갔겠군!

폴: 정말 그랬다니까! 그 말이 얼마나 날 불안하게 했는지 몰라. 내가 선물을 하나도 못 받을지도 모른다고 생각하면서 말이야!

찰리: 자네와 버니스는 어떤가? 연말연시 맞이할 준비가 다 됐어?

폴: 물론 아직 안 됐지! 버니스랑 내가 선물을 좀 더 사야 하긴 하지만, 올해는 우리가 좀 쉬어. 우리 큰딸 집에 가서 있을 거고, 애들하고 손주들 모두 큰딸 집으로 올 거거든. 딸하고 사위가 새집으로 이사 가서, 우리한테 집 자랑하려고 들떠 있다네.

Paul: Charlie, looks like ❶ **you've got** your house **all decked out for Christmas**. I can see your tree in the window. It looks really nice. What is that? A 9-footer?

Charlie: 10-footer. Fraser fir. We spent half of our retirement fund on it.

Paul: ❷ **Fancy schmancy**! These trees are getting more expensive every year. We're thinking about getting an artificial one for next year. Are your kids coming to visit this year?

Charlie: Yes, they are, and now that the grandkids are old enough for Santa, Margaret and I ❸ **are going above and beyond** with decorating—as you can see. We haven't done this much since our own kids were little.

Paul: I remember, when I was five, I tried to sneak a peek of Santa and my dad caught me. It was late at night, and I think he was probably putting together a bike for my older brother. Anyhow, he says to me, "Paulie, Santa was just about to come in, you'd better get back to bed, or he won't come!"

Charlie: (Laughing) And I bet you hauled your little butt back to bed!

Paul: I sure did! ❹ **It scared the pants off of me**—thinking that I might not get any presents!

Charlie: How about you guys? ❺ **Are** you **all set for the holidays**?

Paul: Of course not! Bernice and I have some more gift shopping to do, but we get a little break this year. We'll be staying with our oldest daughter, and all the kids and grandkids will come to her place. She and her husband have a new house, and they're excited to show it off.

---

haul (무거운 것을 간신히) 옮기거나 끌다, (몸을) 간신히 움직이다

225

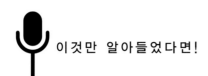 이것만 알아들었다면!

MP3 108

1

To be[get] all decked out: (For people) To be dressed in
fine clothing or in special clothing for a specific purpose /(For a room or space) To
be fully decorated for an event

(사람에게 쓰일 때) 잘 차려입거나 어떤 특별한 목적을 위한 옷을 입다
/(방이나 공간에 쓰일 때) 어떤 이벤트를 위해 잘 꾸며지거나 장식되다

When I was a kid, my mother made us get all decked out for church services on
Easter. My brothers had to wear neckties and starched shirts, and my sisters wore
new dresses.
내가 어렸을 때, 우리 어머니는 부활절에 교회 예배 보러 가게 우리 모두 잘 차려입게 하셨어. 우리 형들은
넥타이에 풀을 먹인 셔츠를 입어야 했고, 우리 누나들은 새 드레스를 입었지.

2

Fancy schmancy: Extremely fancy or impressive
굉장히 멋지고 화려한

I'm going dancing tonight, so I'm wearing my fancy
schmancy boots for the occasion.
나 오늘 밤에 춤추러 가. 그래서 그것 때문에 끝내주는 부츠를 신고 있는
거라고.

3

To go above and beyond:
To do much more than is required or expected for a given task 자신에게 할당된
직무의 범위를 넘어서 그 이상으로 일하다/기대 이상으로 열심히 일하다

If Naomi says she'll help cook for a party, she will always go above and beyond.
Other people might bring one dish to share, but Naomi will bring four or five.
만약 나오미가 파티 준비를 위해 요리하는 걸 돕겠다고 한다면, 그녀는 늘 기대 이상으로 정말 열심히
할 거야. 다른 사람들은 나눠 먹을 요리 하나를 가지고 오겠지만, 나오미는 네다섯 접시 요리는 가지고
올 거거든.

4

To scare the pants off (of) ~:
To intentionally or unintentionally scare or startle ~
(바지가 벗겨질 정도로) ~를 놀라게 하다/~를 무섭게(두렵게) 하다

My brother knows that I hate spiders, but he put a toy spider near me just to
scare the pants off of me.
형은 내가 거미 싫어한다는 걸 알거든. 그런데 그저 날 놀라 자빠지게 하려고 장난감 거미를 내 옆에 뒀어.

5

To be all set: To be ready 준비가 다 돼 있다
Okay, I'm all set. I just needed to make sure I had my
phone and my glasses.
오케이, 저는 준비 다 됐어요. 전화랑 안경 챙겼는지만 확인하면 됐어요.

주로 전치사 for와
함께 쓰여, to be
all set for ~
(~할 준비가 다 되다)
처럼 쓰인다.

226

우리나라에서 '산타 할아버지'라고 불리는 산타클로스(Santa Claus)를 미국에서는 그 냥 Santa라고 부릅니다. 산타는 신화적 캐릭터로 착한 아이들에게 크리스마스이브 에 선물을 배달합니다. 미국인들 사이의 전설에 따르면, 산타는 북극에서 부인인 Mrs. Claus와 함께 산다고 해요. 그곳에는 elf라고 하는 요정 팀이 장난감을 만드는데, 산 타는 착한 아이들의 크리스마스 선물 배달에 차질이 없도록 그 요정들을 관리, 감독 한다고 합니다.

미국 아이들은 해마다 이런 산타에게 편지를 씁니다. 그 내용은 한 해 동안 자신들이 얼마나 착한 아이들이었는지 와 선물로 받고 싶은 것들입니다. 미국 아이들은 크리스마스이브에 그 편지와 함께 산타가 먹을 쿠키와 우유 한 잔을 함께 두고 잠자리에 듭니다. 하늘을 나는 여덟 마리 순록이 끄는 마법의 썰매를 타고 전 세계 집집마다 크리스마스트리 아래에 선물을 두려면, 산타도 에너지가 많이 필요 할 테니까요. 이런 전설이 사실인지 아닌지 확인하려고 크리스마스이브에 안 자고 산 타를 기다리는 아이들에게 어른들은 이렇게 말합니다. 아이들이 잠들지 않은 집에는 산타가 오지 않는다고요.

CULTURE POINT **2**

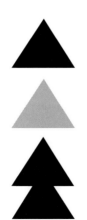

미국인들은 크리스마스트리를 만들 때 생나무를 쓰기도 하고 인공적으로 만든 나무를 쓰기도 합니다. 어떤 미국 인들은 생나무만이 진정한 크리스마스트리라고 하면서, 생나무만을 고집합니다. 해마다 꽃과 나무를 파는 home gardening center나 나무 농장에선 몇천 그루의 크리스 마스트리용 나무를 전시하고 팝니다. 트리용으로 사용하는 나무에는 가문비나무(spruce), 전나무(fir), 소나무(pine), 상록수(cypress tree) 등이 있습니다. 대화에 등장하는 프 레이저 전나무는 향기가 좋고 각종 무거운 트리 장식까 지 견뎌내는 튼튼한 나뭇가지 때문에 가장 인기 있는 품종 중 하나입니다. 보통 생나무는 추수감사절이 끝나는 주말 에 세일을 하는데요, 그때가 크리스마스 한 달 전이고, 많 은 미국인들이 11월 말부터 1월 초까지 집에 크리스마스트 리를 두기 때문입니다. 나무 가격은 나무 길이에 따라서 다릅니다. 미국인들은 보통 5피트에서 8피트 정도 길이의 나무를 사용합니다. 물론 인공으로 만든 나무 역시 인기입 니다. 고급 품질의 인공 나무는 진짜처럼 보이기도 하면서 불빛까지 이미 다 장착되어 있으니까요.

LESSON 19

영어로 말하고 싶은, 또는 못 알아들을 것 같은 예문에 체크해 보세요.

에드거: 늦어서 미안. 데이터 분석이 너무 오래 걸려서 자정까지 해야 했거든. 한술 더 떠서 오늘 아침에는 알람도 안 울렸어.

사이먼: 걱정하지 마! 새로 온 CEO가 지금 막 연설했어.

에드거: 그래, 넌 새 CEO분 어때?

사이먼: 내가 아는 건 그분이 재계 주요 인물 중 한 사람이라는 사실과 사람들이 그분이 우리 기대만큼 해 줄 거로 생각한다는 게 다야.

에드거: 글쎄, 모두가 그렇게 말하긴 하지만, 난 매우 까다로운 분이라는 이야기도 들었거든.

사이먼: 그건 잘 모르겠는데, 어떤 경제 잡지와의 인터뷰에서 그분이 굉장히 힘든 어린 시절을 보냈고, 그게 자신을 독한 사람으로 만들었다고 했는데 솔직히, 난 그분 성격이 어떤지는 정말 관심 없어. 내 말은, 우리가 CEO랑 매일 상대해야 하는 건 아니니까.

에드거: 그래, 그건 그렇지.

사이먼: 가장 중요한 건 우리가 지금 아주 힘든 상황에 부닥쳤고, 그분이 이전 CEO처럼 이런 상황에서 우리를 내버려 두고 그냥 떠나진 않을 거라는 사실이지.

Edgar: I'm sorry I'm late. Those data analyses took forever, and I had to work on it until midnight. What's worse, my alarm didn't go off this morning.

Simon: No worries! The new CEO just delivered her speech.

Edgar: So how do you like the new CEO?

Simon: All I know is she's one of ❶ **the big cheeses** in the business world, and people think she will ❷ **cut the mustard** as we expect.

Edgar: Well, that's what everyone says, but I also heard she's
❸ **a very hard nut to crack**.

Simon: I don't know about that, but during an interview with a business magazine, she said she had a very hard childhood, which made her ❹ **a tough cookie**… but honestly, I don't really care what kind of personality she has. I mean it's not like we have to interact with our CEO on a daily basis.

Edgar: Yeah, I hear you.

Simon: The most important thing is we're in a very difficult situation now, and she will not leave us ❺ **high and dry** like the former CEO did.

---

what's worse 한술 더 떠서
on a daily basis 매일
I hear you. (상대방을 존중하는 마음으로 비록 동의하지 않는 내용이라고 해도) 네 말이 맞아.

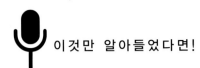 이것만 알아들었다면!

MP3 110

1 The big cheese

Our current CEO is not the big cheese anymore because he retires soon.

현 CEO는 더 이상 영향력 있는 인물이 아니야. 왜냐면 곧 은퇴하거든.

(조직 또는 어떤 상황에서) 가장 중요한 인물/가장 힘이나 영향력이 있는 인물

2 To cut the mustard /To not cut the mustard

He didn't cut the mustard as a soccer player, but he became a world-famous soccer coach.

그는 축구 선수로서는 기대에 못 미쳤지만, 세계적으로 유명한 축구 감독이 되었다.

(기대하는 것만큼) 해내다/못 해내다

3 A hard[tough] nut to crack

My brother broke up with his girlfriend because she was a tough nut to crack.

우리 형이 여자 친구하고 헤어졌는데, 그 여자 친구가 지나치게 까다로운 사람이었거든.

어려운 일이나 문제 /다루기 힘든 사람

4 A tough cookie

Don't worry about her. I don't really think she's hurt; she's a real tough cookie.

그녀에 대해서는 걱정하지 마. 난 정말로 그녀가 상처받았다고는 생각 안 해. 그녀는 실로 강인한 사람이거든.

강인하고 강직한 사람

5 High and dry

Her husband left her and their children high and dry.

그녀의 남편은 그녀와 아이들을 막막한 상태에 내버려 두고 떠났다.

막막한 상태인 /앞길이 막힌 상태인

에드거의 문장에서 data analyses라는 표현을 봅시다. 이것은 data analysis의 복수형이죠? Analysis와 같이 라틴어나 그리스어에서 온 단어의 경우, 일반적인 명사의 복수형 만드는 규칙을 따르지 않는, 조금 특별한 형태의 복수형이 됩니다. 이런 단어들은 규칙 변화는 아니지만, 그 변화 내에서 일정한 패턴을 찾아볼 수 있습니다. 그 패턴을 알게 되면 복수형을 외우기가 쉽겠지요? 몇 가지 예를 살펴보면서 이런 단어들이 복수형으로 변화되는 패턴에 주목하세요.

〈단수형〉	〈복수형〉	
Basis	Bases	기본(들)
Hypothesis	Hypotheses	가설(들)
Parenthesis	Parentheses	괄호(들)
Appendix	Appendices	맹장, 부록(들)
Index	Indices (or indexes)	색인(들)
Criterion	Criteria	범주(들)
Phenomenon	Phenomena	현상(들)
Bacterium	Bacteria	박테리아(들)
Medium	Media	매체(들)

Vocabulary Point

To cut the mustard는 직역하면 '겨자를 자르다'인데, 도대체 왜 '(기대하는 것만큼) 해내다'라는 뜻이 되었을까요? 고대 동앵글리어(East Anglia: 영국 동남부 지역에 있던 고대 왕국)에서는 겨자가 주요 작물 중 하나였다고 합니다. 당시에는 scythes라고 불리는 커다란 낫을 사용해서 손으로 모든 작물을 재배했습니다. 그런데 겨자를 잘라서 수확할 때는 굉장히 날카로운 낫이 아니면 아예 잘리지가 않았다고 합니다. 그래서 겨자를 자를 수 있는 정도라면 극도로 날카로운 낫이나 도구였다는 의미였지요. 다시 말해, 겨자를 자른다는 것은 그만큼 아주 잘 드는 도구라는 말이기 때문에, 자연스럽게 to cut the mustard가 '기대하는 것만큼 해내다'라는 의미가 되었다고 합니다.

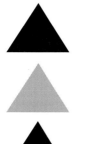

LESSON 19

키어스틴: 킴벌리, 여기서 만나니 반갑네!

킴벌리: 안녕, 키어스틴! 그래, 점심 먹고 있는 거야?

키어스틴: 응, 이 샌드위치가 참 맛은 있는데 탄수화물이 지나치게 많은 것 같아.

킴벌리: 점심으로 샌드위치 하나 먹는 건 괜찮을 거야. 탄수화물 공포증이 있는 요즘 분위기를 보면, 식사에 탄수화물은 전혀 포함하면 안 될 것처럼 느껴지기도 하는데, 사실 탄수화물도 비타민, 미네랄, 단백질처럼 필수 영양소 중 하나잖아.

키어스틴: 그렇다면, 이 샌드위치 먹는 것에 죄책감을 느끼는 건 이제 그만할래.

킴벌리: 하하, 그래야지! 그건 그렇고, 네가 새로운 일자리에 지원한다는 말 들었어.

키어스틴: 응, 맞아.

킴벌리: 난 네가 네 일을 좋아한다고 생각했거든.

키어스틴: 좋아했지. 하지만 간단히 말해서, 우리 회사가 자체적으로 붕괴했거든.

킴벌리: 뭐라고? 어떻게?

키어스틴: 우리 팀장이 회사 자금 횡령으로 유죄 판결을 받았어.

킴벌리: 정말?

키어스틴: 응, 사실 나도 그 팀장이 경영하는 방식이 뭔가 좀 의심적다고 생각은 했었어. 어쨌든, 그 팀장이 체포된 후에 모든 게 엉망이 됐고, 우리는 엄청난 재정난에 시달렸어. 너무나도 풀기 힘든 문제였고, 우리가 극도로 힘든 상황에 놓였었어. 이런 모든 일이 벌어지던 와중에 우리 CEO가 뭘 했는지 알아? 우리를 그렇게 앞길이 막힌 상황에 내버려 두고서 그냥 혼자 회사 그만두고 떠났어. 뭐, 어쨌든 우두머리가 떠나고 난 후에 우리 회사는 파산했고.

킴벌리: 어머나, 세상에! 어쩜 그런 일이 다 있니!

키어스틴: 뭐, 난 그 일에 조금도 안 놀랐어. 그 사람이 CEO로서 단 한 번도 기대에 미친 적이 없었으니까.

킴벌리: 그래, 넌 괜찮은 거야?

키어스틴: 어, 난 괜찮아. 내가 강인한 사람이라는 것 너도 알잖아.

킴벌리: 하하, 그래 맞아!

키어스틴: 그냥 지금 여기저기 지원하고 있으니, 나 잘되라고 행운을 빌어줘.

킴벌리: 그럴게.

Kirsten: Kimberly, good to see you here!

Kimberly: Hi, Kirsten! So, are you having lunch?

Kirsten: Yeah, this sandwich is so yummy, but I think it's got too many carbs.

Kimberly: Eating just one sandwich for lunch should be fine. In today's carb-phobic climate, we almost feel like we shouldn't include any carbs in our meal, but carbs are one of the essential nutrients just like vitamins, minerals, and protein.

Kirsten: Well, then, I'll stop feeling guilty about eating this sandwich.

Kimberly: Haha, you should! By the way, I heard you're applying for another job.

Kirsten: Yes, I am.

Kimberly: I thought you loved your job.

Kirsten: I did, but to make a long story short, our company imploded.

Kimberly: What? How?

Kirsten: Our team manager was found guilty of embezzling the company funds.

Kimberly: Really?

Kirsten: Yes, I actually thought something was fishy about the way he was managing. Anyways, after he got arrested, everything went to pot, and we faced a huge financial problem. It was ❶**a very tough nut to crack,** and we were in an extremely difficult situation. In the middle of all this, you know what our CEO did? He just left us ❷**high and dry.** Well, in any case, after ❸**the big cheese** was gone, our company went bankrupt.

Kimberly: Oh, my! I can't believe it!

Kirsten: Well, it didn't surprise me in the least because he ❹**has never cut the mustard** as a CEO anyways.

Kimberly: So, are you okay?

Kirsten: Yes, I am. You know I'm ❺**a tough cookie.**

Kimberly: Haha, yes, you are!

Kirsten: I'm just applying to different places now, so please cross your fingers for me.

Kimberly: I will.

---

carbs 탄수화물(= carbohydrates)　　**to make a long story short** 짧게 말해서
implode 결딴이 나다, 붕괴하다　　**be found guilty of ~** ~ 혐의로 유죄 선고를 받다
fishy 의심스러운, 냄새가 나는　　**go to pot** 엉망이 되다

233

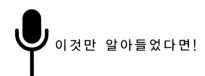 이것만 알아들었다면!

MP3 112

1 A hard[tough] nut to crack: Something that is difficult to do/A person that is hard to deal with

I like my new job; the only drawback is my boss seems like a hard nut to crack.
난 새 직장이 좋아. 딱 한 가지 문제점은 우리 사장이 상대하기 힘든 사람 같아 보인다는 거야.

2 High and dry: In a helpless and hopeless situation

John told me he would give me a ride to the airport, so I didn't make an Uber reservation, but he didn't show up. I didn't know what to do because it was 4 a.m. in the morning. I still can't believe he left me high and dry.
존이 나한테 공항까지 차로 태워다 줄 거라고 해서 내가 우버 택시 예약을 안 했는데, 걔가 안 왔어. 난 뭘 어떻게 해야 할지를 몰랐어. 왜냐하면 그때가 새벽 4시였으니까. 난 아직도 걔가 그토록 막막한 상황에 날 내버려 뒀다는 사실이 믿기지 않아.

3 The big cheese: The most powerful person in an organization or in a situation

Coworker 1: We really need a change in our organization. Should we write a letter to Mr. Peterson?

Coworker 2: We might as well write to Mr. Gardner because he's the big cheese here.

직장 동료 1: 우리 조직은 정말로 변화가 필요합니다. 피터슨 씨에게 서신을 보내면 어떨까요?
직장 동료 2: 가드너 씨에게 보내는 게 더 나을 거예요. 그분이 이곳에서 가장 영향력 있는 분이시니까요.

4 To cut the mustard:
To reach expectations or a standard
To not cut the mustard:
To not reach expectations or a standard

My parents have impossibly high expectations for me. I never feel like I cut the mustard.
우리 부모님은 나한테 거의 불가능할 지경으로 기대를 많이 하셔. 그래서 난 부모님의 기대에 내가 부응한다고 느낄 때가 전혀 없어.

5 A tough cookie: A strong and determined person

Sharon: Kaylee, I was super impressed that you didn't really show any kind of emotional reaction to Peter's comment.

Kaylee: Well, I don't consider myself a tough cookie, but I'm not really that emotional. I also thought his comment was kind of reasonable.

샤론: 케일리, 난 네가 피터가 한 말에 정말 아무런 감정적인 반응을 보이지 않았다는 사실이 굉장히 인상 깊었어.
케일리: 글쎄, 나도 내가 그렇게 강인한 사람이라고 생각하지는 않지만, 그렇다고 그렇게 감정적이지도 않거든. 또 걔 말이 좀 일리도 있다고 생각했고.

대화에서 킴벌리가 essential nutrients(필수 영양소)에 관한 이야기를 합니다. 그런데 영어를 배우는 학생 중 상당수가 nutrient와 nutrition을 혼동해서 사용하기 때문에, 여기서 이 두 단어의 차이를 정확하게 이해하고 넘어갑시다. 쉽게 말해, nutrition은 '영양'을 말하고, nutrient는 '영양소'를 말합니다. 네이버 국어사전에서는 '영양'(nutrition)을 다음과 같이 정의합니다.

생물이 살아가는 데 필요한 에너지와 몸을 구성하는 성분을 외부에서 섭취하여 소화, 흡수, 순환, 호흡, 배설하는 과정. 또는 그것을 위하여 필요한 성분.

반면, '영양소'(nutrient)는 이렇게 정의합니다.

성장을 촉진하고 생리적 과정에 필요한 에너지를 공급하는 영양분이 있는 물질. 탄수화물 · 지방 · 단백질 · 비타민 · 무기질 따위가 있고…

정리하자면, nutrient는 탄수화물, 지방, 단백질 같이 구체적인 하나하나의 영양소를 칭할 때 쓰는 단어지만, nutrition은 이 모든 것들을 포괄하는 훨씬 더 일반적이고 커다란 개념입니다. 그러니 필수 영양소(essential nutrients)들이 모두 합쳐지면 영양가(nutrition) 있는 무언가가 되겠지요? 각각의 예문을 보면서 확인해 보세요.

In general, fast foods lack some beneficial <u>nutrients</u> like vitamins and minerals.
일반적으로, 패스트푸드는 비타민과 무기질같은 몸에 좋은 영양소가 부족합니다.

Poor <u>nutrition</u> can cause a variety of health issues.
영양실조는 여러 가지 건강 문제를 일으킬 수 있습니다.

Vocabulary Point 2

키어스틴의 문장(I actually thought something was fishy about the way he was managing.)에서 단어 fishy의 쓰임에 주목하세요. 물고기나 생선을 말하는 명사 fish에 y가 붙어서 형용사형이 되었죠? 이는 '생선 냄새가 나는'의 뜻인데, '수상한'(suspicious), '냄새가 나는'의 의미도 있습니다. 사실 우리 한국어에도 똑같은 표현이 있죠? 이를테면, 누군가 "이거, 수상한데? 뭔가 냄새가 나."라고 말하면, 듣는 사람은 이것이 수상하고 미심쩍은 상황이라고 이해할 수 있습니다. 여기서 '냄새가 나'에 해당하는 영어 표현이 바로 fishy입니다.

As soon as I entered the office, I could tell something <u>fishy</u> was going on.
사무실에 들어서자마자, 난 뭔가 수상한 일이 벌어지고 있다는 사실을 알 수 있었죠.

LESSON 19

헨리: 축하해! 모두들 네가 레드 불즈를 이 나라 최고의 팀으로 만들었다고 해. 이제 네가 축구계에서 가장 영향력 있는 인물이 됐다는 사실 알아? 그에 대해 기분이 어때?

세바스찬: 고마워, 친구. 글쎄, 내가 가장 영향력 있는 인물인지는 모르겠지만, 이제는 나 자신을 축구 감독이라고 부를 수 있을 것 같아.

헨리: 무슨 말이야? 넌 언제나 훌륭한 감독이었어. 어쨌든, 너희 아버지도 네가 무척 자랑스러우시겠다!

세바스찬: 정말 그러시면 좋겠어. 내가 축구 선수로서는 단 한 번도 기대에 부응하지 못했거든. 설상가상으로, 우리 팀 성적이 가장 좋지 않았을 때, 우리 감독님이 그런 막막한 상태에서 우리를 두고 그냥 떠나 버리셨어. 그때도, 우리 아버지는 내가 해낼 거라고 믿어 주셨고, 계속해서 지지해 주셨지.

헨리: 너 그거 아니? 나도 네가 해낼 거라고 믿었어. 왜냐하면 네가 정말로 강인한 녀석이라는 걸 난 알고 있었으니까.

세바스찬: 하하, 고마워!

헨리: 하지만 난 네가 굉장히 열려 있고 (선수들이) 다가가기 쉬운 감독이라는 사실도 참 맘에 들어. 내 말은, 우리 모두 네가 대하기 힘든 사람이 아니라는 걸 안다는 뜻이야.

세바스찬: 내 친구들한테만 그렇지, 하하.

MP3 113

Henry: Congrats! Everybody says you made Red Bulls the top team in this country. Do you know that you're ❶**the big cheese** in the soccer world now? How do you feel about that?

Sebastian: Thanks, dude. Well, I'm not sure if I'm **the big cheese**, but now I feel like I can call myself a soccer coach.

Henry: What do you mean? You've always been a wonderful coach. Anyways, your dad must be super proud of you!

Sebastian: I really hope so. You know, I ❷**never cut the mustard** as a soccer player. What's worse, when our team's performance was the worst, our coach left us ❸**high and dry**. At that time, my dad still believed in me and continued to support me.

Henry: You know what? I also believed in you because I knew you're ❹**a real tough cookie**.

Sebastian: Haha, thanks!

Henry: But I also like the fact that you're a very open and approachable coach. I mean we all know you're not ❺**a tough nut to crack**.

Sebastian: Only to my friends, haha.

Congrats! 축하해요!(= Congratulations!)
performance 성과, 성적

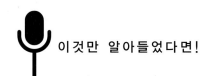
이것만 알아들었다면!

MP3 114

1
The big cheese:
The most powerful person in an organization or in a situation
(조직 또는 어떤 상황에서) 가장 중요한 인물/가장 힘이나 영향력이 있는 인물

Congrats on your promotion, Charlie! Do you feel like you're the big cheese in the company now?
승진하신 것 축하해요, 찰리 씨! 이제 찰리 씨가 이 회사에서 가장 중요한 인물이라는 게 느껴지세요?

2
To cut the mustard: To reach expectations or a standard
(기대하는 것만큼) 해내다

To not cut the mustard: To not reach expectations or a standard (기대하는 것만큼) 못 해내다

Between you and me, our boss is a ruthless guy; if he feels like you aren't cutting the mustard, he'll fire you with no hesitation.
우리끼리니까 말인데, 우리 사장님은 인정사정 안 봐주는 사람이야. 네가 사장님 자신이 기대하는 것만큼 못 해낸다고 생각이 들면, 주저 없이 널 해고할 거라고.

3
High and dry: In a helpless and hopeless situation
막막한 상태인/앞길이 막힌 상태인

His mother left him high and dry when he was only 5.
그가 5살밖에 안 됐을 때, 그의 어머니는 암담한 상태에다 그를 홀로 내버려 두고 떠났다.

4
A tough cookie: A strong and determined person
강인하고 강직한 사람

When Jackie cried after she broke up with Jason, I was shocked; I always thought she was a tough cookie.
재키가 제이슨과 헤어지고 나서 울었을 때, 난 충격받았어. 난 언제나 그녀가 독종이라고 생각했었거든.

5
A hard[tough] nut to crack:
Something that is difficult to do/A person that is hard to deal with
어려운 일이나 문제/다루기 힘든 사람

Things are going well with the new project; we faced a problem, but we were able to fix it, and it was not a tough nut to crack.
새 프로젝트는 잘 돼 가고 있습니다. 문제가 하나 있긴 했으나 해결할 수 있었는데, 그게 그렇게 힘든 일은 아니었거든요.

The big cheese는 어떤 회사나 조직에서 가장 힘 있는 인물을 말합니다. 꼭 조직이 아니더라도 어떤 상황에서 가장 영향력 있는 사람을 뜻하기도 하고요. 이런 인물을 말하는 영어 표현에는 big cheese 외에도 big wheel(주요 인물/거물급 인사), big gun(거물급 인사), honcho(중심인물/주역), top dog(승자/우두머리/중요 인물) 등이 있습니다. 하나 같이 모두 참 재미있는 표현이죠?

Mr. Wilson is really <u>the big wheel</u> in our political party.
윌슨 씨는 우리 당에서 실로 거물급 인사입니다.

Everyone knows Ms. Swan is one of <u>the big guns</u> in the business world.
모두가 스완 씨가 재계에서 거물급 인사 중 한 사람이라는 사실을 압니다.

Ms. Oh is <u>the big honcho</u> in our office.
오 선생님은 우리 사무실의 중심인물입니다.

* 참고로, big honcho 대신 head honcho라는 표현도 사용합니다.

Everyone knows that Jackie wants to be <u>the top dog</u> in our organization.
재키가 우리 조직의 우두머리가 되고 싶어 한다는 사실을 모두가 알고 있습니다.

Vocabulary Point 2

High and dry가 왜 도움이 없는 '막막한 상태에 있는'(in a helpless situation)이라는 뜻의 이디엄이 되었을까요? 이것은 사실 항해 용어(nautical term)에서 온 표현입니다. 배가 해수면보다 높은 땅에 남겨졌고 그 배 주변의 물이 모두 다 빠진 상황을 상상해 봅시다. 그렇게 high and dry인 상태에서는 당연히 배를 움직일 방법이 없겠지요? 그런 상황에서 선장이 할 수 있는 일은 아무 것도 없습니다. 그러니 앞길이 막막하고 무기력할 겁니다. 그런데 저는 이 이디엄을 처음 들었을 때, 사실 배보다는 물 밖에 나와 있는 물고기가 먼저 생각났습니다. 해수면보다 높은 물이 없는(high and dry) 곳에 있게 된 물고기의 신세가 떠오르면서 이 표현이 자연스럽게 이해되었거든요. 어느 쪽이든 이런 장면들을 머릿속에 한 번 그려 보면, 이 이디엄을 쉽게 기억할 수 있을 거예요.

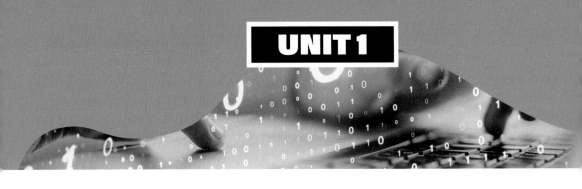

영어로 말하고 싶은, 또는 못 알아들을 것 같은 예문에 체크해 보세요.

캐서린: 오팔 씨, 힘들어 보이세요. 혹시 제가 도와드릴 게 있어요?

오팔: 실은 제가 이 수치들을 계산하는 데 애를 먹고 있거든요. 계속 다른 계산 결과가 나오네요.

캐서린: 제가 한번 해 볼까요?

오팔: 좀 그렇게 해 주세요.

캐서린: 먼저, 이 스프레드시트는 뭘 하기 위한 거죠?

오팔: 이건 평가가 필요한 그 프랑스 프로그램용 데이터예요. 이 단계에서, 우리가 학생과 교수진, 그리고 행정부처 사람들의 응답을 모두 통합하고 있어요.

캐서린: 아, 오케이! 이제 알겠네요. 이런 걸 할 때는 제가 꼭 전체 상황을 알아야 해서요. 일단 큰 그림을 이해하면, 다른 세부 사항들도 다 맞아떨어지기 시작하더라고요.

오팔: 저희가 데이터를 수집하려고 새로운 설문조사 소프트웨어를 사용했는데, 전 그게 여전히 헷갈립니다. 저도 이제 나이가 들었나 봐요.

캐서린: 뭐라고요?! 오팔 씨는 아직 마흔도 안 됐잖아요. 제 말 믿으셔도 돼요. 오팔 씨는 아직 한창인 나이예요! 하지만 저도 오팔 씨 말에 공감은 해요. 이 새 설문조사 프로그램이 전에 있던 것보다 더 강력한 프로그램이긴 하지만, 새롭게 배워야 할 게 너무나 많죠. 저도 처음에는 힘들었지만, 지금은 이 프로그램이 좋아요.

Catherine: Opal, you look frustrated. Is there anything I can do to help?

Opal: I'm having a hard time crunching these numbers. I keep coming up with different results.

Catherine: Would you like me to ❶**take a stab at it**?

Opal: Be my guest!

Catherine: Well, for starters, what is this spreadsheet for?

Opal: This is the data for the French program that needs assessment. At this point, we're combining student, faculty, and administrator responses.

Catherine: Ah, okay. That helps. When I do stuff like this, I really need to see ❷**the big picture**. Once I have that, the other details start to ❸**fall into place**.

Opal: We used new survey software to collect the data, and it still confuses me. I guess I'm just not ❹**a spring chicken** anymore.

Catherine: What?! You're not even 40 years old yet. Trust me, you are still **a spring chicken**! But, I ❺**feel for you**. The new survey program is more powerful than what we had before, and there's a pretty steep learning curve. I had a hard time at first, too, but now I like this program.

---

crunch numbers 계산하다
Be my guest. (상대의 부탁을 들어주며) 그러세요.
for starters 우선 첫째로
learning curve (학습 결과로 일어나는 행동의 변화를 도식화한) 학습 곡선

241

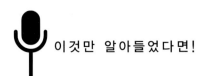 이것만 알아들었다면!

MP3 116

1 To take a stab at ~

I can't get this bottle of champagne open. Could you take a stab at it?

나 이 샴페인 병 못 따겠어. 네가 한번 해 볼래?

~를 한번 해 보다
/~를 시도해 보다

2 The big picture

Once I got beyond the specific project requirements and could see the big picture, I knew what to do.

일단 구체적인 프로젝트 필요 요건을 갖춘 후에 큰 그림을 볼 수 있게 되자, 저는 무엇을 해야 할지 알 수 있었습니다.

전체적인 상황/큰 그림

3 To fall into place

Once I started my new job and moved into my new apartment, things in my life started to fall into place.

일단 직장 생활을 새로 시작하고 새 아파트로 이사하고 나자 내 삶의 모든 것들이 딱 맞아떨어지기 시작했어.

(의견이나 아이디어, 또는 무언가가) 앞뒤가 맞다
/제자리처럼 꼭 맞아떨어지다

4 A spring chicken

At 77, my grandmother is hardly a spring chicken, but she still works as a consultant part-time, volunteers as an after-school tutor, and is an avid swimmer.

일흔일곱 연세에, 우리 할머니가 젊지는 않으시지만, 여전히 시간제 컨설턴트로 일하시고, 방과후 선생님으로 자원봉사도 하시면서 수영까지 열심히 하셔.

햇병아리/풋내기/젊은이

5 To feel for ~

I really feel for him. He's doing the work of three people right now. That's a lot of pressure.

나는 정말로 그 사람이 안됐어. 그 사람이 지금 세 사람 일을 하고 있잖아. 그건 스트레스가 엄청 많다고.

~와 공감하다
/~를 가여워하다

구어체 영어에서 spring chicken은 다음 예문과 같이 no와 함께 자주 쓰입니다.

He's no spring chicken. 그는 더 이상 청춘이 아니다.

그래서 이 이디엄은 보통 젊은 사람들이 잘하는 활동을 나이 든 사람이 하거나 하지 않으려 할 때 쓰입니다.

Although she's no spring chicken, she's the most tech-savvy person in our office.
비록 그분이 젊은 분은 아니지만, 우리 사무실에서 가장 최신 기술을 잘 다루는 분입니다.

Our staff members have innovative ideas, but our director won't accept any of them. What can I say, the guy is no spring chicken and is set in his ways.
우리 스태프들에게는 혁신적인 아이디어가 있지만, 우리 국장님은 그중 어떤 것도 받아들이려고 하지 않아요. 뭐, 어쩌겠어요. 국장님은 젊지 않고, 자기 방식으로 하는 것에 이미 굳어져 버린걸요.

Vocabulary Point 2

캐서린은 새 프로그램에 관한 이야기를 하면서 "…there's a pretty steep learning curve."라고 말합니다. 이 표현도 구어체 영어에서 자주 쓰이는데, 뭔가 새로운 것을 익혀야 할 때 처음 배우는 과정이 힘들며 더 큰 노력을 요구한다는 뜻입니다. 시간이 지남에 따라 배우는 과정을 도식화한 그래프를 떠올려 보면 이 표현을 쉽게 이해하실 수 있을 거예요. 이 표현이 쓰인 또 다른 예문을 볼까요?

I was worried about starting a new job because of the learning curve. It's been challenging, but now that I've been in it for several months, I'm enjoying it.
새로운 것들을 배워야 하는 과정이 힘들어서 난 새 일을 시작하는 것에 걱정을 했거든. (지금도) 쉽지는 않았지만, 이제 몇 개월 정도 되니까, 지금은 이 일을 즐기고 있어.

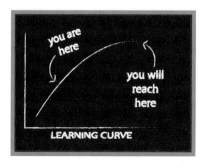

243

라일리: 뭐 하세요, 토니 씨?

토니: 윽! 인터넷에서 나쁜 뉴스만 읽어대면서 저 스스로를 시시각각으로 더 우울하게 만들고 있어요. 그러니까 내 말은, 이것 좀 봐요. 해수면 상승, 녹고 있는 빙원, 경제, 코로나바이러스. 정말 끝이 없다니까요.

라일리: 그러게요. 요즘 우리가 전 세계적인 규모로 많은 힘든 일에 직면해 있죠. 저는 인류가 정말 안됐다고 생각해요.

토니: 큰 그림을 보면, 너무나도 암울해 보여요.

라일리: 맞아요. 하지만 제 생각에는, 상황들이 더 나아지게 우리가 노력하는 것 외에는 다른 대안이 없는 것 같아요.

토니: 그게 무슨 뜻이죠?

라일리: 우리가, 개개인으로는 모든 문제와 씨름할 수는 없잖아요. 하지만 그중 몇 가지는 해 볼 수가 있죠. 그러니까, 기후 변화 같은 것 말이에요. 우리가 개인적으로 할 수 있거나, 또는 공동체 안에서 지원할 수 있는 것에 어떤 것들이 있을까요? 실은 제가 막 해안 복원 프로젝트를 시작했는데, 해변가 사구를 보존하기 위해 그곳에 토종 식물을 심는 거예요.

토니: 정말 멋지네요. 그렇지만 라일리 씨는 젊잖아요. 나도 그렇게 하고 싶지만 무릎에 문제가 좀 있거든요. 이팔청춘이 아니란 말이죠, 아시다시피!

라일리: 이해해요, 토니 씨! 그렇지만 이런 비슷한 걸 시도해 보실 수는 있을 거예요. 아마 한 달에 한 번씩 한 시간 정도만 해 볼 수도 있고요. 아니면, 뭔가 하기 쉽다고 느껴지는 걸 선택해 보실 수도 있고요.

토니: 라일리 씨 말씀에 일리가 있네요. 벌써 기분이 좀 나아지는데요.

라일리: 제가 드리고 싶은 말씀은, 모든 게 커다란 변화를 가져오지 않는다는 걸 저도 알지만, 그래도 많은 작은 행동들이 모여서 몇 가지 좋은 결과들을 가져다주는 데 도움이 될 거라고 저는 진심으로 믿어요. 하지만 우리가 아무것도 시도하지 않으면 아무 일도 일어나지 않아요.

Riley: What are you up to, Tony?

Tony: Ugh. I'm just doom scrolling and getting myself more depressed by the minute. I mean, look at this: sea level rise, melting ice caps, the economy, the Corona virus. It just never ends.

Riley: Well, that's true. We're facing a lot of challenges on a global scale these days. I ❶**feel for humanity**.

Tony: When I look at ❷**the big picture**, it looks pretty dismal.

Riley: That's true, but, from my perspective, we have no other option but to try to make things better.

Tony: What do you mean?

Riley: We, as individuals can't tackle every challenge, but we can tackle some of them. You know, like climate change. What are things that you can do personally, or things that you can advocate for in the community? I just started doing this coastal restoration project where we plant native plants at the beach to preserve the sand dunes.

Tony: That's great, but you're a young girl. I would love to do that, but I've got some issues with my knees. I'm ❸**no spring chicken**, you know!

Riley: I get it, Tony! But you could ❹**take a stab at something like this**. Maybe just try once a month for one hour. Or choose something that feels easier to do.

Tony: You've got a point there, Riley. I'm feeling better already.

Riley: I mean, I realize that not everything will make a big difference, but I truly believe that a lot of small actions combined will help some good outcomes ❺**fall into place**. But nothing happens if we don't try.

What are you up to? 뭐 해요? (= What are you doing?)
doom scroll 나쁜 상황에 대한 뉴스만 강박적으로 확인하다
by the minute 시시각각으로   **ice cap** 빙원   **dismal** 음울한, 울적하게 하는
have no other option but to + V ~하는 수밖에 다른 도리가 없다
tackle (힘든 상황과) 씨름하다   **I get it.** 이해해요.(= I understand.)
You've got a point there. 당신 말에도 일리가 있어요.   **outcome** 결과

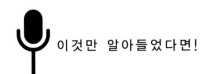 이것만 알아들었다면!

MP3 118

1

To feel for ~: To empathize with ~

As parents, we all felt for Jane. Her new baby was not sleeping through the night; we could all relate to how exhausting that can be.

부모로서 우리는 모두 제인에게 공감했어. 새로 태어난 그녀의 아기가 밤새 잠을 안 잤거든. 우리 모두 그게 얼마나 지치게 하는 일인지 모두 공감할 수 있었지.

2

The big picture:
The whole perspective on something

Climate science has a lot of components, and to create a successful climate policy, our government needs to understand the big picture.

기후 과학은 많은 요소를 포함하기에, 성공적인 기후 정책을 만들기 위해서 우리 정부는 큰 그림을 이해할 필요가 있습니다.

3

A spring chicken: A young person

Years ago, when I was a spring chicken, I used to go out dancing most nights.

몇 년 전, 풋내기 시절에 난 거의 매일 밤 춤을 추러 나가곤 했어.

4

To take a stab at ~: To try ~

Mike had never made roast leg of lamb before, but he had a good recipe and wanted to take a stab at it.

마이크는 그 전에 구운 양다리 고기를 만들어 본 적이 단 한 번도 없지만, 좋은 요리법을 가지고 있었기에 한번 시도해 보고 싶었다.

5

To fall into place:
(For things or ideas) to make sense or fit together

I had a hard time following the film at first, but when I realized that the princess was disguised as the housemaid, everything fell into place.

난 그 영화(의 줄거리)를 따라가는 게 처음에는 힘들었는데, 공주가 하녀로 분장했다는 사실을 깨닫게 되자, 모든 게 앞뒤가 맞아떨어지더라고.

To take a stab at ~과 to have a stab at ~은 '~을 시도해 보다'(to try ~)라는 뜻입니다. 여기서 시도해 보는 무언가는 자신이 잘 알지 못하거나 해 본 경험이 없는 것을 주로 의미합니다. 이 표현은 누군가가 칼끝으로 무언가를 잡으려고 시도해 보는 이미지를 떠올리게 합니다. Stab이 이와 비슷한 의미로 쓰이는 또 다른 이디엄으로 a stab in the dark도 있습니다. 이는 다음 예문과 같이 무언가를 잘 모르는 상태에서 짐작해 볼 때 쓰이는 표현입니다.

I have no idea what houses in that neighborhood cost, so this is just a stab in the dark, around $300,000?
난 그 동네 집값이 얼마나 하는지를 전혀 모르니까, 이건 그냥 추측인데, 300,000달러 정도 하나?

Vocabulary Point 2

Doom scrolling 또는 doom surfing은 우울하고 두렵게 하는 뉴스나 이야기들을 인터넷에서 찾아보거나(surfing) 스크롤(scrolling)하면서 강박적으로 읽고 있는 상태를 말합니다. 그런 뉴스나 이야기들이 분노하게 하더라도 우리는 계속 읽게 됩니다. 그래서 이 표현을 이용해서 다음과 같은 말을 할 수가 있습니다.

Stop doom scrolling about the pandemic! Reading about it for hours won't change anything.
팬데믹에 관해서 나쁜 뉴스만 계속해서 읽는 거 이제 그만해! 그거 몇 시간 동안 읽는다고 아무것도 달라지는 건 없을 테니까.

I should never get on Facebook. I just want to see whose birthday it is, and before I know it, I'm doom scrolling the saddest stories!
난 페이스북 절대로 하면 안 돼. 난 그저 누구의 생일인지 확인하고 싶을 뿐인데, 나도 모르는 사이에 세상에서 가장 슬픈 이야기들만 끝도 없이 읽고 있게 되거든!

LESSON 20

메러디스: 앨런 씨, 내일 하는 프레젠테이션 전에 앨런 씨랑 몇 가지 검토해 봐도 될까요?

앨런: 그럼요, 메러디스 씨.

메러디스: 네. 그럼 첫 번째로, 제가 우리 회사의 전략적인 목표에 관한 큰 그림을 제시할 겁니다.

앨런: 좋아요. 그런 다음 제가 각각의 목표를 좀 더 세부적으로 설명하기 시작할 거예요.

메러디스: 아니면, 우리가 앨런 씨가 하실 각각의 목표부터 시작해야 할까요?

앨런: 아뇨, 저는 사람들이 전체적인 상황을 먼저 이해하면, 그 목표들을 더 쉽게 이해할 수 있을 거고, 세부 사항들이 딱 맞아떨어질 거라고 생각해요. 오케이, 그런 다음에 우리가 아이디어 회의와 토의하는 시간을 가져보는 거죠. 원래 셸리 씨가 토론하는 것을 도와주기로 했는데, 오지 않을 거예요.

메러디스: 알아요. 셸리 씨가 무릎 수술 후 아직 집에서 회복 중이잖아요. 셸리 씨가 정말 안됐어요. 정말 지루할 거예요.

앨런: 그렇죠. 저도 작년에 같은 수술을 했거든요. 저처럼 셸리 씨도 청춘이 아니니까요. 그렇지만 셸리 씨가 괜찮게 지내신다고 하더라고요. 셸리 씨가 우리가 뭘 할지 문의사항 있으면 전화하라고 말씀하셨어요. 그나저나, 메러디스 씨가 아이디어 회의를 이끄실래요, 아니면 제가 할까요?

메러디스: 전에 한 번도 아이디어 회의를 이끌어 본 적은 없지만, 한번 시도해 볼 의향은 있어요.

앨런: 좋아요! 메러디스 씨께서 그 부분을 해 주시면, 제가 회의 중에 나오는 아이디어 모으는 걸 도와드릴 수 있고, 결론을 함께 도출할 수 있지요.

메러디스: 좋아요! 우리가 괜찮은 계획을 세운 것 같네요!

Meredith: Alan, can I go over a few things with you before our presentation tomorrow?

Alan: Sure thing, Meredith.

Meredith: Okay, so first, I'm going to give them ❶ **the big picture** about the company's strategic goals.

Alan: Good, then I'll start explaining each of the goals in more detail.

Meredith: Or do you think we should start with your part about each goal?

Alan: No, I think if they have **the big picture** first, the goals will make more sense, and the details will ❷ **fall into place**. Okay, and then we have a brainstorming and discussion session. Shelly was supposed to facilitate that, but she won't be there.

Meredith: I know. She's still home recovering from knee surgery. I really ❸ **feel for her**. I'm sure that's no fun.

Alan: It's not. I had the same surgery last year. Like me, Shelly's ❹ **no spring chicken**. But I heard she's doing well. She said we should call her if we have questions about what to do. So, do you want to lead the brainstorming or me?

Meredith: I haven't led a brainstorming session before, but I'm willing to ❺ **take a stab at it**.

Alan: Great! If you do that part, I can help you gather the brainstorming ideas, and we can do the conclusion together.

Meredith: Awesome! Sounds like we have a good plan!

---

go over 검토하다
facilitate ~이 용이하게 하다, 도와주다

249

이 것 만 알 아 들 었 다 면 !

MP3 120

1

The big picture: The whole perspective on something
전체적인 상황/큰 그림

Alex will make a good team leader. He's not afraid of the details, but he doesn't lose sight of the big picture either.
알렉스는 좋은 팀장이 될 거야. 그는 세부 사항들을 자신 있게 다루지만, 큰 그림도 놓치지 않거든.

2

To fall into place:
(For things or ideas) to make sense or fit together
(의견이나 아이디어, 또는 무언가가) 앞뒤가 맞다/제자리처럼 꼭 맞아떨어지다

We assembled all the kitchen cabinets for our remodeling project. The first cabinet was the hardest, but after that one, all the others fell into place.
우리는 리모델링 프로젝트를 위해 모든 부엌 찬장을 조립했어. 첫 번째 찬장이 제일 힘들었는데, 첫 번째 것을 끝내고 나니까 모든 다른 것들도 꼭 맞아떨어졌어.

3

To feel for ~: To empathize with ~
~와 공감하다/~를 가여워하다

I don't feel for him. I know he's in a difficult situation, but he created a lot of his own problems.
난 그 사람이 안됐다는 생각이 안 들어. 그 사람이 힘든 상황인 건 알겠지만, 자신이 직면한 그 많은 문제를 스스로 초래했거든.

4

A spring chicken: A young person
햇병아리/풋내기/젊은이

He is still quite energetic, but not like he used to be. He's no spring chicken anymore.
그분은 여전히 에너지가 꽤 넘치시지만, 그래도 예전만큼은 아니야. 더 이상 이팔청춘은 아니시니까.

5

To take a stab at ~: To try ~
~를 한번 해 보다/~를 시도해 보다

I'm not the best with formatting tables in Word, but I'm willing to take a stab at it.
내가 워드 프로그램에서 표 만드는 걸 아주 잘하지는 못하지만, 기꺼이 한번 시도해 볼 용의는 있어.

The big picture라는 표현에서 정관사 the를 정확하게 써 주는 게 매우 중요합니다. 여기서 정관사를 쓰는 이유는 어떤 주어진 주제나 상황에서 전체적인 그림(big picture)은 오직 하나뿐이기 때문입니다. 다시 말해, 그것은 그 상황에서 유일하게 주어진 바로 그 큰 그림을 의미하니까요. 하지만 때로는 다음과 같이 big picture 앞에 정관사가 아닌 부정관사 a가 있는 걸 볼 때도 있을 거예요.

Fred is detail oriented, but I'm a big picture person.
프레드는 세부적인 것들을 중시하지만, 나는 큰 그림 보는 것을 더 중요하게 생각하는 사람입니다.

물론 이런 문장에서는 big picture 표현이 person을 꾸며 주는 형용사로 쓰이고 있으므로, 이때 부정관사 a는 person과 함께 쓰였다고 봐야 합니다.

Vocabulary Point

To feel for someone 이디엄은 공감이 되는 당사자에게도 쓸 수 있지만, 제삼자에 대한 자신의 느낌을 말할 때도 쓸 수 있는 표현입니다.

You have a lot on your plate at work. I feel for you.
직장에서 넌 할 일이 너무 많아. 난 네가 안됐어.
(청자에게 공감 표시)

She has a lot on her plate. I feel for her.
그녀는 해야 할 일이 너무 많아. 난 그녀가 안됐어.
(제삼자에게 공감 표시)

그런데 이와 비슷하면서 그 의미까지 같은 표현이 바로 "I feel you."입니다. 이는 당신이 처한 상황을 이해하고 당신이 느끼고 있는 감정에 공감한다는 말입니다. 주의할 것은, 이 표현은 to feel for ~와 달리 공감하는 당사자에게 직접 말할 때만 쓰인다는 점입니다.

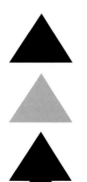

Pat: My employer just told us that we all have to work this weekend, and I don't mind that, but they don't want to pay us overtime. That's not right.
Jim: I feel you. They can't take advantage of you like that.
팻: 우리 고용주가 우리한테 이번 주말에는 모두 나와 일해야 한다고 말했어. 난 그건 괜찮은데, 회사가 우리한테 초과근무 수당을 안 주고 싶어 하거든. 그건 옳지 못한 처사잖아.
짐: 동감이야. 그 사람들이 그런 식으로 너를 이용할 수는 없어.

영어로 말하고 싶은, 또는 못 알아들을 것 같은 예문에 체크해 보세요.

티나: 어머니 날에 뭐 하니, 제인?

제인: 우리 어머니랑 언니와 함께 시카고로 주말에 가서, 엄마 모시고 〈해밀턴〉 보러 갈 거야.

티나: 오, 재밌겠다! 그 표를 도대체 어떻게 구할 수 있었던 거야?

제인: 그게, 내가 시카고에서 〈해밀턴〉 공연을 한다는 말을 처음 들었을 때, 내 자동 반사적인 반응은 "오, 어떻게 이런 일이!"였지. 나도 표가 엄청 비싸다는 말은 들었지만, 이게 브로드웨이에서 하는 게 아니라서 가격이 괜찮더라고. 게다가 우리 언니랑 내가 둘 다 표 사는 데 조금씩 보탤 거니까.

티나: 우와, 나도 뮤지컬 엄청나게 좋아하는데! 난 몇 년 전에 뉴욕 여행 가서 〈캣츠〉를 브로드웨이에서 봤거든. 그리고 〈코러스라인〉은 브로드웨이 밖에 있는 극장에서 봤고. 난 거기 나온 모든 노래 가사들을 다 외우고 있어. 그래서 넌 시카고에서 또 뭘 할 건데?

제인: 아마 쇼핑을 좀 하고, 미술관에도 가겠지. 물론 어머니 날에는 브런치도 먹을 거고. 넌 뭐 할 거니?

티나: 글쎄, 너도 알다시피 우리 어머니는 연로하셔서 쉽게 못 돌아다니시지만, 그래도 바깥을 좋아하셔서 시티 가든에서 하는 어머니 날 티 행사에 우리가 어머니를 모시고 가. 시티 가든에서 야외에서 차 마시는 행사도 하고, 또 하프 연주자가 연주도 해.

제인: 정말 유쾌하겠네!

티나: 그리고 재미있는 부분은, 이 모든 게 우리 어머니께는 서프라이즈일 거라는 사실이야. 우리가 어디로 가는지 어머니께서 아시게 되면, 깜짝 놀라 뒤로 넘어지실걸. 그 모습을 정말 기대하고 있어!

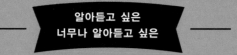

Tina: What are you doing for Mother's Day, Jane?

Jane: My mother, sister, and I are flying to Chicago for the weekend, and we're taking Mom to see *Hamilton*!

Tina: Oh, how fun! How were you even able to get tickets to that?

Jane: You know, when I first heard that *Hamilton* was playing in Chicago, ❶ **my knee-jerk reaction** was "Oh, impossible!" I'd heard that tickets were crazy expensive, but since this is not on Broadway, it's affordable. Plus, my sister and I ❷ **are** both **chipping in for the tickets**.

Tina: Gosh, I love musicals! I saw *Cats* on Broadway years ago on a trip to New York, and I saw *A Chorus Line* off Broadway. I ❸ **know the words to all the songs by heart**. So, what else do you plan to do in Chicago?

Jane: We'll probably do a little shopping, visit the art museum, and of course, we're doing brunch on Mother's Day. What about you?

Tina: Well, as you know, my mother ❹ **is getting on in years,** and she can't get around easily, but she still loves the outdoors, so we're taking her to a Mother's Day tea at the City Gardens. They're doing an outdoor tea, and they even have a harpist playing.

Jane: How delightful!

Tina: And the fun part is that all of this will be a surprise for her. Once she realizes where we're going, she'll ❺ **be beside herself**. I'm so looking forward to it!

---

affordable (가격이) 적절한

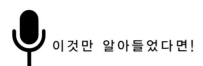
이것만 알아들었다면!

1 A[One's] knee-jerk reaction

Even though we suffered a terrorist attack, the government needs to carefully think through protection policies rather than acting on a knee-jerk reaction.

우리가 테러 공격으로 고통받았지만, 정부는 뻔한 반응에 따라 행동하기보다는 보호 정책들을 하나하나 철저하게 따져 봐야 할 필요가 있습니다.

무릎 반사처럼 자동으로 나오는 반응

2 To chip in for[on] ~

When our COVID cases increased at the hospital, all of the staff chipped in to assist the doctors and nurses on the COVID ward.

우리 병원에서 코비드 확진 사례가 늘어나자, 모든 스태프가 코비드 병동의 의사와 간호사들을 돕기 위해 각자 도움을 보탰습니다.

협력해서 함께하는 일에 돈이나 도움을 보태다

3 To know[learn] ~ by heart

When I was in school, I had to learn my multiplication tables by heart.

내가 학교에 다닐 때는 곱셈표를 다 외워야 했지.

~를 외우다/기억하다

4 To get on in years

My grandfather is 96; he's really getting on in years.

우리 할아버지는 아흔여섯이시거든. 할아버지께서 정말로 연로해지고 계셔.

나이를 먹어 가다 /연로해지다

5 To be beside oneself

I could see that she was beside herself with frustration, but she couldn't say anything because we were in the middle of a meeting.

난 그녀가 좌절감으로 이성을 잃고 어찌할 바를 몰라한다는 사실을 알 수 있었지만, 회의 도중이었기 때문에 그녀는 아무 말도 할 수가 없었다.

(격한 감정으로 인해) 이성을 잃고 어찌할 바를 모르다

이때 감정은 '행복' 등과 같이 긍정적일 수도 있고, '걱정'이나 '분노' 등과 같이 부정적일 수도 있다.

미국에서 어머니의 날(Mother's Day)은 5월 둘째 주 일요일입니다. 어머니의 날을 만들자는 움직임은 1860년대에 시작되었지만 1914년 5월 8일이 되어서야 어머니의 날이 공식적으로 지정되었습니다. 보통 미국인들은 이날 어머니(또는 자기 인생에서 어머니 역할을 한 여성분)나 할머니를 모시고 식당에 가서 맛있는 브런치를 사드립니다. 아이들은 자기 손으로 직접 만든 카드와 선물 또는 꽃을 엄마에게 드리죠. 어머니의 날이 낀 주말에는 여성들이 좋아하는 스파나 살롱 등에서 특별 행사를 많이 하기도 합니다. 무엇을 하든, 이날은 어머니를 기리거나 감사의 표시로 어머니에게 특별한 뭔가를 해드리는 날입니다.

CULTURE POINT 2

많은 미국인들이 연극과 뮤지컬을 좋아하는데, 가장 최고의 공연을 보여 주는 곳은 역시 뉴욕 브로드웨이에 있는 극장가입니다. 브로드웨이(Broadway)라는 단어는 이제 '최고의 전문 공연장'이라는 말과 동의어로 쓰일 정도가 됐으니까요. 그래서 브로드웨이에서 하는 공연 표는 당연히 아주 비쌉니다. 대화에서 제인은 〈해밀턴(Hamilton)〉이라는 뮤지컬을 보러 갈 거라고 말합니다. 〈해밀턴〉은 힙합과 랩을 하는 유색 인종 뮤지컬 배우들이 주연으로 많이 나오는 굉장히 인기 있는 쇼입니다. 내용은 미국의 헌법 제정자(American's founding fathers) 중 한 사람인 알렉산더 해밀턴(Alexander Hamilton)에 관한 이야기입니다. 뉴욕에서 이 공연 표는 한 장에 800달러(한화 약 80만 원)에 팔립니다. 대화에서 제인은 그 쇼를 시카고에서 조금 싸게 볼 거라고 말하죠? 보통 브로드웨이에서 성공하는 쇼는 시카고나 LA 같은 미국의 다른 대도시에 가서도 공연합니다. 많은 경우, 중소 도시에도 들르면서 투어 공연을 하기도 합니다. 그럼에도 불구하고, 뉴욕 브로드웨이에서 연극이나 뮤지컬을 보는 경험을 최고로 치는 사람들은 값비싼 돈을 지불하고라도 뉴욕에 가서 공연을 봅니다.

LESSON 21

재니스: 브라이언 씨, 목요일에 임원진 회의에 참석할 수 있었어요?

브라이언: 네, 그리고 회의가 따분하지 않았답니다.

재니스: 오, 말해 주세요! 불꽃놀이처럼 불꽃이 튀었나요? 드라마를 찍었어요? 울었어요?

브라이언: 울지는 않았지만, 거의 울 뻔했죠. 글쎄, 우리 부서 캐시디 씨 아시죠? 그분이 생산성 고양을 위한 새로운 계획을 발표해야 했거든요. 대부분은 캐시디 씨 아이디어였고, 그분이 그 프레젠테이션을 위해 얼마 전부터 준비해 왔다는 건 모두 다 알고 있죠. 근데 우리 상사이신 피터 씨가 그것들이 마치 자기 아이디어인냥 발표하기 시작한 거예요.

재니스: 뭐라고요?! 캐시디 씨가 굉장히 화나셨겠네요.

브라이언: 너무 화가 나서 어찌할 바를 모르시더라고요. 그러니까 뭘 어떻게 해야 할지, 무슨 말을 해야 할지를 모르시더라니까요. 제 자동적인 반응은 피터 씨한테 뭘 집어던지는 것이었죠.

재니스: 어머나 세상에, 뭘 던지셨어요?

브라이언: 순진하시긴! 아무것도요. 아무것도 안 던졌어요. 그냥 그 사람에게 뭔가를 던져 버리고 싶었지만, 자제했죠.

재니스: 다행입니다. 하지만 브라이언 씨가 뭔가 던졌다면, 대단한 이야기가 만들어졌을 텐데요.

브라이언: 정말 엉망이었죠. 그랬다니까요. 게다가 설상가상으로, 피터 씨가 발표를 하면서 그냥 말을 막 만들어 내는 거예요. 다른 사람 아이디어를 발표하고 있었으니까 당연히 그렇게 되는 거죠. 캐시디 씨는 자기 프레젠테이션의 모든 부분을 다 외우고 있었지만, 발표를 못하게 됐고요. 위원회 위원장인 마이크 클라크 씨는 집중도 안 하고 있었고요. 그분은 연로하셔서 곧 은퇴하실 거잖아요.

재니스: 오, 그분은 벌써 몇 년 전에 은퇴하셨어야 했어요.

브라이언: 저도 그렇게 생각해요. 뭐 어쨌든, 결국엔 우리 중 몇몇이 회의 끝난 후에 캐시디 씨를 데리고 나가서 저녁을 사 줬어요. 우리 모두 조금씩 돈을 보태서 캐시디 씨 밥값을 내줬죠. 당연히, 피터 씨는 초대 안 했고요. 최소한 우리가 캐시디 씨에게 감사하다는 마음을 보여 줄 수는 있었죠. 그 야말로 드라마틱한 회의였어요!

Janice: Were you able to attend the directors' meeting on Thursday, Bryan?

Bryan: Yes, and it wasn't boring.

Janice: Oh, do tell! Fireworks? Drama? Crying?

Bryan: No crying, but almost. You know Cassidy, from our department? Well, she had to present some new productivity initiatives. Most of them were her idea, and it's no secret that she's been working on her presentation for some time. But then our boss, Peter, just started presenting them as if they were his ideas.

Janice: What?! I'll bet Cassidy was furious.

Bryan: She ❶ **was beside herself**, and I could tell she didn't know what to do or say. ❷ **My knee-jerk reaction** was to throw something at Peter.

Janice: Oh my gosh, what did you throw?

Bryan: Silly goose! Nothing. I threw nothing. I just wanted to throw something at him, but I controlled myself.

Janice: Thank goodness. But if you'd thrown something, it would have made a great story.

Bryan: It was a mess, I tell you. And to make matters worse, Peter was basically just making things up as he went along because he was presenting someone else's ideas. Cassidy ❸ **knew every aspect of her presentation by heart** but wasn't allowed to present. And the chair of the committee, Mike Clark, he wasn't even paying attention. ❹ **He's getting on in years** and will be retiring soon.

Janice: Oh, he should have retired years ago already.

Bryan: I agree. Anyhow, in the end, a group of us took Cassidy out to dinner after the meeting. We all ❺ **chipped in** and paid for her. Naturally, we did not invite Peter. At least we were able to show her our appreciation. What a meeting that was!

---

initiative (특정한 문제 해결·목적 달성을 위한 새로운) 계획
it's no secret that ~ ~는 잘 알려져 있다
I tell you. (놀라움, 믿기 어려움을 강조하는 말로) 정말이에요.

257

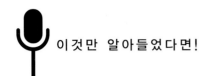

이것만 알아들었다면!

MP3 124

1 To be beside oneself:
To be overcome with intense emotion

When my brother's wife told him that she was pregnant, he was beside himself with joy. They had been trying for some time to have a baby.

형수님이 형한테 임신 사실을 알리자, 형은 기뻐서 어쩔 줄을 몰랐지. 형네 부부가 얼마 전부터 아기를 가지려고 노력하고 있었거든.

> 이때 감정은 '행복' 등과 같이 긍정적일 수도 있고, '걱정'이나 '분노' 등과 같이 부정적일 수도 있다.

2 A[One's] knee-jerk reaction: An automatic response or reaction to something

When the man approached me in the parking lot at night, my knee-jerk reaction was to scream for help.

그 남자가 밤에 주차장에서 내게 접근했을 때, 나는 자동반사적으로 도와달라고 소리를 질렀어.

3 To know[learn] ~ by heart: To have ~ memorized

After working for the Department of Education for three years, I knew all of the state rules and regulations by heart.

3년 동안 교육부에서 일한 후에, 난 우리 주의 모든 규칙과 규정들을 다 외우게 됐어.

4 To get on in years: To get older

Remember, when you talk to Aunt Susie, she's getting on in years, so speak a little more loudly so that she can hear you.

기억해. 수지 고모에게 이야기할 때는 고모가 연로해지시니까 고모가 알아들으실 수 있게 좀 더 크게 말해.

5 To chip in for[on] ~:
To contribute money or help as part of a joint effort

Every Friday my friends and I all chip in for pizza and beer.

금요일마다 내 친구들과 나는 돈을 조금씩 보태서 피자와 맥주를 사.

대화에서 브라이언은 재니스에게 "Silly goose"라고 말합니다. 이 표현은 "왜 이렇게 말귀를 못 알아들으실까"처럼 누군가를 아주 가볍게 꾸짖거나 탓할 때 사용하는 표현입니다. 비슷한 상황에서 쓸 수 있는 다른 영어 표현으로는 goose 없이 그냥 silly 또는 goofball이 있습니다. 물론 이런 표현들은 가까운 친구나 가족, 혹은 아이들에게 사용할 수 있는 것입니다. 예를 들면, 티셔츠를 거꾸로 입은 아이에게 다음과 같이 말할 수도 있습니다.

You goofball, you put your shirt on backwards!
너 바보같이, 셔츠를 거꾸로 입었잖니!

Vocabulary Point 2

브라이언은 "We all chipped in and paid for her."라고 말합니다. 이는 동료들이 모두 함께 조금씩 보태서 캐시디의 밥값을 내줬기 때문에 캐시디는 밥값을 내지 않아도 됐다는 뜻입니다. To chip in과 동의어이면서 자주 쓰이는 이디엄으로 to pitch in이 있습니다. 둘 다 '힘이나 도움을 조금씩 보태다'라는 의미가 있지요. 그렇지만 구어체 영어에서 chip in이 주로 돈이나 재정과 관계된 도움에 쓰이는데 반해, pitch in은 다음과 같이 돈이나 재정과는 관계없는 도움에 쓰이는 경향이 있습니다.

If we all pitch in, we can get the yard work done faster.
우리가 모두 조금씩 돕는다면, 정원 일을 더 빨리 끝낼 수 있을 거예요.

UNIT 3

영어로 말하고 싶은, 또는 못 알아들을 것 같은 예문에 체크해 보세요.

아담: 아버지의 날 주말에 짐 할아버지 모시고 낚시하는 곳에 가는 건 어떻게 생각해?

리: 훌륭한 아이디어인 것 같아! 하지만 짐 할아버지의 즉각적인 반응은 아마 자신이 너무 나이를 먹어서 그 낚시용 오두막집으로 여행을 못 갈거라고 하실 거야.

아담: 맞아, 나도 이미 그것에 대해 생각하고 있었어. 할아버지께서 연로하시고 예전만큼 기운도 없으시다는 걸 알지. 그래서 말인데, 이거 한번 봐 봐. 내가 훨씬 더 가까운 다른 낚시터를 하나 찾았거든. 딱 한 시간 정도 걸리는 라일리 호수에 있어. 개별 오두막집들이 있고 도로포장이 돼서 걸어다니기 쉬운 보행 지역도 있어.

리: 우와, 여기 근사해 보인다. 게다가 식사 서비스까지 갖추고 있어서, 우리가 음식이나 그런 걸 많이 가지고 갈 필요도 없을 거고. 우리가 짐 할아버지를 여기 모시고 가면, 할아버지께서 신나서 어쩔 줄을 몰라하실 것 같아. 내 말은, 우린 낚시 장비가 모두 있잖아. 그러니까 짐 할아버지만 모시고 가면 돼.

아담: 그럼, 너도 이곳이 좋다면 내가 얼른 가서 여기 예약할까? 확실히 값이 싼 곳은 아니지만 우리 둘 다 보태면 비용이 그렇게 비싸지는 않을 것 같거든.

리: 물론이지! 얼른 가서 예약해. 할아버지도 정말 재미있어하실 거야. 할아버지가 우리한테 어떻게 낚시하는지 가르쳐 주셨던 거 생각나? 우리가 어떤 적당한 미끼를 사용해야 하는지 다 알았고, 할아버지가 우리에게 생선 비늘 벗기는 법을 가르쳐 주셨잖아.

아담: 그리고 뱃사람 매듭도. 그거 기억나? 할아버지가 우리한테 그 모든 매듭을 어떻게 묶는지 다 가르쳐 주셨잖아. 내가 12살이었을 때, 그걸 여름 내내 연습했거든. 난 그것들을 어떻게 묶는지 다 외웠다니까.

리: 이거 아주 끝내주는 주말이 되겠는걸. 설사 할아버지께서 낚시를 그렇게 하고 싶어 하지 않으시더라도, 호수로 모시고 가서 할아버지와 시간을 함께 보내는 건 참 좋을 거야.

Adam: What do you say we take Grandpa Jim fishing for the Father's Day weekend?

Lee: I think it's a great idea! But I think Grandpa Jim's ❶**knee-jerk reaction** might be that he's too old to make the trip to the fishing cabin.

Adam: Yeah, I was thinking about that already, and I realize that ❷**he's getting on in years** and doesn't have the energy he used to have. So, check this out: I found another fishing place that's even closer. It's only an hour away on Lake Riley. They have individual cabins and walking areas that are paved and easy to walk on.

Lee: Wow, this place looks great, and they even have some dining services, so we wouldn't have to bring lots of food or anything. Oh, I think Grandpa Jim would ❸**be beside himself** with glee if we took him here. I mean, we have all the fishing gear. All we need is Grandpa Jim.

Adam: So, if you like this place, should I go ahead and book it? Obviously, it's not cheap, but I'm thinking if we can both ❹**chip in**, the cost won't be too high.

Lee: Absolutely! Go ahead and book it. This is going to be a lot of fun for him. Remember how he taught us to fish? We knew all the right bait to use, and he taught us how to scale the fish.

Adam: And sailor's knots—remember that? He taught us all those knots. I practiced those all summer when I was 12. I ❺**knew how to tie them all by heart**.

Lee: This'll be an awesome weekend. Even if he doesn't want to fish that much, it'll be great to take him to the lake and spend time with him.

What do you say ~? ~는 어떻게 생각해?
with glee 기뻐하며
bait (낚시할 때의) 미끼
scale 비늘을 벗기다

261

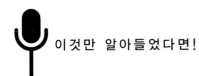
이것만 알아들었다면!

MP3 126

1 A[One's] knee-jerk reaction: An automatic response or reaction to something 무릎 반사처럼 자동적으로 나오는 반응

My teenage daughter's knee-jerk reaction to everything I suggest is to roll her eyes at me.

10대인 내 딸이 내가 제안하는 모든 것에 자동반사적으로 하는 행동은 눈알을 굴리는 거지.

2 To get on in years: To get older 나이를 먹어 가다/연로해지다

When our dog started getting on in years, we bought him a special dog bed to support his joints so he could sleep better.

우리 개가 나이 들어가기 시작할 때, 우리는 개의 관절을 받쳐 주는 특수 침대를 사 줘서 개가 더 잘 잘 수 있게 했어.

3 To be beside oneself: To be overcome with intense emotion (격한 감정으로 인해) 이성을 잃고 어찌할 바를 모르다

After winning the lottery, the man was so beside himself that he could not speak.

복권에 당첨된 후, 그 남자는 이성을 잃고 어찌할 바를 몰라서 말을 할 수가 없었다.

> 이때 감정은 '행복' 등과 같이 긍정적일 수도 있고, '걱정'이나 '분노' 등과 같이 부정적일 수도 있다.

4 To chip in for[on] ~:
To contribute money or help as part of a joint effort
협력해서 함께하는 일에 돈이나 도움을 보태다

We could take the bus, or if you're willing to chip in, we could take Lyft.

우리는 버스를 탈 수도 있고, 아니면 네가 돈을 조금 보태겠다면, 리프트(Lyft: 우버와 비슷한 택시의 일종)를 탈 수도 있어.

5 To know[learn] ~ by heart: To have ~ memorized ~를 외우다/기억하다

I'm terrible at memorizing things. I wanted to be in a play when I was in school, but I could never learn all of my lines by heart.

난 뭔가를 외우는 걸 너무너무 못하거든. 학교 다닐 때 연극을 하고 싶었지만, 대사를 절대로 외울 수가 없었지.

To be beside oneself는 생각해 보면 정말 재미있는 표현입니다. 이는 강하고 압도되는 어떤 감정을 표현하기 위해 쓰이는 이디엄인데, 문제는 이 이디엄이 긍정적인 감정에도, 또 부정적인 감정에도 모두 사용될 수 있다는 점입니다. 그렇다면, 듣는 사람 입장에서는 그 감정이 긍정적인지 부정적인지 어떻게 알 수 있을까요? 앞의 대화에서 리가 "Grandpa Jim would be beside himself with glee…"라고 말하죠? 많은 경우, 이렇게 전치사 with와 함께 어떤 감정인지를 확실하게 말해 줍니다. 같은 용례의 또 다른 예문을 볼까요?

When he found out he was fired, he was beside himself with shock.
그는 자신이 해고되었다는 사실을 알게 되었을 때, 충격을 받아서 어찌해야 할 바를 몰랐다.

물론, 이 이디엄이 언제나 'with + 감정'과 함께 쓰여서 명확하게 모든 것을 말해 주지는 않습니다. 그렇지만 대부분은 문맥을 통해서 그 감정이 긍정적인지 부정적인지를 쉽게 알 수 있습니다. 그러니 언제나 단어는 문맥과 함께 이해하도록 하세요.

CULTURE POINT

매년 6월 세 번째 일요일은 아버지의 날(Father's Day)입니다. 미국에서는 1900년대 초부터 매년 아버지의 날을 기념해 왔지만, 1972년이 되어서야 이를 연방 정부에서 공식적인 날로 지정했습니다. 이날은 아버지나 혹은 자기 인생에서 아버지 역할을 해 온 사람, 또는 할아버지에게 감사를 표하는 날입니다. 어머니의 날과 마찬가지로, 선물 혹은 카드를 드리거나, 혹은 아버지나 할아버지께서 좋아하실 만한 뭔가를 준비합니다. 미국 대부분의 주에서 아버지의 날은 여름에 해당하기 때문에 많은 미국인들은 이날 야외에서 그릴 파티를 하거나 아버지를 모시고 해변가로 가기도 합니다.

영어로 말하고 싶은, 또는 못 알아들을 것 같은 예문에 체크해 보세요.

헤더: 아만다, 너희 집 정말 아늑하고 발랄한 느낌이야. 초대해 줘서 고마워! 난 이런 작은 디테일이 아주 마음에 든다. 부엌에 있는 바구니들이랑 허브 말리려고 걸어놓은 것들 하며. 꼭 요정이 사는 작은 집 같아.

아만다: 그래, 그게 바로 내가 추구하는 미학이지. 코티지코어라고 해. 물론 이 집은 아직 공사가 진행 중이지만. 내가 이 집을 샀을 때는 지금과는 완전 반대로 보였거든. 정말이야. 여기까지 만드느라 힘들게 몸 쓰면서 해야 했다니까.

헤더: 음, 매력적이면서도 굉장히 편안한 느낌이야. 이게 "코티지코어"라고 불린다고?

아만다: 맞아, 디자인계에서 일어나고 있는 움직임이라고나 할까. 속도를 늦추고 천천히 가면서 자연으로 돌아가는 것, 여유를 가지면서 삶을 음미하는 걸 말하지.

헤더: 진짜 좋다! 하지만 내 디자인 미학은 그와 정반대라는 걸 인정해야겠는 걸. 난 천장이 높고 빛이 많이 들어오면서 가구는 거의 없는 현대적 스타일의 로프트로 막 이사 들어갔거든. 그래서 너희 집은 다른 세상을 방문하는 것 같은 느낌이야. 좋은 의미로 말이야!

아만다: 괜찮아. 신경 쓰지 마! 나도 네 말 무슨 뜻인지 알아. 나도 현대적인 디자인을 좋아하기는 하는데, 코티지코어가 그냥 내 스타일이야. 넌 너만의 스타일로 하면 돼, 친구!

Heather: Amanda, your house is so cozy and cheerful, thanks for inviting me over! I love all the little details—the baskets in the kitchen and the herbs hanging up to dry. It's like a fairy cottage.

Amanda: Yeah, that's the aesthetic ❶**I'm going for**; it's called cottagecore. This house, of course, is a work in progress. When I bought it, it looked the opposite of this. Believe me, it took some ❷**elbow grease** to get it to this point.

Heather: Well, it's charming and so relaxing. It's called cottagecore?

Amanda: Yes, it's a design movement. It's all about slowing down, getting back to nature, and ❸**stopping to smell the roses**.

Heather: I really love it, but I have to say, my design aesthetic is just the opposite. I just moved into this modern loft with high ceilings, lots of light, and like no furniture. Your place is like visiting another planet—❹**in a good way**!

Amanda: No worries! I know what you mean. I enjoy modern design too, but cottagecore is just my thing. ❺**You do you**, girl!

---

aesthetic 미, 미학
cottagecore 시골의 작은 집을 의미하는 cottage와 신조를 의미하는 core가 합쳐진 말로 농가의 스타일을 추구한다는 뜻
loft 예전의 공장 등을 개조한 아파트

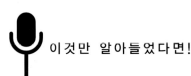 이것만 알아들었다면!

MP3 128

1 To be going for ~

What we're going for is an 80% vaccination rate by October.

우리가 목표로 하는 것은 10월까지 백신 접종률이 80%가 되는 것입니다.

특정 결과를 만들기 위해
노력하다

2 Elbow grease

We simmered the tomato sauce for hours. It was delicious, but it took some elbow grease to scrub the pot afterwards.

우리가 그 토마토소스를 몇 시간 동안 뭉근히 끓였어. 맛은 있었는데, 다 먹고 나서 냄비 닦아내느라 힘들게 몸 좀 써야 했지.

힘든 육체노동

3 To stop and smell the roses

After his uncle died suddenly, he realized he should stop and smell the roses more often.

삼촌이 갑자기 돌아가시고 난 후, 그는 더 자주 여유를 가지면서 삶을 즐겨야 한다는 걸 깨달았다.

여유를 가지고
삶을 즐기다

4 In a good way

Your parents are so strict, but in a good way.

너희 부모님은 굉장히 엄격하시구나. 좋은 의미로 말이야.

(의도치 않게 부정적으로
들릴 수 있는 말을 할 때
미국인들이 덧붙이는
표현) 좋은 뜻으로

5 You do you!

If you like orange and purple together, wear them. You do you!

네가 오렌지 색과 자주색을 함께 입는 게 좋다면, 그렇게 해. 너만의 스타일로 해!

너만의 스타일로 해!

대화 중에 아만다가 "…cottagecore is just my thing!"이라고 합니다. 무언가가 my thing이라는 건 그게 '자신이 좋아하는 스타일'(a favorite style of mine)이라는 말입니다. 또 my thing은 '내가 잘하는 것'(what I can do well)이라는 의미로도 쓰입니다. 구어체 회화에서 미국인들이 굉장히 자주 사용하는 표현이니, 다음 예문을 몇 가지 더 보면서 익혀 두세요.

Oh, is that jazz? That's <u>my thing</u>!
오, 그게 재즈니? 재즈라면 딱 내 스타일인데!

* 여기서 "That's my thing!"은 "I love jazz."와 같은 말입니다.

I'm not the world's greatest cook, but I'm an awesome grill master.
Barbecue is <u>my thing</u>.
내가 세계 최고의 요리사는 아니지만, 기가 막히게 그릴을 할 수 있는 사람이야.
바비큐는 내 주특기라고!

CULTURE POINT

코티지코어(cottagecore)는 디자인 스타일의 일종으로, 낭만적인 영국의 시골집이 가진 이런저런 모습들을 주로 담아냅니다. 시골집의 초가지붕, 각종 허브와 꽃으로 가득한 정원, 고전적인 찻잔 세트, 그리고 오후에 마시는 한 잔의 홍차. 여유 있는 시골 생활의 이상적인 모습을 담아내는 이런 풍경들은 사람들에게 향수를 불러일으키면서 편안한 느낌을 줍니다. 그래서인지 요즘 많은 미국인들이 코티지코어 스타일의 이미지를 인스타그램과 틱톡 같은 곳에 올립니다. 코티지코어는 집 안팎을 꾸미는 장식뿐만 아니라 패션 디자인이나 음식에 쓰이기도 합니다. 여성스러운 드레스나 집에서 구운 빵이나 케이크 등이 그 예입니다. 참고로, 코티지코어(cottagecore)와 같은 방식으로 core가 사용된 또 다른 단어에는 fairycore(나비, 마술, 꽃 등이 들어간 스타일), farmcore(농가 스타일), countrycore(시골 스타일) 등이 있습니다.

LESSON 22

헤더: 아만다, 너희 집 부엌은 꼭 잡지에 나오는 사진 촬영 세트장 같아!

아만다: 응, 오늘 오후에 내 인스타그램에 올릴 라벤더 레모네이드에 관한 비디오를 찍을 거거든. 내가 미리 좀 만들었어. 여기, 너한테 좀 따라 줄게.

헤더: 오, 이거 맛있다! 네가 유튜브 비디오를 만든다는 건 알았지만, 인스타그램을 하는지는 몰랐어.

아만다: 틱톡도 해. 나 이제 팔로워가 5만 명이 넘는다.

헤더: 우와, 얘! 난 네가 그렇게까지 인기 있다고는 생각 안 했어. 잠깐만, 나 좋은 의미로 하는 말인 줄 알지? "네가 그렇게 인기 있는 줄 몰랐어!"라고 말했어야 했네.

아만다: 그래, 내 소셜 미디어가 정말로 빠르게 인기를 얻었거든. 이다음 비디오로는, "삶의 여유를 갖고 즐기세요" 같은 그런 분위기로 만들어 보려고.

헤더: 너희 집 부엌 전체가 그런 분위기야. 굉장히 최소한의 것들만 있으면서 단출하거든. 난 그게 편안하게 느껴져.

아만다: (웃으면서) 이렇게 심플하게 보이게 하려고 얼마나 육체노동이 많이 들어갔는지 몰라! 하지만 난 이렇게 한 게 너무 좋고, 내 팔로워들도 좋아해. 과거에 내가 봤던 유튜버들은 요리할 때 영상 속에 물건들이 너무 많아 보였거든. 그래서 난 이렇게 말했지. '당신들은 당신들 스타일대로 하세요.'라고. 난 깨끗하고 물건들이 안 보이게 해야겠다고 생각했고.

헤더: 뭐, 네가 뭘 하고 있든 통하고 있네. 얘, 나도 그 레모네이드 좀 더 마셔도 될까? 이거 마시니까 정말 나른해지는걸!

Heather: Amanda, your kitchen looks like a set for a magazine photo shoot!

Amanda: Yeah, later today I'm making a video on lavender lemonade for my Instagram account. I've already made some. Here, let me pour you some.

Heather: Oh, this is delicious! I knew you made YouTube videos, but I didn't realize you did Instagram.

Amanda: And TikTok, too. I've got over fifty thousand followers now.

Heather: Damn, girl! I didn't think you were so popular! Wait, I mean that ❶ **in a good way**! I should've said, I didn't *realize* that you were so popular!

Amanda: Yeah, my social media stuff has really taken off. For this next video, ❷ **I'm going for** ❸ **a "stop and smell the roses" vibe**.

Heather: Your whole kitchen has that vibe. It's very minimalist and simple. I find it relaxing.

Amanda: (Laughing) It took a lot of ❹ **elbow grease** to make it look this simple! But I love it, and my followers like it too. The YouTubers I watched in the past always had so much stuff in their videos when they were cooking. I was like: ❺ **you do you**. For me, I have to keep it clean and sparse.

Heather: Well, whatever you're doing, it's working. Hey, can I have a little more of that lemonade please? It's so relaxing!

---

take off 급격히 인기를 얻다
vibe 분위기
I was like ~ 난 ~라고 말했지
sparse 드문 드문 있는

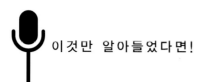

이것만 알아들었다면!

1

In a good way: Often added to soften statements that might sound unintentionally harsh

Oh my gosh, I can't believe he had the nerve to say that! I mean that in a good way.

어머나 세상에, 난 그 사람이 그런 말을 할 배짱이 있었다는 게 믿기지 않아! 나 좋은 뜻으로 하는 말이야.

2

To be going for ~:
To try to achieve a particular result

I have a friend who's a platform diver, and she's going to the Olympics. She's one of the world's best, and she's going for the gold.

난 하이 다이빙 선수인 친구가 하나 있는데, 그 친구가 올림픽에 나가. 걔는 세계 정상급 선수 중 하나인데, 금메달을 목표로 노력하고 있어.

3

To stop and smell the roses:
To pause and savor life

I'm super busy and stressed out at work, so all the more reason why I should take a little break to stop and smell the roses.

난 직장에서 정신없이 바쁘고 스트레스를 받는데, 그게 바로 내가 좀 쉬면서 삶의 여유를 가져야 하는 더욱 확실한 이유지.

4

Elbow grease: Hard physical work, especially in cleaning something

You'll never get those brick pavers clean like that. You need to use some elbow grease.

그런 식으로는 벽돌로 된 포석이 절대로 깨끗해지지 않을 거야. 힘들여 박박 닦아야 해.

5

You do you!: Express your own personal style or make your own decision!

Hey, you do you. If you want to take an Uber, go ahead, but I'm going to walk.

얘, 넌 네가 하고 싶은 대로 해. 우버 택시를 타고 싶으면, 그렇게 해. 하지만 난 걸어갈 거야.

헤더는 아만다의 부엌이 사람을 편안하게 하는 vibe가 있다고 말합니다. Vibe는 vibration을 줄인 단어로, 구어체에서 '느낌'(feeling)이나 '분위기'(atmosphere)라는 뜻으로 쓰입니다. Vibe가 이런 의미로 쓰이기 시작한 것은 1960년대로, 주로 사람이나 장소를 묘사할 때 많이 들을 수 있는 단어입니다. 그렇지만 이 표현은 격식을 차리지 않아도 되는 구어체 일상 회화에서만 쓰인다는 사실도 함께 알아두세요.

I had to get away from him; he was giving off this really weird vibe that made me uncomfortable.
난 그 사람에게서 빠져나와야 했어. 그 사람이 정말 이상한 분위기를 풍기고 있었는데, 그것 때문에 내가 불편했거든.

Our hotel was light and bright and had this Caribbean beach vibe.
우리 호텔은 밝고 환하고, 캐리비언 해변가의 느낌이 있었지.

Vocabulary Point 2

아만다의 문장 "My social media stuff has really taken off."를 보세요. 여기서 to take off는 '갑자기 인기가 많아지거나 성공하게 되다'(to suddenly become popular or successful)라는 의미의 이디엄으로 쓰였습니다. 또 다른 예문을 볼까요?

After his first book was published, his career took off.
그의 첫 번째 책이 출판된 후, 그의 경력은 아주 빠르게 성공하게 되었다.

이 take off라는 구동사는 구어체 영어에서 다음과 같이 다양한 의미로도 쓰입니다.

As soon as she entered the house, she took off her shoes.
집에 들어가자마자, 그녀는 신발을 벗었다.
(옷이나 신발 등을 벗다 to remove clothing or shoes)

The weather was stormy, so our flight took off a few minutes late.
날씨가 험해서, 우리 비행기가 몇 분 늦게 이륙했다.
(비행기가 이륙하다 to leave the ground)

Stock in Zoom took off during the pandemic when everyone started working online.
줌의 주식은 팬데믹 동안 모두가 온라인으로 일하기 시작할 때 갑자기 올랐다.
(주식 등이 갑자기 오르다 to suddenly increase in value)

He's not in the office. He took Thursday and Friday off.
그 사람 지금 사무실에 없습니다. 목요일, 금요일에 휴가를 냈거든요.
(~ 동안 직장에 나오지 않고 쉬다 to schedule time off from work)

LESSON 22

엘사(패션 디자이너): 우리 패션쇼 헤어 스타일링에 자문하러 와 주셔서 정말 기쁩니다, 안토니오 씨. 스튜디오가 지저분해서 죄송해요. 패션쇼 세트장 디자인 작업을 하는 중이라서 여기저기 뭐가 많습니다.

안토니오(미용사): 그러네요! 이 쇼에 노동력이 많이 투입되는 것 같습니다. 그래, 엘사 씨, 라인을 좀 보여 주세요. 빨리 보고 싶습니다!

엘사: 여기 있습니다. 이번 저희 가을 라인은 넓은 어깨와 짙은 색상의 재킷이 특징이고요, 딱 떨어지는 느낌의 바지와 치마를 선보일 겁니다.

안토니오: 일종의 밀리터리 룩을 추구하시는 것 같아요. 조금 거친데, 좋은 쪽으로 말이죠.

엘사: 네. 전체 라인이 아주 딱 맞는 유니폼 스타일입니다. 그리고 이 사진들 보시면 저희 모델들이 모두 부츠를 신고 있는 걸 보실 수 있을 텐데, 그래서 좀 더 남성적인 느낌이 있습니다. 이 패션쇼용 헤어스타일로 저희는 이 주제에 맞게 헤어가 정말 매끈하면서 수수한 느낌이면 좋겠다고 생각하고 있습니다. 안토니오 씨 의견은 어떠세요?

안토니오: 음... 사실, 저는 그 반대 제안을 하고 싶습니다. 아주 여성적인 헤어스타일이요. 느슨하게 푼 웨이브로 흘러내리는 머리죠.

엘사: 오, 정말요? 네, 그건 저희가 생각했던 스타일은 아닙니다만, 그건 저도 생각해 봐야 할 것 같아요.

안토니오: 음, 저는 남성적인 요소와 여성적인 요소를 병치하는 것이 더 큰 임팩트를 줄 거라고 생각합니다. 그게 사람들이 기대하는 건 아니지요. 그러니까 헤어스타일은 여유를 가지고 삶을 음미하라는 메시지를 전달하지만, 옷은 딱 그 반대일 테니까요. 하지만 엘사 씨, 이건 엘사 씨 쇼예요. 엘사 씨 스타일로 하시면 돼요! 저는 뭐든 엘사 씨가 원하는 헤어스타일을 만들어 볼게요.

엘사: 저기, 재미있는 아이디어긴 해요, 안토니오 씨. 오늘 오후에 그에 관해 생각 좀 해 볼게요. 제가 나중에 전화 드리고 어떤 결정을 했는지 알려 드릴게요.

안토니오: 물론이죠, 엘사 씨! 엘사 씨가 어떤 결정을 하든, 저는 헤어스타일이 근사하게 보이도록 할 것을 약속드립니다.

Elsa (fashion designer): I'm glad you could come talk to me about the hair styling for our fashion show, Antonio! Pardon the mess in the studio—we're working on the set design for the show, and we've got stuff everywhere.

Antonio (hairdresser): I can see that! Looks like a lot of ❶ **elbow grease** is going into this show. So, Elsa, show me the line. I can't wait to see it!

Elsa: Here it is. Our new fall line will feature jackets with broader shoulders and dark colors, and we're doing very structured trousers and skirts.

Antonio: I see ❷ **you're going for a kind of military look**, a little bit tough, but ❸ **in a good way**.

Elsa: Yes, there is a very tailored, uniform quality to the whole line. And you'll notice in these photos that our models are all wearing boots, so it does have a more macho feeling. We're thinking that for the hair styles for the fashion show we'd like to keep with this theme and have the hair really sleek and severe. What do you think?

Antonio: Hmm. Actually, I'd like to suggest the opposite: very feminine hair styles—loose and wavy and flowing.

Elsa: Oh, really? Okay, well, that's not exactly what we had in mind. Hmm. I might need to think about that.

Antonio: Well, I'm thinking that the juxtaposition of masculine and feminine elements will have greater impact. It's not what people are expecting—you know the hair will communicate ❹ **stop and smell the roses**, but the clothing will be just the opposite. But, darling, it's your show! ❺ **You do you**! I'll style the hair any way you'd like.

Elsa: You know, it's an interesting idea, Antonio. Let me think about it this afternoon. I'll call you later to let you know what I've decided.

Antonio: Absolutely, darling! Whatever you decide, I promise I'll make the hair look great!

---

feature ~을 특징으로 하다, ~을 특별히 포함하다
structured 옷 등이 헐렁하지 않고 딱 맞게 떨어지는　　**tailored** 맞춤형의
severe 장식 등이 없이 수수한
juxtaposition 병치

273

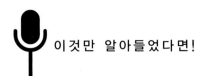
이것만 알아들었다면!

MP3 132

1

Elbow grease: Hard physical work, especially in cleaning
something 힘든 육체 노동

It's an old bike, but with some elbow grease and
new tires, it should be good as new.
그건 오래된 자전거지만, 열심히 닦고 새 타이어로 바꾸면
새것처럼 좋을 거야.

2

To be going for ~: To try to achieve a particular result
특정 결과를 만들기 위해 노력하다

I'm going for an emotional feeling on this piece of music,
so I've hired some violinists and a cellist.
저는 이 음악 작품이 정서적인 느낌이 들도록 만들고 싶어서 바이올리니스트
몇 명과 첼리스트 한 명을 고용했습니다.

3

In a good way:
Often added to soften statements that might sound unintentionally harsh
(의도치 않게 부정적으로 들릴 수 있는 말을 할 때 미국인들이 덧붙이는 표현)
좋은 뜻으로

That is the most outrageous hat I've ever seen, but I mean that in a good way.
I love your hat!
그건 내가 본 중 가장 파격적인 모자인데. 난 좋은 의미로 하는 말이야. 네 모자 아주 마음에 들어!

4

To stop and smell the roses: To pause and savor life
여유를 가지고 삶을 즐기다

It's good for our mental health to stop and smell the roses
from time to time.
가끔 쉬면서 여유를 가지고 삶을 즐기는 게 우리 정신 건강에 좋아.

5

You do you!: Express your own personal style or make your own
decision. 너만의 스타일로 해!

Wow! You spent $30,000 on a car. Well, you do you!
우왜! 차 한 대 사는 데 30,000달러를 썼네. 네 돈이니까 네 마음이지, 뭐.

Vocabulary Point 1

"You do you!"는 어떤 사람이 자신만의 스타일이나 취향을 가질 권리가 있음을 확인해 주는 표현입니다. 그렇지만 영어의 많은 다른 표현들처럼 이 표현 역시 빈정대는 의미, 다시 말해 sarcasm으로 쓰일 때도 있습니다. 특히 상대방이 충고나 다른 의견을 받아들이지 않으려고 할 때 다음과 같이 대화를 끝내는 방식으로 "You do you!"가 사용되기도 합니다.

Listen, I'm just saying that paying $200 for those shoes is not the best use of your money, but you do you.
이거 봐. 난 그저 그 구두에 200달러나 내는 건 돈을 현명하게 쓰는 게 아니라는 말을 하는 거야. 하지만 뭐 네 돈이니까 네 맘대로 해.

Vocabulary Point 2

To stop and smell the roses 외에도 영어에는 rose가 들어간 이디엄이 몇 가지 더 있습니다. 대표적인 예로, to see something/someone through rose-colored glasses는 '(어떤 사람이나 상황에 관해) 좋은 점만 보다'라는 뜻입니다. 이 이디엄은 주로 긍정적이고 낙관적인 사람에 관해 말할 때 쓰이지만, '세상 물정을 몰라 지나치게 순진하다'(to be naïve)라는 다소 부정적인 의미로도 쓰입니다. 이 이디엄은 또한 '무언가의 부정적인 면이나 약점은 보지 않으려고 하다'라는 의미로도 사용됩니다.

He's not the nicest guy, but you can't tell her that. She can only see him through rose-colored glasses.
그가 굉장히 좋은 사람은 아니지만, 그녀에게는 그렇게 말할 수 없어. 그녀는 그에게 콩깍지가 씌어서 그에 관한 건 다 좋게 보니까.

Rose가 들어간 또 다른 이디엄으로 to come out of ~ smelling like a rose도 있습니다. 이는 '비윤리적이거나 부도덕한 일에 연루되었음에도 대외적으로는 결백한 것으로 밝혀지다'라는 뜻입니다.

No matter what that politician does, he comes out of it smelling like a rose. He just blames his mistakes on his assistants and never admits to what he has done.
그 정치인이 뭘 하든 간에, 그는 항상 결백한 것으로 밝혀지지. 그 사람은 자기가 한 실수를 두고 자기 비서들을 비난하고 자기가 한 짓은 절대로 인정하지 않거든.

영어로 말하고 싶은, 또는 못 알아들을 것 같은 예문에 체크해 보세요.

나오미: 음식 먼저 주문할까?

조디: 그래! 내가 음식 주문하는 동안 네가 자리를 잡으면 어때?

나오미: 좋은 생각! 빈 베이글하고 콜드브루 커피. 아, 난 베이글은 그냥 먹어. 그러니까, 토핑 없이.

조디: 알았어! (음식을 가지고 와서) 여기 네 베이글, 그리고 이건 네 커피.

나오미: 환상적이다! 고마워! 그나저나, 지미는 혼자 아침 먹는 거니?

조디: 아, 우리 헤어진 것 너 몰라?

나오미: 어머나! 무슨 일이 있었어?

조디: 뭐, 아주 심플한 이야기야. (나오미에게 지미의 문자 메시지를 보여 주면서) 지미가 이 문자를 나한테 보내고는 떠났어.

나오미: (지미의 문자 메시지를 소리 내 읽으며) "우리가 서로 잘 지낼 수 없다는 생각이 들어. 다시는 나한테 전화하지 마." 이게 실화니?! 지미가 어떻게 너하고 이런 식으로 관계를 끊어 버릴 수가 있어? 난 어떤 일이 있어도 걔가 널 사랑할 거라고 생각했어.

조디: 뭐, 그건 난 모르겠지만, 그 사람이 문자 메시지로 나랑 끝냈다는 건 아직도 믿기지 않아.

나오미: 나도 못 믿겠어! 난 지미가 그것보다는 예의 있는 사람일 거라고 생각했는데.

조디: 고마워! 그 사람이 네 직장 동료라서, 난 네가 중립적인 태도를 보일 줄 알았어.

나오미: 내 동료든 친구든 상관없어. 그 사람이 너한테 한 짓을 들으니 좀 충격인데. 그러니까 내 말은, 직장에서는 그 사람이 항상 원칙대로 하거든. 그래서 그가 그런 행동을 할 거라는 게 상상조차 안 돼.

조디: 글쎄, 그건 별로 놀랍지 않아. 왜냐면 나도 직장에서는 친한 친구들과 있을 때와는 다른 사람이니까. 어쨌든, 우리 서로 아무것도 아닌 일로 말다툼해 왔고, 나 또한 우리가 서로 잘 지낼 수 없겠다는 생각이 들긴 했어. 그렇지만 아무리 그래도, 나라면 그 누구와도 문자 메시지로 이별하지는 않겠어.

나오미: 무슨 말인지 알지. 너무나도 미성숙한 방식의 이별이야.

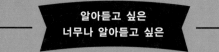

Naomi: You wanna order food first?

Jody: Sure! Why don't you get a seat for us while I'm ordering the food?

Naomi: Good idea! I want a bagel with cold brew coffee. Oh, I eat my bagels naked. I mean without toppings.

Jody: Got it! (After picking up the food) Here's your bagel, and this is your coffee.

Naomi: Fantabulous! Thanks! So, will Jimmy be having breakfast by himself?

Jody: Oh, you don't know we broke up?

Naomi: Oh, no! What happened?

Jody: Well, it's a very simple story. (Showing Jimmy's text message to Naomi) He just texted this to me and left.

Naomi: (Reading Jimmy's text aloud) "I don't think we're compatible with each other. Please don't call me again." Are you serious?! How could he ❶ **burn the bridge with you** in this way? I thought he would love you, ❷ **rain or shine**.

Jody: Well, I don't know about that, but I still can't believe he broke up with me via text message.

Naomi: I can't believe it, either! I thought he'd have better etiquette than that.

Jody: Thank you! Since he's your coworker, I thought you would ❸ **be sitting on the fence**.

Naomi: It doesn't matter whether he's my coworker or friend. I'm kind of stunned to hear about what he did to you. I mean…he always goes ❹ **by the book** at the workplace, so I can't even imagine he would do such a thing.

Jody: Well, that doesn't surprise me because I'm also a different person at work than I am with my close friends. In any case, ❺ **we've been splitting hairs over nothing**, and I also felt like we were not compatible with each other…but still, I wouldn't break up with anyone via text message.

Naomi: I know what you mean. That's an incredibly immature way to end a relationship.

---

compatible 양립할 수 있는, 화합할 수 있는 **stunned** 어안이 벙벙해진

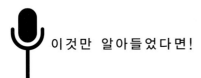 이것만 알아들었다면!

MP3 **134**

1 To burn the bridge (with ~)

I'm trying to quit my job without burning the bridge with my boss because I'll have to list him as a reference when applying for another job.

난 상사와의 관계를 나쁘게 끝내지 않으면서 일을 그만두려고 해. 왜냐면 내가 다른 곳에 지원할 때 그분을 추천인 리스트에 올려야 할 거거든.

(~와의) 관계를 완전히 끝내다 /돌이킬 수 없게 되다

2 Rain or shine

He's always a very optimistic person, rain or shine.

어떤 일이 있어도 그는 늘 매우 낙천적인 사람이다.

어떤 일이 있어도

3 To sit on the fence

When my mom and I argue, my dad tends to sit on the fence.

우리 엄마와 내가 언쟁할 때면, 우리 아빠는 중립적인 태도를 보이시는 경향이 있어.

망설이며 결정을 못하다 /누구 편도 들지 않고 중립적인 태도를 보이다

4 By the book

If the judge goes by the book, he will give the murderer a life sentence.

판사가 원칙대로 한다면, 그 살인자에게 종신형을 내릴 겁니다.

엄격하게 규칙을 모두 따르면서/원칙대로

5 To split hairs (over ~)

Well, I would use a different assessment tool, but I don't want to split hairs about it because you did a good job on the whole.

글쎄, 저라면 다른 평가 도구를 사용하겠지만, 그런 사소한 걸로 트집 잡고 싶지는 않습니다. 왜냐면 전체적으로 잘하셨기 때문입니다.

사소한 것에 지나치게 신경 쓰다/(~에 관해) 지나치게 자세히 논쟁하다

Vocabulary Point

By the book이 '원칙대로 엄격하게 모든 규칙을 다 따르면서'라는 의미로 쓰이는 이디엄인데요, book(책)이 하는 기능을 생각해 보면 쉽게 이해할 수 있는 표현입니다. 그런데 이와 같은 의미로 쓰이면서 문법 구조까지 똑같은 이디엄으로 by the numbers도 있습니다. Numbers, 즉 숫자 하나하나까지 다 따져 가면서 한다는 뜻이니, 엄격하게 원칙을 다 따라서 한다는 의미임을 쉽게 기억할 수 있을 거예요. 다음 예문을 보면서, 이 이디엄도 by the book과 함께 외워 두세요.

No worries! As long as you do things <u>by the numbers</u>, you'll be fine.
걱정하지 마! 네가 원칙대로 규칙을 따라서만 하면, 괜찮을 거야.

There are things we cannot do only <u>by the numbers</u> like building a relationship with clients.
원칙을 따라서만 할 수 없는 일들도 있어. 고객들과 좋은 관계를 구축하는 일 같은 것 말이야.

CULTURE POINT

나오미는 토핑을 얹지 않은 베이글을 주문하면서 "Oh, I eat my bagels naked. I mean without toppings."라고 말합니다. '옷을 입지 않은/아무것도 걸치지 않은'이라는 뜻의 naked가 이렇게도 쓰입니다. 피자에 페퍼로니나 채소 등 여러 가지 토핑을 얹어 먹는 것처럼 미국인들은 베이글에도 다양한 토핑을 얹어서 먹습니다. 베이글에 주로 올라가는 토핑으로는 훈제 연어, 계란, 햄, 베이컨, 체더 치즈, 참치, 아보카도, 딸기나 블루베리 등의 과일을 섞은 요거트 등이 있습니다. 물론 바쁜 아침에는 간단하게 그냥 크림치즈만 발라 먹는 미국인들이 더 많긴 한 것 같습니다. 베이글이 미국인들에게 가장 보편적인 아침 식사 메뉴 중 하나라서 미국에는 도시마다 베이글 가게가 여러 개 있습니다. 그 중 큰 회사가 운영하는 프랜차이즈로는 〈Einstein Bros. Bagels〉, 〈Bruegger's Bagels〉 등이 있습니다. 물론 이런 대기업이 운영하는 프랜차이즈뿐만 아니라, 그 지역 주민이 운영하는 작은 베이글 가게도 많습니다. 제가 사는 도시에도 The Bagel Market이라는 지역 기반 가게에서 다양한 베이글을 만들어 팝니다. 이 가게에서는 참깨, 검은깨, 양귀비씨(poppy seeds), 마늘 가루, 양파 가루 등을 뿌린 에브리씽 베이글(Everything Bagel)과 계핏가루와 설탕을 뿌려 달콤하게 만든 시나몬 슈가 베이글(Cinnamon Sugar Bagel)이 가장 인기 있습니다. 이런 베이글 전문 가게도 많지만, 한국인들에게도 잘 알려진 〈던킨도너츠〉와 〈크리스피 크림〉 같은 도넛 가게, 그리고 〈파네라 브레드〉 같은 빵집에서도 베이글을 팝니다. 그만큼 미국인들이 베이글을 많이 먹기 때문이죠. 저희 학교에서도 아침 식사를 함께 먹으면서 하는 교수진 회의에서 항상 빠지지 않는 메뉴가 베이글과 크림치즈랍니다.

UNIT 2

영어로 말하고 싶은, 또는 못 알아들을 것 같은 예문에 체크해 보세요.

상사: 날씨가 협조를 안 해 주는 것 같지만, 어차피 실내에서 하는 저녁 파티라서 날씨가 어떻든 파티는 열릴 겁니다. 아시다시피, 지금 스태프가 부족하니 모두가 식탁을 차리고 파티 후 정리하는 것까지 함께해야 할 겁니다.

부하 직원: 네, 모두에게 그렇게 알리겠습니다. 참고하시라고 말씀드리는데요, 케이 씨와 크레이그 씨의 3시 비행기가 지연돼서 파티에 조금 늦을 겁니다.

상사: 알려 줘서 고마워요. 그건 그렇고, 그 둘이 한 AJ 측과의 협상은 어떻게 됐습니까?

부하 직원: AJ 측 사람들이 우리가 제시한 가격이 지나치게 높다고 생각하는 것처럼 보입니다. 케이 씨 말로는 그 사람들이 우리 가격이 날강도처럼 터무니없다는 식으로 말했다고 해요.

상사: 말도 안 됩니다! 우리 업계에서 그게 가장 좋은 가격이라는 걸 그 사람들이 모릅니까?

부하 직원: 알지만, 모든 것에 트집을 잡고 싶어 하는 것 같습니다. 케이 씨와 크레이그 씨 모두 그 사람들이 그저 가격을 내리려고 사소한 걸로 논쟁을 한다고 하더군요. 결국 크레이그 씨는 계약서에 서명을 안 했고요.

상사: 그에 대해 어떻게 생각하세요?

부하 직원: 아시다시피, 저희는 최고의 품질을 보장하기 위해 원칙적으로 모든 표준을 다 따르고 있어서 가격을 더 내릴 수가 없습니다.

상사: 나도 그렇게 생각합니다. 게다가 그 제품이 불티나게 팔리고 있으니, 이 계약을 따내기 위해서 가격을 조정할 필요는 정말 없습니다. 그렇지만 AJ 측과의 관계를 완전히 끊어 버리고 싶은 건 또 아니니 제가 좋게 마무리하도록 하지요.

부하 직원: J & J에서 온 프로젝트 제안서는 어떻게 할까요?

상사: 그 건에 대해서는 아직 결정을 못하고 있습니다.

rain or shine

Boss: It looks like the weather isn't cooperative, but it's an indoor dinner party, so it will be held, ❶ **rain or shine**. As you know, we are short staffed at this point, and everyone will have to be involved in the set up and clean-up after the party.

Subordinate: Okay, I'll let everyone know. For your information, Kay and Craig's 3 o'clock flight is delayed, so they will be a little late to the party.

Boss: Thank you for letting me know. By the way, how did their negotiations with AJ go?

Subordinate: It looks like AJ representatives think our price is outrageous. Kay says they made it sound like it's highway robbery.

Boss: That's preposterous! Don't they know it's the best price in our industry?

Subordinate: They do, but it seems they like to nitpick about everything. Both Kay and Craig say ❷ **they're splitting hairs** just to get a better price. Craig didn't sign any contract after all.

Boss: What's your opinion about it?

Subordinate: As you know, we follow standards ❸ **by the book** to ensure the best quality, and we can't afford to lower the price.

Boss: I agree. Besides, that product sells like hotcakes, and we don't really have to adjust our price just to win this contract, but we don't want to ❹ **burn the bridge with AJ**, so I'll try to wrap it up in a nice way.

Subordinate: What about the project proposal from J & J?

Boss: ❺ **I'm** still **sitting on the fence** about that one.

For your information. 참고하시라고 말씀드리는데요.
outrageous 말도 안 되는, 터무니없는
preposterous 터무니없는, 엉뚱한
nitpick 별것 아닌 것에 트집을 잡다
sell like hotcakes 불티나게 팔리다
wrap up 마무리하다

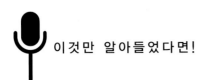

이것만 알아들었다면!

MP3 136

1 Rain or shine: No matter what happens

Rain or shine, I'll keep my promise with you.
무슨 일이 일어나도, 난 너와의 약속을 지킬 거야.

2 To split hairs (over ~): To argue over a very small and unimportant difference

He's a pain in the ass in our office because he's always splitting hairs.
그 사람은 우리 사무실의 골칫거리야. 왜냐면 항상 별것 아닌 것에 시시콜콜 따지거든.

3 By the book: Strictly following every rule [instruction, principle] correctly

My boss does everything by the book.
내 직장 상사는 모든 걸 원칙대로 해.

4 To burn the bridge (with ~):
To end a relationship (with ~) in a way that one cannot go back and re-start the relationship

CEO: I don't know how to fire an employee without burning a bridge.
CEO's friend: There's no such thing as firing an employee without burning a bridge.
CEO: 관계를 나쁘게 끊어 버리지 않으면서 직원 해고하는 법을 모르겠어.
CEO 친구: 관계를 나쁘게 끊지 않으면서 직원을 해고하는 방법 같은 건 없어.

5 To sit on the fence:
To be hesitant to make a decision/To not take anyone's side

Jake: So, have you decided where to go for vacation? Miami or Orlando?
Kim: I'm still sitting on the fence.
제이크: 그나저나, 넌 휴가 때 어디로 갈지 결정했어? 마이애미야, 올란도야?
킴: 나 아직 결정 못하고 있어.

대화에서 상사는 "…that product sells like hotcakes…"라고 합니다. To sell like hotcakes는 '날개 돋친 듯 팔리다', '불티나게 팔리다'로, sell은 여기서 '팔다'가 아니라 '팔리다'(to be sold)의 의미입니다.

This new phone is selling like hotcakes.
이 새 휴대전화가 불티나게 팔리고 있어.

여기서 말하는 핫케이크(hotcake)는 오늘날의 팬케이크(pancake)와 같은 말입니다. 미국인들이 이 이디엄을 쓰기 시작한 19세기에는 hotcake라는 단어를 썼지만, 현대 미국인들은 아침 식사로 먹는 이것을 pancake라고 부릅니다. 즉, 이제는 hotcake 단어를 거의 쓰지 않습니다. 어떤 이들은 pancake와 hotcake의 미묘한 차이점을 말하기도 하지만, 주로 이 이디엄을 쓸 때만 들을 수 있는 단어가 되었습니다. 그런데 이런 경우는 한국어 속담이나 관용구에도 많습니다. "아닌 밤중에 홍두깨", "말 한 마디에 천 냥 빚도 갚는다", "서당 개 삼 년이면 풍월을 읊는다" 등의 표현 많이들 들어보셨죠? 현대 한국인들이 '홍두깨', '천 냥', '서당', '풍월' 등의 단어를 일상 생활에서 사용하지 않지만 대화할 때 속담에서는 종종 들을 수가 있는데요, 영어의 hotcake 또한 바로 이런 예라고 볼 수 있습니다.

Vocabulary Point 2

대화 "For your information, Kay and Craig's 3 o'clock flight is delayed,"에서 For your information,은 '참고하시라고 알려 드리면,'의 뜻으로 쓰였습니다. 이렇게 격식을 갖춘 영어에서 "For your information"은 정중한 표현으로 쓰입니다.

For your information, our next committee meeting is scheduled to take place on October 20th.
참고하시라고 말씀드리면, 다음번 저희 위원회 회의는 10월 20일에 열리는 것으로 예정돼 있습니다.

그런데 흥미로운 건, 이 표현이 구어체 일상 회화에서는 주로 비꼬는 말로 쓰인다는 점입니다. 그럴 때는 "네가 뭘 모르나 본데, 내가 알려 줄 테니까 잘 들어!" 정도로 해석할 수 있습니다. 참고로, For your information은 줄여서 FYI로 쓰기도 합니다.

Jared: What? You speak a foreign language?
Jackie: For your information, I've studied five different languages, and I'm very fluent in German, Spanish, and Japanese.
재러드: 뭐라고? 네가 외국어를 할 줄 안다고?
재키: 네가 뭘 잘 모르니까 알려 주는데, 내가 다섯 개의 언어를 공부했고, 독일어, 스페인어, 일본어는 매우 유창하다고.

(전화로)

드니스: 여보세요.

스테이시: 얘, 나야. 전화 못 받아서 미안. 어제가 나한테 감정적으로 굉장히 힘든 날이어서 너한테 전화할 수가 없었어.

드니스: 됐어. 이제 괜찮은 거야?

스테이시: 응, 다 괜찮아지겠지만 나 일 그만뒀어.

드니스: 정말? 네가 그 일 좋아하는 줄 알았는데. 무슨 일 있었니?

스테이시: 상사가 끊임없이 나한테 세세한 것까지 다 간섭이었거든. 그러니까 내가 하는 모든 일에 시시콜콜 따지고 들었고, 난 그걸 참을 수가 없었어.

드니스: 지나친 통제와 간섭이야말로 사기를 죽이는 일인데. 게다가 넌 어떤 일이 있어도 원칙대로 일하잖아. 대체 너한테 어떤 일로 간섭을 할 수가 있는 건지 모르겠네.

스테이시: 왜냐면 그 인간은 모든 걸 다 자기 방식대로 해야 하는 사람이니까! 날 가장 화나게 하는 건, 그 사람이 하는 행동이 명백하게 잘못됐는데도, 우리 사무실에 있는 다른 사람들은 모두 아무 말도 안 하면서 그냥 중립적인 태도만 취한다는 거야. 난 그게 그 인간이 더 자기 직권을 남용하게 만든다고 생각하거든.

드니스: 뭐, 적어도 네가 그 또라이 상사한테 더 이상 터무니없는 대우를 견디진 않아도 되네.

스테이시: 그래, 하지만 가능한 한 빨리 다른 직장을 구해야 해. 그러니까 내가 지원할 수 있는 일자리를 알면 나한테 알려 줘.

드니스: 유감스럽게도, 우리 회사가 아직도 고용 동결 상태거든. 그렇지만 사람들을 더 뽑기 시작하면 너한테도 알려 줄게. 이력서는 최신 정보로 고쳤니?

스테이시: 응, 하지만 내가 걱정되는 건 추천서도 필요할 거라는 점이야. '그 또라이 상사'하고는 이미 완전히 인연을 끊었거든.

드니스: 너한테 추천서를 써 줄 다른 사람은 없어? 상사 대신 동료가 써 주는 추천서를 제출할 수도 있잖아?

스테이시: 좋은 생각이네! 그 인간 빼고는 내가 다른 모든 사람과 잘 지내니까 두어 사람한테 부탁해 볼게. 그리고 가서 면접 때 입을 새 옷도 좀 사야 할 것 같아. 나랑 같이 쇼핑 갈래?

드니스: 그래! 실은 나도 남편이 입을 트렌디한 셔츠를 좀 사야 하거든. 그 사람은 럼버잭 셔츠밖에 없어서.

스테이시: 좋아. 파멜라가 우리랑 같이 가도 괜찮아?

드니스: 내가 언제나 말하듯이, 친구가 많을수록 더 즐겁지!

(On the phone)

Denice: Hello.

Stacey: Hey, it's me. I'm sorry I missed your call. Yesterday was an emotionally taxing day for me, and I couldn't call you back.

Denice: That's fine. Is everything okay with you?

Stacey: Yeah, I guess things will be okay, but I quit my job.

Denice: Really? I thought you loved your job. What happened?

Stacey: My boss was constantly micromanaging me. He ❶ **was** basically **splitting hairs about everything I did,** and I couldn't put up with that.

Denice: Micromanagement is such a morale killer. Besides, you work ❷ **by the book, ❸ rain or shine.** How could he possibly micromanage you?

Stacey: Because he's a control freak! What upsets me most is, his actions are clearly wrong, yet all the other people in the office ❹ **are** just **sitting on the fence** saying nothing. I believe that makes him abuse his power even more.

Denice: Well, at least you don't have to take crap from that jerk boss anymore.

Stacey: Yeah, but I need to find another job as soon as possible, so if you know any job I could apply for, please let me know.

Denice: Unfortunately, our company is still on a hiring freeze, but if they start hiring more people, I'll let you know. Have you updated your resume?

Stacey: Yes, but what I'm concerned about is I might need a letter of recommendation. ❺ **I've** already **burned the bridge with "that jerk boss".**

Denice: Is there anyone else who could write a letter for you? Maybe you could submit a peer recommendation letter instead?

Stacey: Great idea! Except for that guy, I get along with everyone else, so I'll ask a couple of them. I also need to go pick up some new clothes for job interviews. Do you wanna join me?

Denice: Sure! I actually need to pick up some trendy shirts for my husband. He only has lumberjack shirts.

Stacey: Okay. Would you mind if Pamela joins us?

Denice: As I always say, the more the merrier!

---

taxing 아주 힘든 **control freak** 자신뿐 아니라 남들까지 통제하려 드는 일종의 강박 장애가 있는 사람
take crap from ~을 참아내다 **lumberjack shirts** 벌목꾼들이 입었던, 플란넬 소재로 된 격자무늬 패턴의 셔츠

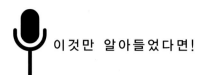
이것만 알아들었다면!

MP3 138

1
To split hairs (over ~):
**To argue over a very small and unimportant difference
사소한 것에 지나치게 신경 쓰다/(~에 관해) 지나치게 자세히 논쟁하다**

Let's not split hairs over this. We've got bigger fish to fry.
우리 이걸로 지나치게 세세한 논쟁은 하지 말자. 우린 해야 할 더 중요한 일이 있잖아.

2
By the book: Strictly following every rule[instruction, principle]
correctly 엄격하게 규칙을 모두 따르면서/원칙대로

I go strictly by the book for this project.
난 이 프로젝트에 관해서는 모든 걸 원칙대로 해.

3
Rain or shine: No matter what happens 어떤 일이 있어도
We need to finish this project tomorrow, rain or shine.
어떤 일이 있어도, 우리는 이 프로젝트를 내일 끝내야 해.

4
To sit on the fence: To be hesitant to make a decision/To not take
anyone's side 망설이며 결정을 못하다/누구 편도 들지 않고 중립적인 태도를 보이다

While Mr. James and Mr. Jones were debating, the chairman was sitting on the
fence and didn't take anyone's side.
제임스 씨와 존스 씨가 논쟁할 때, 의장은 중립적인 태도를 보이면서 누구 편도 들지 않았습니다.

5
To burn the bridge (with ~): To end a relationship (with ~)
**in a way that one cannot go back and re-start the relationship
(~와의) 관계를 완전히 끝내다/돌이킬 수 없게 되다**

People say we shouldn't burn the bridges, but sometimes
it's inevitable to do so.
사람들은 관계를 완전히 끊어 버리는 행동을 하면 안 된다고 말하지만,
가끔은 그렇게 하는 것이 불가피할 때가 있습니다.

대화에서 스테이시의 문장(Would you mind if Pamela joins us?)을 보세요. 전통 영문법을 따르자면, Would you mind 뒤에는 과거형이 와서 "Would you mind if Pamela joined us?"가 맞습니다. 그 이유는 이 문장이 실은 가정법 과거(if절은 단순 과거, 주절은 would + 동사원형)이기 때문입니다. 하지만 미국인들은 구어체 일상 회화에서 Would you mind if ~ 뒤에 이렇게 과거형 대신 현재형도 많이 씁니다. 두 문장의 차이는 "Would you mind if Pamela joined us?"가 더 예의를 갖춘 깍듯한 표현이라는 점입니다. 왜냐하면 "if Pamela joins us"와 같이 현재형을 쓰는 것은 확실한 제안을 하는 것이지만, 가정법 과거형(if Pamela joined us)을 쓰면 이 제안에 불확실성(uncertainty)을 더하게 되기 때문입니다. 이렇게 불확실성을 더하면 좀 더 공손한 문장이 되는 이유는 그것이 덜 직설적인 표현이기 때문이지요. 그렇지만 대화에서 스테이시와 드니스는 서로 가까운 친구로, 격식을 갖추거나 크게 예의를 차릴 필요가 없는 사이이기 때문에 if절에 현재형을 사용했습니다. 이 문장을 이보다 더 직설적으로 바꾸어 "Do you mind if Pamela joins us?"라고 할 수도 있습니다.

CULTURE POINT

럼버잭 셔츠는 사진에서 보는 스타일의 셔츠를 말합니다. Lumberjack은 '벌목꾼'의 뜻으로, 미국인들은 이 단어를 들으면, 이런 옷을 입은 백인 남자가 벌목하는 모습을 떠올립니다. 그 이유는 플란넬(flannel) 소재의 이 셔츠가 따뜻하면서도 거친 노동을 해도 찢어지지 않을 만큼 튼튼해서, 벌목꾼들이나 공사 현장 노동자들이 자주 입었기 때문입니다. 게다가 이 모습을 미국 미디어가 오랫동안 보여 주면서, 이 셔츠는 미국인들이 생각하는 벌목꾼 이미지의 일부가 되었고, 자연스럽게 미국인들은 이를 '벌목꾼 셔츠'(lumberjack shirt)라고 부르게 되었습니다. 현재 이 셔츠는, 꼭 벌목이나 육체노동을 하는 사람이 아니더라도, 남녀노소 구분 없이 모든 미국인들이 즐겨 입는 주요 패션 아이템이 됐습니다. 그래서 어떤 패션 잡지에서는 〈Lumberjack Shirt: How to wear it without looking like a lumberjack(벌목꾼처럼 보이지 않으면서 벌목꾼 셔츠를 입는 법)〉이라는 기사를 다루기도 했습니다. 참고로, 이 lumberjack shirt는 (plaid) flannel shirt라고 부르기도 합니다.

영어로 말하고 싶은, 또는 못 알아들을 것 같은 예문에 체크해 보세요.

레이먼드: 더그, 경제학 수업은 어땠어?

더글러스: 윽, 나랑 함께 수업 듣는 학생들 반이 마스크를 안 쓰고 있어서 강의실에서 불안하더라고. 캠퍼스 내 모든 건물 안에서 마스크를 써야 하는 게 우리 대학 정책 아닌가? 그 정책이 전혀 효력이 없다고까지 느껴질 지경이야.

레이먼드: 실은, 그게 더 이상 학교 정책이 아니야. 마스크 착용 의무화가 이제 폐지됐어. 그러니까, 교수님들도 이 새 정책 때문에 손발이 묶여서 학생들이 마스크를 안 써도 그것에 대해 아무 말도 못하시는 거야.

더글러스: 마스크 착용 의무화가 폐지됐다고? 난 이해가 안 돼! 다른 나라에서 들어온 변이들이 발생하기 시작하고 있고, 그래서 코비드 때문에 점점 더 많은 사람들이 병원으로 보내지고 있는데.

레이먼드: 네 말이 맞아! 그렇지만 마스크 착용 의무화에 반대하는 사람들은 마스크 착용 의무화가 개인의 자유를 침해하는 것이라고 주장해. 보아하니 대학 책임자들도 그렇게 느끼는 것 같아.

더글러스: 난 백신 반대자들과 마스크 착용 반대자들이랑 남은 학기 동안 그 수업을 어떻게 함께 들어야 할지 모르겠어.

레이먼드: 그래서 대부분의 수업이 하이브리드 클래스(대면과 온라인 강의를 동시에 진행하는 수업 방식)를 하는 거잖아. 내가 너라면, 난 온라인으로 그 수업을 듣겠어. 그게 내가 줄 수 있는 조언이야.

더글러스: 좋은 생각이긴 하지만, 이미 배 떠났다. 젱크스 교수님이 우리가 그 수업을 온라인으로 들을 계획이 있다면, 첫 번째 주 주말까지 교수님께 알려드려야 한다고 말씀하셨거든. 너도 알지만, 그분은 원칙주의자시라서 절대로 자신의 원칙을 어기지 않으시잖아.

레이먼드: 그래도 나라면 그분과 상의라도 해 보겠어. 내 생각에 이건 원칙을 지키는 것과는 상관없는 일인 것 같아. 게다가 학교가 마스크 정책을 지난주에야 바꿨으니까, 네 계획을 바꾸는 정당한 이유가 있는 거지.

English CONVERSATION

MP3 139

Raymond: Doug, how was your economics class?

Douglas: Ugh, half of my classmates aren't wearing masks, and I don't feel safe in the classroom. Isn't it the university policy to wear a mask inside any building on campus? I almost feel like that policy ❶**has no teeth**.

Raymond: Actually, that's no longer the policy. The mask mandate has been lifted. Basically, professors are not saying anything about it because ❷**their hands are tied** by this new policy.

Douglas: They lifted the mask mandate? I don't get it! The variants from other countries are starting to strike, and COVID is sending more and more people to the hospital.

Raymond: You can say that again! But those anti-maskers say mask mandates violate personal liberty, and apparently, the university honchos feel the same way.

Douglas: I don't know how I'm going to take the class with those anti-vaxxers and anti-maskers for the rest of the semester.

Raymond: That's why most of the courses offer hybrid-classes. I would take the class online if I were you, and that's ❸**my two cents**.

Douglas: That's a good idea, but ❹**I've** already **missed the boat**. Dr. Jenks told us we had to let him know by the end of the first week if we had planned to take the class online. You know, he's a man of principle and ❺**never cuts corners**.

Raymond: I would still discuss it with him. I don't think this is a matter of **cutting corners**. Plus, the university changed the mask policy last week, so you have a legitimate reason to change your plan.

---

mandate (반드시 따라야 하는 특정 과제의 수행) 지시, 명령   **variant** 변이
strike (질병 등이) 발생하다, 덮치다   **You can say that again!** (동의하면서) 정말로 그래!
honcho 책임자   **legitimate** 정당한, 타당한

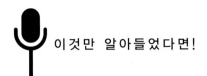 이것만 알아들었다면!

MP3 140

1 To have no teeth

I feel like some of the federal regulations have no teeth in our state.

난 연방 정부 법규 중 몇 가지가 우리 주에서는 효력이 없는 것처럼 느껴져.

(법이나 규정 등이)
효력이 없다

2 One's hands are tied.

I'd love to help you, but my hands are tied by the regulations.

정말로 도와드리고 싶지만, 규정 때문에 손발이 묶여서 저는 아무것도 할 수가 없어요.

(규칙/법/규정/정책
/약속이나
다른 이유로 인해)
손발이 묶여서
아무것도 할 수 없다.

3 My two cents

Hey, this is between Jimmy and me. Nobody's asking for your two cents.

야, 이건 지미와 나 사이의 문제야. 아무도 네 의견을 물어보지 않았어.

내 의견

가장 좋은 의견인지는
확신할 수 없지만의
뉘앙스가 있으며,
my two cents가
'나의 의견'이니,
your two cents(너의 의견),
his two cents(그의 의견)
처럼도 쓰인다.

4 To miss the boat

Hey, Pam, I'd like to apply for the position that you were talking about if I haven't missed the boat yet.

얘, 팸. 네가 말하던 그 자리에 내가 지원하고 싶어.
아직 늦지 않았다면 말이야.

무언가를 하기에 이미
너무 늦어 버리다

5 To cut corners

I know I can finish this job faster in that way, but I don't want to cut corners.

그 방법으로 하면 이 일을 더 빨리 끝낼 수 있다는 걸 저도 알지만,
절차를 생략하고 대충 일하고 싶지는 않습니다.

원칙을 무시하거나 절차를
생략하고 대충 일하다

직역하면 '치아(이빨)가 전혀 없다'라는 뜻을 가진 to have no teeth가 법이나 규정과 관련된 문맥에서는 '효력이 없다'라는 의미의 이디엄이라는 사실, 참 재미있죠? 여기서 no를 빼면 당연히 반대의 뜻이 되어서 '강력한 효력이 있다'(to have enough power to compel obedience)가 됩니다.

Wearing a seatbelt while driving is a mandate in our state, and it <u>has teeth</u>, so if you don't buckle up, you will have to pay a fine.
운전할 때 안전벨트를 매야 하는 건 우리 주의 법이고, 그 법 효력이 굉장히 강해. 그래서 네가 안전벨트를 매지 않으면, 넌 벌금을 내야 할 거야.

CULTURE POINT

앞서 Lesson 17에서 미국 내 백신 반대자들을 anti-vaxxer라고 부른다고 했습니다. 미국에는 백신뿐만 아니라, 마스크 착용을 의무화하는 것에 반대하는 사람들도 있는데, 이런 사람들은 anti-masker라고 부릅니다. 이들은 한 개인이 마스크를 쓰든 안 쓰든 그것은 개인의 선택인데, 이를 강제하는 것은 개인의 자유를 침해(violation of one's freedom)하는 것이라고 주장합니다. 미국의 anti-masker들은 단체로 모여서 "My body, my choice!"(내 몸이니 내 마음대로 할 거요!)라는 슬로건을 부르짖으며 시위를 하기도 합니다. 원래 "My body, my choice!"는 낙태를 금지하는 법안에 반대하는 여성들이 쓰는 슬로건인데, 지금은 anti-masker들도 이렇게 외치고 있습니다. 흥미로운 점은, 다 그런 것은 아니지만 낙태 금지 법안에 반대하는 사람들과 마스크를 안 쓰겠다는 사람들이 정치적으로는 서로 반대 성향인 것이 강하다는 사실입니다. 그렇지만 TV 뉴스와의 인터뷰에서 "If I'm going to get COVID and die from it, then so be it."(내가 코비드에 걸려서 그것 때문에 죽는다면, 그렇게 되라고 하죠, 뭐!)라고 말하며 극단적인 주장까지 펼치는 anti-masker들을 비판적인 시각으로 바라보는 미국인들이 더 많다는 사실도 함께 기억해 주세요.

LESSON 24

래리: 제러마이아 씨가 자기네 쪽 공사 현장에 급하게 새 프로젝트 매니저가 필요하다고 하네요. 제가 도와줄 수 있으면 좋겠지만, 지금은 제 손발이 묶여서 아무것도 못하고 있어요. 저희 총괄 매니저가 이 프로젝트 기획서를 제가 바로 제출하기를 원해서요. 그분이 이 주요 프로젝트를 따고 싶어 하시는데, 제가 이번 주까지 이걸 못 끝내면 우리 회사는 그 기회를 놓치게 됩니다.

워런: 그 구역 현 프로젝트 매니저에게 무슨 일이 있었습니까?

래리: 배관 시스템에서 심각한 문제를 몇 가지 발견했나 봐요. 그 매니저가 (원칙대로 안 하고) 절차를 생략했는데, 그게 그 모든 문제를 야기했다는 사실이 밝혀졌습니다. 당연히, 그 프로젝트를 의뢰한 쪽에서는 우리 비용으로 재작업해 달라고 요구했고, 더불어 그 현장에서 더 이상 그 매니저가 일을 못하게 배제해 달라고 우리에게 요구했어요.

워런: 어떻게 그런 일이 있었났죠? 그 사람이 회사 규정을 모두 따른다면, 그런 일은 안 일어날 텐데 말이죠.

래리: 저도 그렇게 생각하지만, 제가 느끼기에 우리 회사 정책 중 몇 가지가 공사 현장에서는 효력이 없는 것 같아요. 그리고 모든 공사 현장 노동자들이 정책을 하나 하나 다 따른다는 보장도 없습니다. 게다가 그 매니저가 일을 서둘러 빨리 처리하는 경향이 있다는 말도 들었는데, 전 우리 분야에서는 급히 서두르면 일을 그르친다고 믿거든요.

워런: 오, 그건 당연하죠. 별것 아닌 제 생각을 말씀드리면 이렇습니다. 제러마이아 씨가 새 프로젝트 매니저를 빨리 못 구하시면, 우리 구역의 상급 프로젝트 매니저 중 한 사람을 보내 드려야 할 수도 있겠네요. 우리 프로젝트가 일정보다 훨씬 빨리 진행되고 있으니, 다음 주쯤이면 다 끝나 있을 겁니다. 게다가 다른 구역에서 일하면 두둑한 보너스도 받을 테니, 사람들이 그 제안을 받아들일 겁니다.

래리: 저기, 진짜 값어치 있는 의견인 걸요. 훌륭한 계획을 세웠다는 생각이 듭니다. 제러마이아 씨와 이야기를 나눠 보겠습니다.

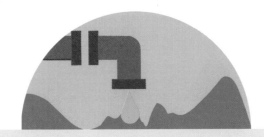

Larry: Jeremiah says they urgently need a new project manager for their construction site. I wish I could help him, but ❶ **my hands are tied** at this point because our general manager wants me to turn in this project proposal immediately. She wants to win this major project, and if I don't complete this by this week, our company is going to ❷ **miss the boat**.

Warren: What happened to the current project manager in that district?

Larry: They found some serious issues in the plumbing system, and it turned out that this manager ❸ **had cut corners**, which caused all those problems. Naturally, the client demanded rework at our cost and wanted us to get rid of him from the site.

Warren: How did that happen? If he followed all the company regulations, such things wouldn't happen.

Larry: I agree, but I feel like some of the company policies ❹ **have no teeth** on construction sites, and there's no guarantee that all the construction workers follow every single one of them. I've also heard the manager tends to rush through his work, but I believe haste makes waste in our industry.

Warren: Oh, absolutely! Here's ❺ **my two cents**. If Jeremiah can't find a new project manager soon, we may need to send him one of our senior project managers from our district. Since our project is well ahead of schedule, we'll have finished it sometime next week. Besides, working in another district means a hefty bonus, so they'll probably accept the offer.

Larry: Hey, it's worth more than two cents. I think we've got a great plan. I'll have a talk with Jeremiah.

---

urgently 급하게, 응급으로
hefty (돈 등이) 두둑한
it's worth more than two cents 절대 하찮지 않다

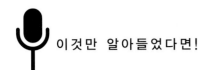

1

One's hands are tied.: One cannot act or help freely because of a rule[law/regulation/policy/priority].

I hope you know that my hands are tied because of the school policy.
학교 정책 때문에 손발이 묶여서 내가 아무것도 할 수 없다는 사실을 네가 알아주면 좋겠어.

2

To miss the boat: To lose the opportunity because it's too late to take advantage of it

Dr. Grill needs only one research assistant, so you want to meet with her asap if you don't want to miss the boat.
그릴 박사님은 연구 조교가 딱 한 사람만 필요하니까, 그 기회를 놓치고 싶지 않으면 가능한 한 빨리 박사님과 만나 보는 게 좋을 거야.

3

To cut corners: To do something in the easiest (or quickest) way, ignoring rules and omitting important things

Working under Mr. Grill, you don't want to cut corners. He's a man of principle.
그릴 씨 밑에서 일할 때 절차를 생략하면서 대충 일하면 안 됩니다. 그분은 원리원칙을 중요시하는 분이거든요.

4

To have no teeth: Not to have enough power to make people obey something (such as a law or regulation)

It seems like the mask mandates have no teeth in this country.
마스크 착용 의무화가 이 나라에서는 효력이 없는 것 같아.

5

My two cents: My opinion

Just to add my two cents, this service should be available only for our students.
내 의견을 좀 보태자면, 이 서비스는 우리 학생들을 위해서만 제공돼야 합니다.

> 가장 좋은 의견인지는 확신할 수 없지만의 뉘앙스가 있으며, my two cents가 '나의 의견'이니, your two cents(너의 의견), his two cents(그의 의견)처럼도 쓰인다.

"We'll have finished it sometime next week."는 미래완료시제의 좋은 예입니다. 미래완료는 미래의 어느 시점에서 끝나는(완료되는) 어떤 일을 나타낼 때 쓰이는 시제입니다. 문법 구조는 'will + have + 과거분사'입니다. 구어체에서 by나 until 등의 전치사와 함께 '~까지는 ~을 끝낼 것이다'라고 말하는 문맥에서 자주 볼 수 있습니다.

She will have completed her master's program by next January.
그녀는 내년 1월까지는 석사 과정을 마칠 것이다.

I can give this book back to you on Sunday. I will have read it by then.
일요일이면 이 책을 너한테 돌려줄 수 있어. 내가 그때까지는 다 읽을 거야.

This study will have been completed by this time next year.
내년 이맘때까지는 이 연구가 끝나 있을 겁니다.

All this money will have been spent by Tuesday next week.
다음 주 화요일이면 이 돈 모두 다 써 버리고 없을 거예요.

Vocabulary Point

One's two cents는 누군가의 의견을 뜻하는 이디엄인데, 많은 경우 구어체에서 to put in my two cents와 같이 쓰입니다.

If I have to put in my two cents, maybe we should combine these two ideas.
내 의견을 말해야 한다면, 난 이 두 가지 아이디어를 합해야 한다고 생각합니다.

많은 이들은 이 이디엄의 어원이 기독교 성서 속 이야기에서 왔다고 믿습니다. 예루살렘 성전에 갑부들은 거액의 돈을 기부했지만, 극도로 가난해서 돈이 없던 한 여인은 달랑 동전 두 개만 놓았습니다. 하지만 예수 그리스도는 엄청난 돈을 기부한 부자들보다도 오히려 작은 동전 두 개만 기부한 이 여인에게 더 큰 은혜를 베풀었습니다. 그 부자들은 자신이 가진 돈의 극히 일부만을 기부한 반면, 그 여인은 자신이 가진 전부를 내놓았기 때문입니다. 그래서 누군가의 two cents는 대단하지는 않지만 자신이 줄 수 있는 만큼의 의견을 나눌 때 쓰는 이디엄이 되었습니다. 그런데 미국에는 nickel(5센트짜리 동전), dime(10센트짜리 동전), quarter(25센트짜리 동전) 같이 다양한 동전들이 있는데, 왜 하필 가장 작은 1센트짜리 동전을 사용해서 two cents라고 할까요? 그것은 my two cents가 자신의 의견이 대단하다고 여겨서 사용하는 표현이 아니기 때문입니다. 다시 말해, 이는 아주 좋은 생각이라서 나누는 의견이 아니라 "대단하지는 않지만 내 생각을 조금 나누자면…" 정도의 의미라는 것이죠. 바로 그런 의미에서 자신의 의견에 겸손함을 담아 미국 동전 중에서도 가장 작은 가치를 지닌 1센트짜리 동전인 cent가 들어가는 것입니다. 참고로, 작은 동전이 누군가의 의견을 나타내는 또 다른 영어 표현으로, 다른 사람이 무슨 생각을 하고 있는지를 물어볼 때 사용할 수 있는 "A penny for your thought?"(넌 대체 무슨 생각을 하니?/네 생각을 말해 봐.)도 있습니다.

LESSON 24

게일: 코트니, 너 너무 우울해 보여. 뭐 때문에 그렇게 힘든 거야?

코트니: 내가 직장에 맞지 않는다는 느낌이 들어.

게일: 어째서 그런데?

코트니: 그게, 난 항상 정석대로 일하려고 하거든. 규칙과 원칙을 따르면서. 그러니까, 시간이 조금 더 걸리더라도 난 절대로 절차를 무시하거나 하진 않아.

게일: 그런데?

코트니: 근데 우리 회사에서는, 원칙을 무시하는 걸 부추긴다는 느낌마저 들어. 사람들은 항상 중요한 절차를 건너뛰어. 그지 자기네 일을 더 빨리 끝내려고 말이야. 그런데 아무도 그에 대해 상관하지 않아!

게일: 그러니까 네 말은 그 사람들이 규칙을 어기고 기본적인 원칙을 무시한다는 거야?

코트니: 그래, 적어도 난 그렇게 느껴져. 심지어 회사 사규도 거기서는 효력이 없어. 더 나쁜 건, 그 사람들이 나한테도 모든 걸 더 빨리 끝내라고 압박을 줘. 근본적으로, 나도 자기네들 방식처럼 일하기를 원해.

게일: 음, 내가 조언 좀 해도 될까?

코트니: 물론이지!

게일: 네가 있어야 할 곳이 아니라는 생각이 들면, 그냥 다른 직장을 구하는 게 어때?

코트니: 나 역시 그걸 생각하고 있지만, 일 때문에 지금 내 손발이 묶여서 아무것도 못하고 있어. 나한테 지금 구직 시장이 어떤지 알아볼 시간이 충분히 없어.

게일: 실은, 우리 삼촌 회사가 지금 엔지니어를 새로 뽑고 있는데, 난 네가 그 자리에 딱 맞는 사람이라는 생각이 좀 들었거든.

코트니: 타이밍 진짜 끝내준다! 그 자리에 관해 좀 더 이야기해 줄래?

게일: 내 생각에 복리 후생은 현재 네가 다니는 회사 정도야. 그보다 더 중요한 건, 내가 확실히 장담하는데, 삼촌 회사에서는 원칙을 무시하는 건 완강히 못하게 할 거라는 사실이야. 내 말 믿어. 내가 우리 삼촌을 잘 알거든. 참, 삼촌 성함은 게리 트루먼 씨이고, 삼촌이 내년 이맘 때쯤이면 그 분야에서 40년 동안 일해 오시는 거야.

코트니: 어머나, 세상에! 게리 트루먼 씨가 너희 삼촌이야? 그분이 토목공학 분야에서 현재 중요한 인물이시거든. 너무 잘됐다! 나 오늘 지원해야 할까?

게일: 아마도 그래야 할 거야. 안 그러면 기회를 놓칠 거니까.

코트니: 알았어! 고마워!

Gale: Courtney, you look so blue. What's eating you?

Courtney: I feel like I don't fit in at my workplace.

Gale: How so?

Courtney: You know, I always try to work by the book, sticking to the rules and principles. I mean even if it takes a little more time, I never ❶**cut corners** or anything.

Gale: And?

Courtney: But in my workplace, I almost feel like **cutting corners** is encouraged. People skip important steps all the time just to finish their work sooner, but no one cares about it!

Gale: Do you mean they break the rules and ignore the fundamental principles?

Courtney: Yes, at least that's how I feel. Even the company rules ❷**have no teeth** there. What's worse, they push me to finish everything faster; basically, they want me to do my work in their way as well.

Gale: Hmm… Can I put ❸**my two cents** in?

Courtney: Sure!

Gale: If you don't feel like you're in the right place, why don't you just get another job?

Courtney: I'm thinking about that too, but ❹**my hands are tied** because of all the work; I don't have enough time to research the job market now.

Gale: Actually, my uncle's company is hiring a new engineer now, and I kind of thought you would be just the person for that position.

Courtney: What perfect timing! Can you tell me more about it?

Gale: I think the benefits are as good as your current workplace. The more important thing is I'm pretty sure corner-cutting is strongly discouraged in his company. Believe me, I know my uncle. Oh, his name is Garry Truman, and he'll have been working in the field for 40 years by this time next year.

Courtney: Oh, my goodness! Mr. Garry Truman's your uncle? He's a current big name in the civil engineering field. This is awesome! Should I apply today?

Gale: Maybe you should because if you don't, you're going to ❺**miss the boat**.

Courtney: Got it! Thanks!

What's eating you? 무슨 걱정을 그렇게 해?   **benefits** (회사의) 복리후생   **big name** 유명인

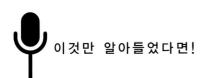 이것만 알아들었다면!

MP3 **144**

1

To cut corners: To do something in the easiest (or quickest) way, ignoring rules and omitting important things
원칙을 무시하거나 절차를 생략하고 대충 일하다

I don't know about other fields, but on a construction site, you should never cut corners because it's going to affect the safety of everyone.
난 다른 분야는 모르겠지만, 건설 현장에서는 절대로 원칙을 무시하면서 일하면 안 됩니다. 그렇게 하는 것이 모두의 안전에 영향을 끼칠 것이기 때문입니다.

2

To have no teeth: Not to have enough power to make people obey something (such as a law or regulation) (법이나 규정 등이) 효력이 없다

It's very hard to enforce this law, and I almost feel like it has no teeth.
이 법을 집행하는 것이 매우 힘들어서, 난 이 법이 효력이 없는 것처럼 느껴지기까지 해.

3

My two cents: My opinion 내 의견

If you want my two cents, health is more important than anything else, and maybe you should quit that job if it's ruining your health.
내 생각을 듣고 싶다면, 건강이 그 무엇보다도 더 중요하니까 네 일이 건강을 해친다면, 그 일을 그만둬야 하는 것 같아.

가장 좋은 의견인지는 확신할 수 없지만의 뉘앙스가 있으며, my two cents가 '나의 의견'이니, your two cents(너의 의견), his two cents(그의 의견) 처럼도 쓰인다.

4

One's hands are tied.:
One cannot act or help freely because of a rule[law/regulation/policy/priority].
(규칙/법/규정/정책/약속이나 다른 이유로 인해) 손발이 묶여서 아무 것도 할 수 없다.

Because of that law, my hands have been tied for three years.
그 법 때문에 내가 3년 동안 손발이 묶여서 아무것도 할 수가 없었어.

5

To miss the boat: To lose the opportunity because it's too late to take advantage of it 무언가를 하기에 이미 너무 늦어 버리다

Annabella: So, did you apply to the EPIK program?
Sally: I missed the boat. I didn't know the deadline was yesterday.
애나벨라: 그나저나, 너 EPIK 프로그램(한국 초등학교 영어 교사 채용 프로그램)에 지원했니?
샐리: 기회를 놓쳤어. 마감일이 어제인 줄 몰랐거든.

게일의 문장 "…he'll have been working in his field for 40 years by this time next year."는 미래완료진행형의 좋은 예입니다. 앞선 대화에서 미래완료가 미래의 어느 시점에서 끝나는(완료되는) 일을 나타낼 때 쓰이는 시제라고 공부했습니다. 이에 비해, 미래완료진행형은 미래의 어느 시점에서 그 일이 끝나 있는 것이 아니라, 그때도 여전히 진행되고 있을 것임을 뜻합니다. 구어체 영어에서 이 시제는 주로 시간의 전치사 for ~ (~ 동안)와 함께 그 일이 지속된 시간(the length of time)을 강조할 때 쓰입니다.

By October this year, we <u>will have been building</u> this house for two years.
올 10월이면 우리가 이 집을 2년 동안 짓고 있는 거겠네요.

The gymnast <u>will have been practicing</u> by herself for seven hours by the time her coach arrives there.
그녀의 코치가 도착할 때면, 그 체조 선수는 혼자서 7시간 동안 연습하고 있는 중일 겁니다.

CULTURE POINT

게일의 문장 "Maybe you should."를 봅시다. 게일은 "You should."(그렇게 해야 해.)라고 단정 지어 말하는 대신, maybe를 더해서 "Maybe you should."(아마도 그렇게 해야 할 것 같아.) 라고 말합니다. 그 이유는 maybe를 통해 자기가 하는 말에 약간의 불분명함(uncertainty)이 더해지면서 덜 직설적이고 부드러운 표현이 되기 때문입니다. 다시 말해, maybe를 더함으로써, 아무리 자기 말이 맞더라도 그것은 결국 친구가 할 선택이라는 점을 존중한다는 의미를 더했다고 생각할 수 있습니다. 대부분의 미국인들은 이렇게 상대방에게 충고할 때나 자기 의견을 말할 때, 절대로 상대에게 강요하지 않으려는 매너가 몸에 배어 있습니다. 물론 모든 미국인들이 다 그런 것은 아니지만, 전반적으로 미국 문화가 이런 태도를 지향합니다. Maybe와 같이 충고나 의견을 부드럽게 해 주는 이런 표현들을 언어학에서 hedge라고 합니다. 이런 예를 몇 가지 더 볼까요?

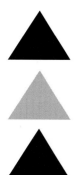

His party was <u>kind of</u> boring.
그의 파티는 좀 따분했어요.

➡ 따분했다는 건 부정적인 말이라서 여기에 '약간', '어느 정도'의 뜻을 가진 kind of를 넣어 줌으로써 좀 덜 직설적인 문장이 됩니다. 이런 경우, kind of 대신 sort of, somewhat, a little 등을 써도 같은 기능을 합니다.

<u>I feel that</u> you should help him.
내 생각에는 네가 그를 도와줘야 할 것 같아.

➡ "You should help him."이라고 말하는 것보다 I feel that이 들어가면서 덜 직설적인 느낌을 줍니다. 이는 대화 속 게일의 문장에서 maybe와 똑같은 기능을 한다고 보면 됩니다. 즉, 이 경우 "<u>Maybe</u> you should help him."이라고 해도 같은 의미입니다.

UNIT 1

영어로 말하고 싶은, 또는 못 알아들을 것 같은 예문에 체크해 보세요.

마르코: 우리 어젯밤에 넷플릭스에서 짐 개피건 스페셜 봤거든. 그 사람 얼마나 웃기는 사람인지 몰라! 우리 완전히 포복절도하면서 봤다니까!

제이: 나도 짐 개피건 엄청 좋아해! 음식에 관한 그의 유머가 아주 웃기지. "파이는 케이크와 경쟁이 안 됩니다. 케이크에 초를 꽂으세요. 그럼 생일 케이크가 됩니다. 파이에 초를 꽂으세요. 그럼 부엌에서 누군가가 술에 취했다는 뜻이죠." 진짜 너무 웃겨!

마르코: 우린 이제서야 넷플릭스에서 그를 찾았어.

제이: 넷플릭스에 그 사람 스페셜 쇼가 많이 있으니까 네가 아직 볼 게 몇 개 더 있어.

마르코: 아내랑 내가 그 사람을 좋아하는 건 그가 항상 욕설을 하지 않으면서도 웃길 수가 있어서지. 우리 아이들이 방에 같이 있었는데, 걔들도 그가 웃기다고 하더라고.

제이: 그래, 그 사람이 굉장히 가족 친화적인 코미디를 하지. 나도 스탠드업 코미디를 좋아하거든. 좋아하는 코미디언을 찾으려면 이것저것 보면서 좀 시행착오를 겪어야 하지. 존 뮬라니 것도 한번 봐. 그 사람도 웃기려고 욕설을 많이 사용하지는 않거든. 난 그 사람도 최고 코미디언 중 하나라고 생각하는데, 굉장히 똑똑해. 그 사람이 예전에 〈Saturday Night Live〉쇼 작가였어.

마르코: 추천 고마워! 그 사람도 찾아볼게. 아내하고 내가 항상 볼 만한 웃기는 쇼를 찾고 있거든.

English CONVERSATION

MP3 **145**

Marco: We just watched a Jim Gaffigan special on Netflix last night. That guy ❶**is such a hoot**! We ❷**were laughing our heads off**!

Jay: I love Jim Gaffigan! His stuff on food is hilarious, "Pie can't compete with cake. Put candles in a cake; it's a birthday cake. Put candles in a pie, and somebody's drunk in the kitchen." So funny!

Marco: We just discovered him on Netflix.

Jay: He has a bunch of specials there, so you've got some catching up to do.

Marco: What my wife and I love about him is that he's able to be funny without having to swear all the time. Our kids were in the room, and they thought he was funny too.

Jay: Yeah, he's very family friendly. I love stand-up comedy, too. It's a bit of ❸**trial and error** finding the comedians that you like. You should check out John Mulaney. He also doesn't use much bad language to get laughs. I think he's one of the best comedians out there, and he's ❹**smart as a whip**. He used to be a writer on *Saturday Night Live*.

Marco: Thanks for the suggestion! I'll look him up, too. My wife and I ❺**are** always **on the lookout for funny stuff to watch**.

---

hilarious 아주 우스운, 재미있는
catching up 따라잡을 것
swear 욕하다
bad language 상소리, 욕설

이것만 알아들었다면!

MP3 146

1 To be a hoot

Did you watch the latest episode of *Saturday Night Live* last night? It was a hoot.

너 어젯밤에 〈Saturday Night Live〉쇼 가장 최근 방송 봤니? 진짜 재밌었어.

아주 재미있는 사람
(또는 상황)이다

2 To laugh one's head off

He told us the story of how he got lost while visiting New York. We felt sorry for him but could not help laughing our heads off.

그가 뉴욕을 방문하는 동안 자기가 어떻게 길을 잃었는지 우리한테 이야기해 줬거든. 우리는 그가 안됐다고 느꼈지만, 자지러지게 웃음이 나오는 건 어쩔 수가 없었어.

자지러지게 웃다

3 Trial and error

I finally got the audio controls to work on my computer, but it took a lot of trial and error.

내가 드디어 내 오디오 제어 장치가 컴퓨터에서 작동하게 하긴 했지만, 많은 시행착오를 겪어야 했어.

시행착오

4 Smart as a whip

Their daughter just got a scholarship to a top school. She's smart as a whip.

그 사람들 딸이 최고 명문 학교 장학금을 받았어. 그 아이는 아주 영리해.

굉장히 영리한

5 To be on the lookout for ~

When we get to the supermarket, be on the lookout for jalapeños. They don't always have them in stock.

우리가 슈퍼마켓에 가면 할라피뇨 고추가 있는지 잘 살펴봐. 할라피뇨가 그 슈퍼마켓에 항상 있는 게 아니거든.

~를 경계하다,
살피다/~을 찾다

제이는 그 코미디언 쇼가 family friendly라고 말합니다. 여기서 family friendly란 부모와 아이들이 함께 봐도 적절하다는 뜻입니다. 비슷한 의미로 kid friendly(아이들이 보거나 하기에 적절한) 표현도 있습니다. 영어에서 friendly라는 단어가 이런 식으로 쓰이는 또 다른 예로 pet friendly와 senior friendly가 있습니다. Pet friendly(반려동물 친화적인)는 호텔이나 숙박 시설이 반려동물을 데리고 와서 머물러도 된다는 뜻으로 주로 쓰입니다. Senior friendly(고령자 친화적인)는 휴대폰이나 전자기기, 또는 시설 등이 나이 드신 분들이 사용하기 쉽거나 좋게 만들어졌다는 의미로 사용됩니다.

We rented a <u>pet friendly</u> condo at the beach. They allowed us to bring our two dogs along.
우리는 해변가에 있는 반려동물 친화적인 콘도를 빌렸거든. 거기서는 우리가 개 두 마리를 데리고 오는 것을 허락했지.

My uncle lives in a <u>senior friendly</u> community. All of the houses have safety features which allow older people to maintain their independence.
우리 삼촌은 고령자 친화적인 공동체에 살고 계셔. 모든 집들이 연세 드신 분들도 독립적으로 생활할 수 있게 해 주는 안전 설비를 갖추고 있어.

CULTURE POINT

마르코와 제이는 스탠드업 코미디언들이 진행하는 스페셜 쇼에 관한 이야기를 합니다. 스탠드업 코미디는 코미디언이 혼자 서서 웃기는 이야기와 농담을 하는 일종의 코미디 쇼입니다. 미국에서는 주로 코미디 클럽(comedy club)이나 바 같은 곳에서 스탠드업 코미디를 합니다. 그러다가 그 쇼가 많이 유명해지면 더 큰 극장으로 가서 하게 되는데, 대화에서 언급되는 짐 개피건(Jim Gaffigan)과 존 뮬라니(John Mulaney)가 그 대표적인 예입니다. 스탠드업 코미디언들은 보통 자신만의 스타일로 유명해집니다. 예를 들어, 어떤 이들은 섹스, 종교, 정치와 관련된 굉장히 자극적인 코멘트를 통해 청중들에게 충격을 주면서 쇼를 진행합니다. 또 어떤 이들은 저속하거나 음탕한 언어(vulgar language)를 끊임없이 사용해서 사람들을 웃기려고도 합니다. 물론 모든 스탠드업 코미디언들이 그런 스타일을 지향하는 건 아닙니다. 어떤 이들은 매우 일상적인 주제를 바른 언어를 써서 웃기기도 합니다. 사실 영어가 모국어가 아닌 이들이 미국의 이런 코미디를 이해하기는 무척 힘듭니다. 왜냐하면 그것은 영어 실력뿐 아니라, 미국인만이 알고 있는 그들의 문화에 대한 깊은 이해(insider's understanding of culture)를 요구하기 때문입니다. 그렇지만 여러분이 이해할 수 있는 코미디 쇼를 찾아서 지속적으로 보는 것은 미국 문화를 깊이 있게 배우는 가장 좋은 방법 중 하나입니다.

이안: 난 벌써부터 학교가 지긋지긋해. 이제 (개학한 지) 5주밖에 안 됐는데!

메건: 나도 그래. 스태들러 교수님이 우리한테 이 에세이를 계속 다시 쓰게 하시거든. 우리 모두 한 백 번 정도 고쳐 썼는데도 교수님이 원하는 대로 안 되고 있어. 나 정말 지긋지긋해.

이안: 그래 맞아. 나도 지난 학기에 그 수업을 들었는데, 그 교수님과는 모든 게 시행착오였어. 내 말은, 교수님은 천재고 굉장히 똑똑하시지만, 넌 온종일 그 교수님 생각을 읽어 내야 한다는 거지.

메건: 있잖아, 수업은 될 대로 되라고 그래! 우리 뭔가 재밌는 걸 해야 하는데. 배꼽 빠지게 만드는 그런 것 말이야. 요즘 웃기는 영화 하는 거 있어?

이안: 빈말 아니고 나라면 그냥 집에 있겠어. 그렇지만 이 새로운 쇼를 찾긴 했지. 〈I Think You Should Leave(네가 나가야 할 것 같다)〉. 그거 진짜 웃겨.

메건: Hoot(매우 재미있는 것)이라는 말이야, 우리 엄마가 잘하시는 표현처럼?

이안: 완전 골때리는 hoot이고 굉장히 오글거리기도 해.

메건: 나 오글거리는 거 완전 좋아해! 난 항상 오글거리는 쇼를 찾거든. 뭐에 관한 거야?

이안: 그게 좀 다른 코미디 촌극인데, 모든 것이 완전히 부적절해. 이를테면, 장례식에서 죽은 사람들이 관 밖으로 떨어져 나가는 것을 "Coffin Flops"라고 부르더라.

메건: 세상에!

이안: 진짜 터무니없어. 네가 좋아할 거야!

Ian: I'm tired as hell of school already, and it's only been five weeks!

Megan: Same. Dr. Stadler has made us keep working on this essay over and over. We've all revised a hundred times, and we don't get what he wants. I'm so sick of it.

Ian: Oh yeah, I took that class last semester, and everything was ❶ **trial and error** with him. I mean, the guy is a genius. He's ❷ **smart as a whip**, but you have to read his mind all day long.

Megan: You know what? Fuck classes. We need to do something fun—like something that makes us ❸ **laugh our asses off**. Are there any funny movies on?

Ian: I'm not gonna lie. I would rather stay in, but I found this new show: *I Think You Should Leave*. It's hilarious.

Megan: ❹ **Is** it **a hoot**, as my mom would say?

Ian: **A** total, freaking **hoot** and very cringey.

Megan: I love cringey! ❺ **I'm** always **on the lookout for cringey shows**. What's it about?

Ian: It's different comedy skits, and everything is completely inappropriate. Like, they did this one called "Coffin Flops" about dead guys falling out of their coffins at funerals.

Megan: Oh, my god!

Ian: It's ridiculous. You'll love it!

---

as hell 대단히, 지독히
I'm not gonna lie. 빈말 아니고
skit 촌극

305

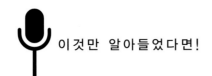

1

Trial and error: A process of trying, failing, and trying again

He is trying to heal his carpal tunnel syndrome. The doctor has recommended several exercises, a brace, and some medication. It will take trial and error to figure out which method helps the most.

그는 손목골 증후군을 낫게 하려고 애쓰고 있어. 의사가 몇 가지 운동과 손목 받침대, 약물을 추천했거든. 어떤 방법이 가장 효과가 있는지 알아내려면 시행착오를 겪어야 할 거야.

2

Smart as a whip: Very clever

I'm not surprised that Reggie was promoted at work; he's creative and smart as a whip.

난 레지가 직장에서 승진했다는 사실이 놀랍지가 않아. 그는 창의력도 있고 매우 똑똑하거든.

3

To laugh one's head off: To laugh uproariously or laugh a lot

My children are all under the age of 10. If you want them to laugh their heads off, just tell them a fart joke.

우리 아이들 모두 10세 미만이야. 그 아이들이 자지러지게 웃도록 하고 싶으면, 그냥 방귀에 관한 농담을 해 주면 돼.

4

To be a hoot:
(For a situation or person) to be very funny

My five-year old grandchild says the funniest things; that child is a hoot.

우리 다섯 살짜리 손주가 얼마나 웃기는 말을 하는지 몰라. 걔는 정말 재미있는 아이라니까.

5

To be on the lookout for ~: To be alert to ~/To keep searching for

I'm on the lookout for the perfect pair of jeans. I'll know them when I see them.

난 완벽한 청바지를 찾고 있거든. 내가 그걸 보면 알아볼 거야.

메건은 '배꼽이 빠지게 웃다'라는 의미로 laugh our asses off라는 표현을 씁니다. 이것은 laugh one's head off를 조금 변형시킨 말로, 의미는 똑같습니다. 여러분도 아시다시피, ass는 절대로 예의를 차리는 자리에서 쓰는 말이 아닙니다. 그래서 이 말은 당연히 친한 친구들 사이나 전혀 격식을 갖추지 않아도 되는 상황에서만 쓰입니다. 미국인들은 이 표현의 머리글자만 딴 lmao (Laughing my ass off)를 친구들과 문자 메시지를 주고받을 때나 인터넷 채팅을 할 때 굉장히 자주 사용합니다.

CULTURE POINT

코미디 쇼에서 skit 또는 sketch가 한국어로는 '촌극'이라고 번역되는데, 코미디언들이 짧은 코미디 장면을 연기해서 시리즈로 보여 주는 것을 말합니다. 이런 Sketch Show에서 다루는 웃음 요소는 대부분 미국 사회의 정치와 문화를 바탕으로 하기 때문에, 이런 쇼를 통해서 미국 문화를 굉장히 심도 있게 배울 수 있습니다. 과거에 유명했던 Sketch Show의 대표적인 예로 〈The Carol Burnett Show〉, 〈Mad TV〉, 〈Key and Peele〉 등이 있습니다. 40년 넘도록 여전히 인기 있는 쇼로는 여러분도 잘 아시는 〈Saturday Night Live〉가 있습니다. 최근 들어 시작한 쇼 중에서 인기 있는 것으로 흑인 여성 작가들과 코미디언들이 만든 〈A Black Lady Sketch Show〉가 있습니다.

UNIT 3

영어로 말하고 싶은, 또는 못 알아들을 것 같은 예문에 체크해 보세요.

리사: 저기, 트레이시, 내가 미국 영어의 새로운 filler words(그저 때우기 용인 의미 없는 단어들)를 다루는 기사를 찾고 있거든.

트레이시: 오케이, 알았어. 뭘 하려고 하는데?

리사: 말하기 패턴이 어떻게 바뀌고 있는지, 또 실리콘 밸리의 하이테크 전문가들이 쓰는 언어가 이런 변화에 어느 정도 영향을 미치는지에 관한 짧은 글을 시리즈로 쓰고 있어.

트레이시: 아, 알고 보니 너한테 딱 맞는 걸로 뉴욕 타임스에서 찾은 게 하나 있어.

리사: 오, 정말? 잘됐다! 나도 몇 개 찾고는 있는데 많은 시행착오를 겪어야 했거든.

트레이시: 이 기사는 "ZuckTalk의 흥망사"라고 하네. 마크 저커버그에 영향을 받은 말하기 패턴에 관한 거야. 참 잘 쓴 기사지. 글쓴이가 확실히 아주 똑똑해. 이 기사에 재치 있는 논평도 있어. 그러니까 내 말은, '포복절도할 정도로 웃기지는 않지만 그래도 그에 가까워.

리사: 있잖아, 이런 말하기 패턴 몇 가지를 웃음거리로 삼는 코미디언들도 있거든. 그들이 SNL (Saturday Night Live) 쇼에서 이에 관한 몇 가지 촌극을 해. 그게 얼마나 재밌는지 몰라! 그런 자료 중 몇 가지도 내 글에 넣을까 봐.

트레이시: 흥미로운 작문 프로젝트 같네. 네가 다 쓰고 나면 나도 빨리 읽고 싶어.

MP3 149

Lisa: Hey, Tracie, ❶ **I'm on the lookout for articles** that deal with new filler words in American English.

Tracie: Okay, sure. What are you working on?

Lisa: I'm doing a series of short articles on how speech patterns are changing, and how the language of Silicon Valley tech guys is influencing some of this change.

Tracie: Ah, well, as it turns out, I've got something from the *New York Times* for you.

Lisa: Oh, really? That's great! I've been finding things, but it's a lot of ❷ **trial and error**.

Tracie: The article is called "The Rise and Fall of 'ZuckTalk.'" It's about speech patterns that are influenced by Mark Zuckerberg. It's really well written. The author is clearly ❸ **smart as a whip**. It's also got some witty observations. I mean, it's not ❹ **"laugh your head off"** funny, but close to it.

Lisa: You know, there are some comedians now who are poking fun at some of these speech patterns. They do a couple of skits about this on SNL. Those skits ❺ **are a hoot**! I might include some of that material in my articles, too.

Tracie: Sounds like an interesting writing project. I can't wait to read it when you're done.

---

as it turns out 알고 보니
observation 논평
poke fun at ~ ~을 놀리다, ~를 웃음거리로 삼다

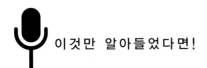
이것만 알아들었다면!

MP3 150

1 To be on the lookout for ~: To be alert to ~/To keep searching for ~를 경계하다, 살피다/~을 찾다

Okay, our friend's house should be on this street. Be on the lookout for house number 3450.
오케이, 우리 친구 집이 이 거리에 있어야 하는데. 집 번호 3450을 찾아봐.

2 Trial and error: A process of trying, failing, and trying again 시행착오

I've perfected my chocolate cake recipe after many tries. There is a lot of trial and error in baking.
아주 여러 번 시도해 본 끝에 난 완벽한 초콜릿 케이크 레시피를 완성시켰어. 베이킹 하는 데는 많은 시행착오가 필요하지.

3 Smart as a whip: Very clever 굉장히 영리한

My grandson is smart as a whip; he started learning to read at three and by four he could already write.
우리 손자는 굉장히 영리해. 세 살 때 읽는 법을 배우기 시작했는데, 네 살 때 벌써 쓸 수 있었거든.

4 To laugh one's head off:
To laugh uproariously or laugh a lot 자지러지게 웃다

She got together with old college friends, and they laughed their heads off while recalling their youth.
그녀는 오랜 대학 친구들과 모임을 가졌는데, 모두들 자신들의 젊은 시절을 떠올리며 이야기하다가 자지러지도록 웃었다.

5 To be a hoot: (For a situation or person) to be very funny 아주 재미있는 사람(또는 상황)이다

I think SpongeBob is a hoot.
난 스폰지밥이 아주 재미있는 인물이라고 생각해.

영어에서 동사 to hoot은 주로 '(올빼미가) 울다'라는 의미로 쓰입니다. 한국어로는 새가 '울다' 또는 '지저귀다'라고 하지만, 영어로는 "Birds sing/chirp."이라고 표현 합니다. 그렇지만 올빼미는 새의 종류임에도 불구하고, 이와 전혀 다른 동사를 써서 "Owls hoot."(올빼미가 운다)이라고 합니다. 그런데 이 과에서는 hoot이 명사로 쓰 인 이디엄인 to be a hoot을 배우고 있는데, 이때 hoot은 매우 재미있는 사람이나 무언가를 뜻합니다. Hoot이 명사로 쓰이는 또 다른 이디엄으로 to not give a hoot (= to not care about something: 관심없다/신경 안 쓰다)이 있습니다. 이 표현은 다음과 같이 미국인들이 조금 짜증스러울 때 사용합니다.

I'm getting my work done by the deadline. I don't give a hoot if Tom misses his deadline; that's his problem.
난 마감일까지 내 일을 끝낼 거야. 톰이 마감일까지 다 못 끝내든 말든 난 신경 안 써.
그건 걔 문제니까.

I don't give a hoot where we eat, but I'm getting hungry, so let's decide soon.
우리가 어디서 먹든지 난 관심 없는데, 배가 고파 오니까 빨리 결정하자고.

CULTURE POINT

<Saturday Night Live (SNL)>는 코미디 버라이어티 쇼 로 미국의 인기 있는 텔레비전 프로그램입니다. 토요일 밤 늦게 뉴욕에서 청중들 앞에서 현장 진행되는 쇼입니 다. 고정 출연진은 떠오르는 전도 유망한 코미디언들로 구성되어 있지만, 매주 다른 게스트를 초대하기도 합니 다. 고정 출연진들은 다양한 코미디 촌극(skit)을 연기하 며, 극의 소재는 주로 미국 문화와 사회 문제, 정치인데 때로 세계적인 이벤트를 다루기도 합니다. 요즘은 이 쇼 의 많은 장면들이 온라인을 통해서 크게 알려지고 있습 니다. SNL은 1975년부터 시작한 쇼로 지금까지도 인기 가 있으며, 많은 미국인들의 가슴 속에 자리잡은 프로그 램이 되었습니다. 더불어, 현재 미국에서 유명한 코미디 언 중에는 SNL에서 코미디언으로 커리어를 시작했던 사 람들이 많습니다. 예로 Eddie Murphy, Tina Fey, Will Ferrell, Adam Sandler, Bill Murray, 그리고 영화 <슈 렉>에서 슈렉 목소리를 연기했던 Mike Meyers 등이 있 습니다.

INDEX

INDEX 1 영어 키워드 인덱스

A

B

be all decked out: (for people) to be dressed in fine clothing or in special clothing for a specific purpose / (for a room or space) to be fully decorated for an event	(사람에게 쓰일 때) 잘 차려입거나 어떤 특별한 목적을 위한 옷을 입다/(방이나 공간에 쓰일 때) 어떤 이벤트를 위해 잘 꾸며지거나 장식되다	**LESSON 18** p. 218/222/226
be all set: be ready	준비가 다 돼 있다	**LESSON 18** p. 218/222/226
be beside oneself: be overcome with intense emotion	(격한 감정으로 인해) 이성을 잃고 어찌할 바를 모르다	**LESSON 21** p. 254/258/262
be blown away by ~: be very impressed by ~	무언가에 크게 감명받다	**LESSON 1** p. 14/18/22
be early days: be too soon to know something or to make an informed decision	(무언가를 알거나 현명한 결정을 하기에는) 시기상조이다/아직은 때가 이르니 좀 더 두고 봐야 한다	**LESSON 1** p. 14/18/22
be going for ~: try to achieve a particular result	특정 결과를 만들기 위해 노력하다	**LESSON 22** p. 266/270/274
be in full swing: (relating to an event) be fully underway and at their peak activity	(어떤 이벤트와 관련하여) 한창 진행 중이다/절정에 다다르다 /무르익다	**LESSON 16** p. 194/198/202
be in the know (about ~): stay informed (about ~)	(~에 대해) 잘 알고 있다 /(~에 관한) 정보에 밝다	**LESSON 9** p. 110/114/118
be itching to do something: have a desire to do something/want to do something very much	~가 하고 싶어서 몸이 근질거리다	**LESSON 6** p. 74/78/82
be on the lookout for ~: be alert to ~/keep searching for	~를 경계하다, 살피다 /~을 찾다	**LESSON 25** p. 302/306/310
be sweetness and light: be kind and gentle	상냥하고 친절하다	**LESSON 15** p. 182/186/190
bear the brunt of ~: suffer or take the main impact or worst part of a physical or emotional hardship	~에 가장 큰 타격을 받다 /~의 직격탄을 맞다	**LESSON 12** p. 146/150/154
beat-up: shabby/in a very bad condition	다 낡아빠진	**LESSON 10** p. 122/126/130
behind the scenes: privately or secretly, not in the public view	(공적으로 드러나는 곳에서가 아니라) 사적으로/은밀하게	**LESSON 5** p. 62/66/70
bite the bullet: do something unpleasant because one has to	(피할 수 없는 일이라서) 억지로 이를 악물고 참다/하다	**LESSON 14** p. 192/196/178
blow a fuse: express anger	굉장히 화내다	**LESSON 7** p. 86/90/94

boil down to ~: arrive at the most important aspect of something/ reduce something to its core elements	~으로 요약하다/결국~이 되다	**LESSON 3** p. 38/42/46
brainchild: idea/invention	아이디어(두뇌의 산물)/발명품 /창작품	**LESSON 8** p. 98/102/106
bridge the gap between A and B: connect two things or ideas/decrease the difference between two things	(서로 다른) 사물이나 생각을 이어 주다/A와 B 사이의 간극을 메우다/A와 B의 차이를 줄이다	**LESSON 3** p. 38/42/46
a(n) ~ buff: A person with a strong interest in and knowledge of ~	~광/~매니아	**LESSON 9** p. 110/114/118
burn the bridge (with ~): end a relationship (with ~) in a way that one cannot go back and re-start the relationship	(~와의) 관계를 완전히 끝내다 /돌이킬 수 없게 되다	**LESSON 23** p. 278/282/286
burn the candle at both ends: exhaust oneself or one's resources, usually through working too much	지나치게 많은 일을 하여 몹시 지치다	**LESSON 13** p. 158/162/166
by and large: for the most part/ generally speaking	대체적으로	**LESSON 12** p. 146/150/154
by the book: strictly following every rule[instruction, principle] correctly	엄격하게 규칙을 모두 따르면서 /원칙대로	**LESSON 23** p. 278/282/286

C

Check this out!: Look at this!/Listen to this!	이것 좀 봐/얘기 한번 들어봐!	**LESSON 13** p. 158/162/166
chew the fat: have a long conversation	오래 이야기를 나누다	**LESSON 10** p. 122/126/130
chip in for[on] ~: contribute money or help as part of a joint effort	협력해서 함께하는 일에 돈이나 도움을 보태다	**LESSON 21** p. 254/258/262
Count me in.: Include me in an activity.	나도 끼워 줘.	**LESSON 13** p. 158/162/166
cut corners: do something in the easiest (or quickest) way, ignoring rules and omitting important things	원칙을 무시하거나 절차를 생략하고 대충 일하다	**LESSON 24** p. 290/294/298
cut someone some slack: Not be too critical of someone	너무 가혹하게 굴지 않고 사정을 좀 봐주다	**LESSON 4** p. 50/54/58

cut the mustard: reach expectations or a standard	(기대하는 것만큼) 해내다	**LESSON 19** p. 230/234/238

D

Don't have a cow!: Don't be excited[upset/agitated]!	흥분하지 매! 진정해!	**LESSON 11** p. 134/138/142

E

elbow grease: hard physical work, especially in cleaning something	힘든 육체 노동	**LESSON 22** p. 266/270/274
Enough is enough!: I can't stand it anymore!	더는 못 참아!	**LESSON 2** p. 26/30/34
an eye-opener: Something surprising or enlightening	놀라운 경험/신세계/눈을 뜨게 하는 사건/각성의 계기	**LESSON 8** p. 98/102/106

F

fall into place: (For things or ideas) to make sense or fit together	(의견이나 아이디어, 또는 무언가가) 앞뒤가 맞다/제자리처럼 꼭 맞아떨어지다	**LESSON 20** p. 242/246/250
fancy schmancy: Extremely fancy or impressive	굉장히 멋지고 화려한	**LESSON 18** p. 218/222/226
feel for ~: empathize with ~	~와 공감하다/~를 가여워하다	**LESSON 20** p. 242/246/250
fill someone in (on ~): give someone information (about ~) that (s)he has missed	(~에 관해) 지금까지의 상황을 말해 주다/누군가가 놓친 부분을 말해 주다	**LESSON 8** p. 98/102/106
flake on ~: not follow through after promising to do something	~와의 약속을 어기다	**LESSON 11** p. 134/138/142
for the birds: unimportant or uninteresting/worthless/useless/stupid	시시한/재미없는/소용이 없는/실용적이지 않은/가치 없는	**LESSON 14** p. 192/196/178
for the win: used to express when something is great or amazing	뭔가가 놀랍도록 훌륭하다는 의미로 쓰이는 표현	**LESSON 16** p. 194/198/202

from the jump: from the beginning/ from the get-go	처음부터	**LESSON 4** p. 50/54/58

G

get all decked out: (for people) to be dressed in fine clothing or in special clothing for a specific purpose / (for a room or space) to be fully decorated for an event	(사람에게 쓰일 때) 잘 차려입거나 어떤 특별한 목적을 위한 옷을 입다/(방이나 공간에 쓰일 때) 어떤 이벤트를 위해 잘 꾸며지거나 장식되다	**LESSON 18** p. 218/222/226
get on in years: get older	나이를 먹어 가다/연로해지다	**LESSON 21** p. 254/258/262
get one's ducks in a row: do what is needed to be prepared and organized	만반의 준비를 하다	**LESSON 17** p. 206/210/214
go above and beyond: do much more than is required or expected for a given task	자신에게 할당된 직무의 범위를 넘어서 그 이상으로 일하다 /기대 이상으로 열심히 일하다	**LESSON 18** p. 218/222/226
go all out (for ~): put a lot of effort and enthusiasm (into doing ~)	(~에) 전력을 다하다/(~에) 온 힘을 다하다	**LESSON 9** p. 110/114/118
go to pot: become ruined	엉망이 되다	**LESSON 14** p. 192/196/178
gold standard: the best or most valuable thing of its type	최고 기준/표준	**LESSON 13** p. 158/162/166
groundbreaking: new and innovative	획기적인	**LESSON 1** p. 14/18/22
a gut feeling: intuition/a personal intuitive feeling	직감/육감	**LESSON 6** p. 74/78/82

H

a hard nut to crack: something that is difficult to do/a person that is hard to deal with	어려운 일이나 문제 /다루기 힘든 사람	**LESSON 19** p. 230/234/238
have a ball: have lots of fun	즐거운 시간을 보내다 /신나게 즐기다	**LESSON 10** p. 122/126/130
(have ~) at one's fingertips: have (often information or knowledge) easily accessible	(정보나 지식 등을) 즉시 이용할 수 있다/~를 잘 알고 있다 /~에 정통하다	**LESSON 9** p. 110/114/118

have butterfingers: be a clumsy person who often drops things	물건 등을 잘 떨어뜨리다	**LESSON 10** p. 122/126/130
have more holes than Swiss cheese: have many flaws/be illogical	(이야기, 주장, 이론 등이) 논리적이지 않고 허점이 많다	**LESSON 14** p. 192/196/178
have no teeth: Not have enough power to make people obey something (such as a law or regulation)	(법이나 규정 등이) 효력이 없다	**LESSON 24** p. 290/294/298
have the upper hand: have the advantage in a situation/have the control of a situation	우위를 점하다/유리한 입장이다	**LESSON 7** p. 86/90/94
Heads are going to roll.: People will be punished severely (for an error).	몇 사람들 모가지가 날아갈 겁니다.	**LESSON 15** p. 182/186/190
Heads will roll.: People will be punished severely (for an error).	몇 사람들 모가지가 날아갈 겁니다.	**LESSON 15** p. 182/186/190
hear (something) through the grapevine: hear via an informal source	~라는 소문을 듣다	**LESSON 6** p. 74/78/82
high and dry: in a helpless and hopeless situation	막막한 상태인 /앞길이 막힌 상태인	**LESSON 19** p. 230/234/238
highway robbery: having to pay an exorbitant amount of money for something	(대낮의) 날강도짓	**LESSON 7** p. 86/90/94

I

in a good way: often added to soften statements that might sound unintentionally harsh	(의도치 않게 부정적으로 들릴 수 있는 말을 할 때 미국인들이 덧붙이는 표현) 좋은 뜻으로	**LESSON 22** p. 266/270/274
in a heartbeat: in an instant/ immediately	즉시/당장	**LESSON 15** p. 182/186/190
in light of ~: because of/due to/ taking ~ into consideration	~ 때문에/~에 비춰보면	**LESSON 1** p. 14/18/22
It's not rocket science.: It's not something too difficult to do.	그리 어려운 일은 아니야.	**LESSON 4** p. 50/54/58

J

just the thing: exactly what is best for a situation	안성맞춤/어떤 상황에서 딱 맞는 해결책	**LESSON 16** p. 194/198/202

K

keep in mind: be mindful of something	명심하다/염두에 두다	**LESSON 12** p. 146/150/154
a knee-jerk reaction: an automatic response or reaction to something	무릎 반사처럼 자동적으로 나오는 반응	**LESSON 21** p. 254/258/262
knock one's socks off: impress someone greatly/amaze someone	~를 놀라 자빠지게 하다 /~를 크게 감동시키다	**LESSON 8** p. 98/102/106
know ~ by heart: have ~ memorized	~를 외우다/기억하다	**LESSON 21** p. 254/258/262

L

a last resort: the last option after other options have been tried	최후의 수단	**LESSON 16** p. 194/198/202
laugh one's head off: laugh uproariously or laugh a lot	자지러지게 웃다	**LESSON 25** p. 302/306/310
learn ~ by heart: have ~ memorized	~를 외우다/기억하다	**LESSON 21** p. 254/258/262
let the chips fall where they may: let things happen as they will and to accept the results	결과가 어찌 되든 운명에 맡기다	**LESSON 17** p. 206/210/214
lower the bar: lower standards or expectations	기대치나 기준을 낮추다	**LESSON 17** p. 206/210/214

M

mark an[the] occasion (of ~): celebrate ~	(~를) 축하하다/(~를) 기념하다	**LESSON 9** p. 110/114/118
miss the boat: lose the opportunity because it's too late to take advantage of it	무언가를 하기에 이미 너무 늦어 버리다	**LESSON 24** p. 290/294/298

my two cents: my opinion	내 의견	**LESSON 24** p. 290/294/298

N

nip ~ in the bud: stop ~ before a situation gets worse	～가 문제의 소지가 되기 전에 싹을 자르다	**LESSON 16** p. 194/198/202
not cut the mustard: not reach expectations or a standard	(기대하는 것만큼) 못 해내다	**LESSON 19** p. 230/234/238

O

on the go: very busy and active	계속 일이나 활동을 하며 바쁜	**LESSON 10** p. 122/126/130
one's gut feeling: intuition/a personal intuitive feeling	직감/육감	**LESSON 6** p. 74/78/82
One's hands are tied.: One cannot act or help freely because of a rule[law/regulation/policy/priority].	(규칙/법/규정/정책/약속이나 다른 이유로 인해) 손발이 묶여서 아무 것도 할 수 없다.	**LESSON 24** p. 290/294/298
one's knee-jerk reaction: an automatic response or reaction to something	무릎 반사처럼 자동적으로 나오는 반응	**LESSON 21** p. 254/258/262

P

pinch pennies: spend as little money as possible	절약하다/한두 푼이라도 아껴 지출을 최대한 줄이다	**LESSON 2** p. 26/30/34
pull oneself together: calm oneself down/regain one's composure	침착해지다/냉정을 되찾다	**LESSON 4** p. 50/54/58
put a sock in it: stop talking/be quiet	입 다물다	**LESSON 11** p. 134/138/142
put one's own twist on ~: add one's own style to ~	～를 자신만의 스타일로 만들다	**LESSON 13** p. 158/162/166

R

rain or shine: no matter what happens	어떤 일이 있어도	**LESSON 23** p. 278/282/286
raise the bar: raise standards or expectations	기대치나 기준을 높이다	**LESSON 17** p. 206/210/214
a rule of thumb: a method or a principle based not on a theory but on experience or practice	이론이 아니라 경험이나 관행에 근거하는 어떤 원칙이나 방법	**LESSON 6** p. 74/78/82
run out of gas: become exhausted/lose one's energy	탈진하다/기력을 잃다	**LESSON 2** p. 26/30/34
run out of steam: lose the energy or motivation to complete a task	기력이 다하다	**LESSON 17** p. 206/210/214

S

scare the pants off (of) ~: intentionally or unintentionally scare or startle ~	(바지가 벗겨질 정도로) ~를 놀라게 하다/~를 무섭게(두렵게) 하다	**LESSON 18** p. 218/222/226
see ~ coming: forese, usually, an unpleasant event	(주로 좋지 않은 일) ~를 예측하다	**LESSON 12** p. 146/150/154
sing the blues: complain/whine	불평하다/우는소리를 하다	**LESSON 2** p. 26/30/34
sit on the fence: be hesitant to make a decision/not take anyone's side	망설이며 결정을 못하다 /누구 편도 들지 않고 중립적인 태도를 보이다	**LESSON 23** p. 278/282/286
smart as a whip: very clever	굉장히 영리한	**LESSON 25** p. 302/306/310
something has to give: a situation is overloaded to the point of breaking down	(사태가 급박해서) 뭔가는 바뀌어 야 하는 상황이다/당장 결단을 내려야 한다	**LESSON 3** p. 38/42/46
spin one's wheels: waste energy by being stuck in one position/make no progress	헛수고를 하다/진전이 없다	**LESSON 17** p. 206/210/214
split hairs (over ~): argue over a very small and unimportant difference	사소한 것에 지나치게 신경 쓰다 /(~에 관해) 지나치게 자세히 논쟁하다	**LESSON 23** p. 278/282/286

spread oneself too thin: commit oneself to doing too many things to the point that one cannot give enough time and attention to any one of them	한꺼번에 너무 많은 일을 벌여서 제대로 하는 것이 하나도 없다	**LESSON 6** p. 74/78/82
a spring chicken: a young person	햇병아리/풋내기/젊은이	**LESSON 20** p. 242/246/250
stand in the way of ~: (Literally or figuratively) block or hinder ~	~를 방해하다 /~에 장애나 걸림돌이 되다	**LESSON 3** p. 38/42/46
stay in the know (about ~): stay informed (about ~)	(~에 대해) 잘 알고 있다 /(~에 관한) 정보에 밝다	**LESSON 9** p. 110/114/118
step on eggshells : be extremely careful about what one says and does	눈치를 살피면서 말과 행농을 극도로 조심하다	**LESSON 11** p. 134/138/142
stop and smell the roses: pause and savor life	여유를 가지고 삶을 즐기다	**LESSON 22** p. 266/270/274
(straight) from the horse's mouth: from a reliable source	확실한 소식통으로부터	**LESSON 14** p. 192/196/178

T

take a stab at ~: try ~	~를 한번 해 보다 /~를 시도해 보다	**LESSON 20** p. 242/246/250
take a step back: delay an action in order to consider a situation more fully	정확한 상황 파악을 위해 한 걸음 물러서다	**LESSON 1** p. 14/18/22
The ball is in one's court.: It's one's decision./It's one's turn to take action./It's one's responsibility.	이제 ~의 결정에 달려 있다 /~가 맡을 차례이다 /~의 책임이다	**LESSON 8** p. 98/102/106
the big cheese: the most powerful person in an organization or in a situation	(조직 또는 어떤 상황에서) 가장 중요한 인물/가장 힘이나 영향력이 있는 인물	**LESSON 19** p. 230/234/238
the big picture: the whole perspective on something	전체적인 상황/큰 그림	**LESSON 20** p. 242/246/250
the last straw: the last in a series of bad events that makes you feel that you cannot be patient any longer	최후의 결정타/더 이상 견디지 못하게 만드는 마지막 한 가닥의 무게	**LESSON 4** p. 50/54/58
to top it off: used to explain a final detail of a situation that makes the situation better or worse	거기에 더해서(긍정적인 의미로도 부정적인 의미로도 모두 쓰임) /설상가상으로	**LESSON 7** p. 86/90/94

a tough cookie: a strong and determined person	강인하고 강직한 사람	**LESSON 19** p. 230/234/238
a tough nut to crack: something that is difficult to do/a person that is hard to deal with	어려운 일이나 문제 /다루기 힘든 사람	**LESSON 19** p. 230/234/238
trial and error: a process of trying, failing, and trying again	시행착오	**LESSON 25** p. 302/306/310
turn ~ upside down: look everywhere for something	무엇을 찾느라 ~를 샅샅이 뒤지다	**LESSON 15** p. 182/186/190

W

walk all over ~: mistreat ~/treat ~ in a disrespectful way/treat ~ badly	~를 함부로 대하다 /~를 깔아뭉개다	**LESSON 11** p. 134/138/142
walk on eggshells: be extremely careful about what one says and does	눈치를 살피면서 말과 행동을 극도로 조심하다	**LESSON 11** p. 134/138/142
wash one's hands of ~: refuse to be involved with a situation	~에서 손을 떼다 /~와 관계를 끊다	**LESSON 7** p. 86/90/94
Watch your back.: Be vigilant and protect yourself.	뒤를 조심하세요.	**LESSON 15** p. 182/186/190
wheeling and dealing: negotiating in business (sometimes unscrupulously)	목적을 달성하기 위해 수완을 발휘하기/수단과 방법을 가리지 않고 이득을 취하기	**LESSON 5** p. 62/66/70

Y

You do you!: Express your own personal style or make your own decision.	너만의 스타일로 해!	**LESSON 22** p. 266/270/274

INDEX 2 한글 키워드 인덱스

ㄱ

결국에는	at the end of the day: in the end	**LESSON 5** p. 62/66/70
결론적으로는	at the end of the day: in the end	**LESSON 5** p. 62/66/70
(〜를) 경계하다, 살피다	be on the lookout for 〜: be alert to 〜/ keep searching for	**LESSON 25** p. 302/306/310
계속 일이나 활동을 하며 바쁜	on the go: very busy and active	**LESSON 10** p. 122/126/130
(〜와) 공감하다	feel for 〜: empathize with 〜	**LESSON 20** p. 242/246/250
(〜와) 관계를 끊다	wash one's hands of 〜: refuse to be involved with a situation	**LESSON 7** p. 86/90/94
(〜와의) 관계를 완전히 끝내다	burn the bridge (with 〜): end a relationship (with 〜) in a way that one cannot go back and re-start the relationship	**LESSON 23** p. 278/282/286
(〜에) 관심이 있다	be all about 〜: be focused on 〜/be passionate about 〜	**LESSON 5** p. 62/66/70
〜광	a(n) 〜 buff: A person with a strong interest in and knowledge of 〜	**LESSON 9** p. 110/114/118
굉장히 멋지고 화려한	fancy schmancy: Extremely fancy or impressive	**LESSON 18** p. 218/222/226
굉장히 영리한	smart as a whip: very clever	**LESSON 25** p. 302/306/310
굉장히 화내다	blow a fuse: express anger	**LESSON 7** p. 86/90/94
그리 어려운 일은 아니야.	It's not rocket science.: It's not something too difficult to do.	**LESSON 4** p. 50/54/58
(〜를) 기념하다	mark an[the] occasion (of 〜): celebrate 〜	**LESSON 9** p. 110/114/118
기대 이상으로 열심히 일하다	go above and beyond: do much more than is required or expected for a given task	**LESSON 18** p. 218/222/226
기대치나 기준을 낮추다	lower the bar: lower standards or expectations	**LESSON 17** p. 206/210/214
기대치나 기준을 높이다	raise the bar: raise standards or expectations	**LESSON 17** p. 206/210/214
기력을 잃다	run out of gas: become exhausted/lose one's energy	**LESSON 2** p. 26/30/34
기력이 다하다	run out of steam: lose the energy or motivation to complete a task	**LESSON 17** p. 206/210/214

(~를) 기억하다	know[learn]~ by heart: have ~ memorized	**LESSON 21** p. 254/258/262
(~를) 깔아뭉개다	walk all over ~: mistreat ~/treat ~ in a disrespectful way/treat ~ badly	Lesson 11 p. 134/138/142

ㄴ

나도 끼워 줘.	Count me in.: Include me in an activity.	**LESSON 13** p. 158/162/166
나이를 먹어 가다	get on in years: get older	**LESSON 21** p. 254/258/262
(대낮의) 날강도짓	highway robbery: having to pay an exorbitant amount of money for something	**LESSON 7** p. 86/90/94
내 의견	my two cents: my opinion	**LESSON 24** p. 290/294/298
냉정을 되찾다	pull oneself together: calm oneself down/regain one's composure	**LESSON 4** p. 50/54/58
너만의 스타일로 해!	You do you!: Express your own personal style or make your own decision	**LESSON 22** p. 266/270/274
너무 가혹하게 굴지 않고 사정을 좀 봐주다	cut someone some slack: Not be too critical of someone	**LESSON 4** p. 50/54/58
논리적이지 않고 허점이 많다 (이야기, 주장, 이론 등이)	have more holes than Swiss cheese: have many flaws/be illogical	**LESSON 14** p. 192/196/178
놀라운 경험	an eye-opener: Something surprising or enlightening	**LESSON 8** p. 98/102/106
(~를) 놀라 자빠지게 하다	knock one's socks off: impress someone greatly/amaze someone	**LESSON 8** p. 98/102/106
(~를) 놀라게 하다 (바지가 벗겨질 정도로)	scare the pants off (of) ~: intentionally or unintentionally scare or startle ~	**LESSON 18** p. 218/222/226
누구 편도 들지 않고 중립적인 태도를 보이다	sit on the fence: be hesitant to make a decision/not take anyone's side	**LESSON 23** p. 278/282/286
누군가가 놓친 부분을 말해 주다	fill someone in (on ~): give someone information (about ~) that (s)he has missed	**LESSON 8** p. 98/102/106
눈을 뜨게 하는 사건	an eye-opener: Something surprising or enlightening	**LESSON 8** p. 98/102/106

눈치를 살피면서 말과 행동을 극도로 조심하다	step[walk] on eggshells : be extremely careful about what one says and does	**LESSON 11** p. 134/138/142

ㄷ

다 낡아빠진	beat-up: shabby/in a very bad condition	**LESSON 10** p. 122/126/130
다루기 힘든 사람	a hard[tough] nut to crack: something that is difficult to do/a person that is hard to deal with	**LESSON 19** p. 230/234/238
당장	in a heartbeat: in an instant/ immediately	**LESSON 15** p. 182/186/190
당장 결단을 내려야 한다 (사태가 급박해서)	something has to give: a situation is overloaded to the point of breaking down	**LESSON 3** p. 38/42/46
대체적으로	by and large: for the most part/ generally speaking	**LESSON 12** p. 146/150/154
더 이상 견디지 못하게 만드는 마지막 한 가닥의 무게	the last straw: the last in a series of bad events that makes you feel that you cannot be patient any longer	**LESSON 4** p. 50/54/58
더는 못 참아!	Enough is enough!: I can't stand it anymore!	**LESSON 2** p. 26/30/34
돌이킬 수 없게 되다	burn the bridge (with ~): end a relationship (with ~) in a way that one cannot go back and re-start the relationship	**LESSON 23** p. 278/282/286
뒤를 조심하세요.	Watch your back.: Be vigilant and protect yourself.	**LESSON 15** p. 182/186/190
~ 때문에	in light of ~: because of/due to/taking ~ into consideration	**LESSON 1** p. 14/18/22

ㅁ

막막한 상태인	high and dry: in a helpless and hopeless situation	**LESSON 19** p. 230/234/238
만반의 준비를 하다	get one's ducks in a row: do what is needed to be prepared and organized	**LESSON 17** p. 206/210/214

많은 양(수)의	a good[great] deal of: a lot of	**LESSON 3** p. 38/42/46
망설이며 결정을 못하다	sit on the fence: be hesitant to make a decision/not take anyone's side	**LESSON 23** p. 278/282/286
(~가) 말을 차례이다	The ball is in one's court.: It's one's decision./It's one's turn to take action./ It's one's responsibility.	**LESSON 8** p. 98/102/106
~ 매니아	a(n) ~ buff: A person with a strong interest in and knowledge of ~	**LESSON 9** p. 110/114/118
명심하다	keep in mind: be mindful of something	**LESSON 12** p. 146/150/154
몇 사람들 모가지가 날아갈 겁니다.	Heads will[are going to] roll.: People will be punished severely (for an error).	**LESSON 15** p. 182/186/190
목적을 달성하기 위해 수완을 발휘하기	wheeling and dealing: negotiating in business (sometimes unscrupulously)	**LESSON 5** p. 62/66/70
못 해내다 (기대하는 것만큼)	not cut the mustard: not reach expectations or a standard	**LESSON 19** p. 230/234/238
무르익다	be in full swing: (relating to an event) be fully underway and at their peak activity	**LESSON 16** p. 194/198/202
무릎 반사처럼 자동적으로 나오는 반응	a[one's] knee-jerk reaction: an automatic response or reaction to something	**LESSON 21** p. 254/258/262
(~를) 무섭게(두렵게) 하다 (바지가 벗겨질 정도로)	scare the pants off (of) ~: intentionally or unintentionally scare or startle ~	**LESSON 18** p. 218/222/226
무언가를 하기에 이미 너무 늦어 버리다	miss the boat: lose the opportunity because it's too late to take advantage of it	**LESSON 24** p. 290/294/298
무언가에 크게 감명받다	be blown away by ~: be very impressed by ~	**LESSON 1** p. 14/18/22
무엇을 찾느라 ~를 샅샅이 뒤지다	turn ~ upside down: look everywhere for something	**LESSON 15** p. 182/186/190
(~가) 문제의 소지가 되기 전에 싹을 자르다	nip ~ in the bud: stop ~ before a situation gets worse	**LESSON 16** p. 194/198/202
물건 등을 잘 떨어뜨리다	have butterfingers: be a clumsy person who often drops things	**LESSON 10** p. 122/126/130
뭔가가 놀랍도록 훌륭하다는 의미로 쓰이는 표현	for the win: used to express when something is great or amazing	**LESSON 16** p. 194/198/202
뭔가는 바뀌어야 하는 상황이다 (사태가 급박해서)	something has to give: a situation is overloaded to the point of breaking down	**LESSON 3** p. 38/42/46

ㅂ

발명품	a brainchild: an idea/an invention	**LESSON 8** p. 98/102/106
(~를) 방해하다	stand in the way of ~: (Literally or figuratively) block or hinder ~	**LESSON 3** p. 38/42/46
배의 키를 잡고 있는	at the helm (of ~): in charge of an organization[a company/a group/a project]	**LESSON 5** p. 62/66/70
불평하다	sing the blues: complain/whine	**LESSON 2** p. 26/30/34
(~에) 비춰보면	in light of ~: because of/due to/taking ~ into consideration	**LESSON 1** p. 14/18/22

ㅅ

(서로 다른) 사물이나 생각을 이어 주다	bridge the gap between A and B: connect two things or ideas/decrease the difference between two things	**LESSON 3** p. 38/42/46
사소한 것에 지나치게 신경 쓰다	split hairs (over ~): argue over a very small and unimportant difference	**LESSON 23** p. 278/282/286
사적으로 (공적으로 드러나는 곳에서가 아니라)	behind the scenes: privately or secretly, not in the public view	**LESSON 5** p. 62/66/70
상냥하고 친절하다	be sweetness and light: be kind and gentle	**LESSON 15** p. 182/186/190
설상가상으로	to top it off: used to explain a final detail of a situation that makes the situation better or worse	**LESSON 7** p. 86/90/94
(~라는) 소문을 듣다	hear (something) through the grapevine: hear via an informal source	**LESSON 6** p. 74/78/82
소용이 없는	for the birds: unimportant or uninteresting/worthless/useless/stupid	**LESSON 14** p. 192/196/178
손발이 묶여서 아무 것도 할 수 없다. (규칙/법/규정/정책 /약속이나 다른 이유로 인해)	One's hands are tied.: One cannot act or help freely because of a rule[law/regulation/policy/priority].	**LESSON 24** p. 290/294/298
(~에서) 손을 떼다	wash one's hands of ~: refuse to be involved with a situation	**LESSON 7** p. 86/90/94
수단과 방법을 가리지 않고 이득을 취하기	wheeling and dealing: negotiating in business (sometimes unscrupulously)	**LESSON 5** p. 62/66/70

시기상조이다 (무언가를 알거나 현명한 결정을 하기에는)	be early days: be too soon to know something or to make an informed decision	**LESSON 1** p. 14/18/22
(~를) 시도해 보다	take a stab at ~: try ~	**LESSON 20** p. 242/246/250
시시한	for the birds: unimportant or uninteresting/worthless/useless/stupid	**LESSON 14** p. 192/196/178
시행착오	trial and error: a process of trying, failing, and trying again	**LESSON 25** p. 302/306/310
신나게 즐기다	have a ball: have lots of fun	**LESSON 10** p. 122/126/130
신세계	an eye-opener: Something surprising or enlightening	**LESSON 8** p. 98/102/106
실용적이지 않은	for the birds: unimportant or uninteresting/worthless/useless/stupid	**LESSON 14** p. 192/196/178

ㅇ

아이디어(두뇌의 산물)	a brainchild: an idea/an invention	**LESSON 8** p. 98/102/106
아주 재미있는 사람(또는 상황)이다	be a hoot: For a situation or person to be very funny	**LESSON 25** p. 302/306/310
아직은 때가 이르니 좀 더 두고 봐야 한다 (무언가를 알거나 현명한 결정을 하기에는)	be early days: be too soon to know something or to make an informed decision	**LESSON 1** p. 14/18/22
안성맞춤	just the thing: exactly what is best for a situation	**LESSON 16** p. 194/198/202
앞길이 막힌 상태인	high and dry: in a helpless and hopeless situation	**LESSON 19** p. 230/234/238
앞뒤가 맞다 (의견이나 아이디어, 또는 무언가가)	fall into place: (For things or ideas) to make sense or fit together	**LESSON 20** p. 242/246/250
(~와의) 약속을 어기다	flake on ~: Not follow through after promising to do something	**LESSON 11** p. 134/138/142
얘기 한번 들어봐!	Check this out!: Look at this!/Listen to this!	**LESSON 13** p. 158/162/166
어떤 상황에서 딱 맞는 해결책	just the thing: exactly what is best for a situation	**LESSON 16** p. 194/198/202

어떤 이벤트를 위해 잘 꾸며지거나 장식되다	be[get] all decked out: (for a room or space) to be fully decorated for an event	**LESSON 18** p. 218/222/226
어떤 일이 있어도	rain or shine: no matter what happens	**LESSON 23** p. 278/282/286
어려운 일이나 문제	a hard[tough] nut to crack: something that is difficult to do/a person that is hard to deal with	**LESSON 19** p. 230/234/238
억지로 이를 악물고 참다[하다] (피할 수 없는 일이라서)	bite the bullet: do something unpleasant because one has to	**LESSON 14** p. 192/196/178
엄격하게 규칙을 모두 따르면서	by the book: strictly following every rule[instruction, principle] correctly	**LESSON 23** p. 278/282/286
엉망이 되다	go to pot: become ruined	**LESSON 14** p. 192/196/178
여유를 가지고 삶을 즐기다	stop and smell the roses: pause and savor life	**LESSON 22** p. 266/270/274
연로해지다	get on in years: get older	**LESSON 21** p. 254/258/262
염두에 두다	keep in mind: be mindful of something	**LESSON 12** p. 146/150/154
(~를) 예측하다 (주로 좋지 않은 일) ~	see ~ coming: forese, usually, an unpleasant event	**LESSON 12** p. 146/150/154
오래 이야기를 나누다	chew the fat: have a long conversation	**LESSON 10** p. 122/126/130
(~에) 온 힘을 다하다	go all out (for ~): put a lot of effort and enthusiasm (into doing ~)	**LESSON 9** p. 110/114/118
(~으로) 요약하다	boil down to ~: arrive at the most important aspect of something/reduce something to its core elements	**LESSON 3** p. 38/42/46
(~를) 외우다	know[learn] ~ by heart: have ~ memorized	**LESSON 21** p. 254/258/262
우는소리를 하다	sing the blues: complain/whine	**LESSON 2** p. 26/30/34
우위를 점하다	have the upper hand: have the advantage in a situation/have the control of a situation	**LESSON 7** p. 86/90/94
원칙대로	by the book: strictly following every rule[instruction, principle] correctly	**LESSON 23** p. 278/282/286
원칙을 무시하거나 절차를 생략하고 대충 일하다	cut corners: do something in the easiest (or quickest) way, ignoring rules and omitting important things	**LESSON 24** p. 290/294/298

유리한 입장이다	have the upper hand: have the advantage in a situation/have the control of a situation	**LESSON 7** p. 86/90/94
육감	a[one's] gut feeling: intuition/a personal intuitive feeling	**LESSON 6** p. 74/78/82
은밀하게 (공적으로 드러나는 곳에서가 아니라)	behind the scenes: privately or secretly, not in the public view	**LESSON 5** p. 62/66/70
이것 좀 봐!	Check this out!: Look at this!/Listen to this!	**LESSON 13** p. 158/162/166
이론이 아니라 경험이나 관행에 근거하는 어떤 원칙이나 방법	a rule of thumb: a method or a principle based not on a theory but on experience or practice	**LESSON 6** p. 74/78/82
이성을 잃고 어찌할 바를 모르다 (격한 감정으로 인해)	be beside oneself: be overcome with intense emotion	**LESSON 21** p. 254/258/262
이제 ~의 결정에 달려 있다	The ball is in one's court.: It's one's decision./It's one's turn to take action./It's one's responsibility.	**LESSON 8** p. 98/102/106
임시방편/임시 처방	a band-aid solution: a quick and temporary solution that	**LESSON 2** p. 26/30/34
입 다물다	put a sock in it: stop talking/be quiet	**LESSON 11** p. 134/138/142

ㅈ

(~를) 자신만의 스타일로 만들다	put one's own twist on ~: add one's own style to ~	**LESSON 13** p. 158/162/166
자신에게 할당된 직무의 범위를 넘어서 그 이상으로 일하다	go above and beyond: do much more than is required or expected for a given task	**LESSON 18** p. 218/222/226
자지러지게 웃다	laugh one's head off: laugh uproariously or laugh a lot	**LESSON 25** p. 302/306/310
(~에 대해) 잘 알고 있다	be[stay] in the know (about ~): stay informed (about ~)	**LESSON 9** p. 110/114/118
잘 차려입거나 어떤 특별한 목적을 위한 옷을 입다	be[get] all decked out: (for people) to be dressed in fine clothing or in special clothing for a specific purpose	**LESSON 18** p. 218/222/226
(~에) 장애나 걸림돌이 되다	stand in the way of ~: (Literally or figuratively) block or hinder ~	**LESSON 3** p. 38/42/46

재미없는	for the birds: unimportant or uninteresting/worthless/useless/stupid	**LESSON 14** p. 192/196/178
(~에) 전력을 다하다	go all out (for ~): put a lot of effort and enthusiasm (into doing ~)	**LESSON 9** p. 110/114/118
전면적으로/전면적인	across the board: when something applies to all or everyone	**LESSON 12** p. 146/150/154
전반에 걸쳐	across the board: when something applies to all or everyone	**LESSON 12** p. 146/150/154
(~가) 전부다	be all about ~: be focused on ~/be passionate about ~	**LESSON 5** p. 62/66/70
전체적으로	across the board: when something applies to all or everyone	**LESSON 12** p. 146/150/154
전체적인 상황	the big picture: the whole perspective on something	**LESSON 20** p. 242/246/250
절약하다	pinch pennies: spend as little money as possible	**LESSON 2** p. 26/30/34
절정에 다다르다 (어떤 이벤트와 관련하여)	be in full swing: (relating to an event) be fully underway and at their peak activity	**LESSON 16** p. 194/198/202
젊은이	a spring chicken: a young person	**LESSON 20** p. 242/246/250
(~에 관한) 정보에 밝다	stay in the know (about ~): stay informed (about ~)	**LESSON 9** p. 110/114/118
(~에) 정통하다	(have ~) at one's fingertips: have (often information or knowledge) easily accessible	**LESSON 9** p. 110/114/118
정확한 상황 파악을 위해 한 걸음 물러서다	take a step back: delay an action in order to consider a situation more fully	**LESSON 1** p. 14/18/22
제자리처럼 꼭 맞아떨어지다	fall into place: (For things or ideas) to make sense or fit together	**LESSON 20** p. 242/246/250
좋은 뜻으로 (의도치 않게 부정적으로 들릴 수 있는 말을 할 때 미국인들이 덧붙이는 표현)	in a good way: often added to soften statements that might sound unintentionally harsh	**LESSON 22** p. 266/270/274
준비가 다 돼 있다	be all set: be ready	**LESSON 18** p. 218/222/226
즉시	in a heartbeat: in an instant/immediately	**LESSON 15** p. 182/186/190

즉시 이용할 수 있다 (정보나 지식 등을)	(have ~) at one's fingertips: have (often information or knowledge) easily accessible	**LESSON 9** p. 110/114/118
즐거운 시간을 보내다	have a ball: have lots of fun	**LESSON 10** p. 122/126/130
(~에 관해) 지금까지의 상황을 말해 주다	fill someone in (on ~): give someone information (about ~) that (s)he has missed	**LESSON 8** p. 98/102/106
지나치게 많은 일을 하여 몹시 지치다	burn the candle at both ends: exhaust oneself or one's resources, usually through working too much	**LESSON 13** p. 158/162/166
(~에 관해) 지나치게 자세히 논쟁하다	split hairs (over ~): argue over a very small and unimportant difference	**LESSON 23** p. 278/282/286
직감	a[one's] gut feeling: intuition/a personal intuitive feeling	**LESSON 6** p. 74/78/82
(~의) 직격탄을 맞다	bear the brunt of ~: suffer or take the main impact or worst part of a physical or emotional hardship	**LESSON 12** p. 146/150/154
진전이 없다	spin one's wheels: waste energy by being stuck in one position/make no progress	**LESSON 17** p. 206/210/214
진정해!	Don't have a cow!: Don't be excited[upset/agitated]!	**LESSON 11** p. 134/138/142

ㅊ

창작품	a brainchild: an idea/an invention	**LESSON 8** p. 98/102/106
책임을 맡고 있는 (조직/회사/그룹/프로젝트 등의)	at the helm (of ~): in charge of an organization[a company/a group/a project]	**LESSON 5** p. 62/66/70
(~의) 책임이다	The ball is in one's court.: It's one's decision./It's one's turn to take action./It's one's responsibility.	**LESSON 8** p. 98/102/106
처음부터	from the jump: from the beginning/ from the get-go	**LESSON 4** p. 50/54/58
(~을) 찾다	be on the lookout for ~: be alert to ~/ keep searching for	**LESSON 25** p. 302/306/310
최고 기준/표준	gold standard: the best or most valuable thing of its type	**LESSON 13** p. 158/162/166

최후의 결정타	the last straw: the last in a series of bad events that makes you feel that you cannot be patient any longer	**LESSON 4** p. 50/54/58
최후의 수단	a last resort: the last option after other options have been tried	**LESSON 16** p. 194/198/202
(~를) 축하하다	mark an[the] occasion (of ~): celebrate ~	**LESSON 9** p. 110/114/118
침착해지다	pull oneself together: calm oneself down/regain one's composure	**LESSON 4** p. 50/54/58

ㅋ

(~를) 크게 감동시키다	knock one's socks off: impress someone greatly/amaze someone	**LESSON 8** p. 98/102/106
큰 그림	the big picture: the whole perspective on something	**LESSON 20** p. 242/246/250

ㅌ

탈진하다	run out of gas: become exhausted/lose one's energy	**LESSON 2** p. 26/30/34
특정 결과를 만들기 위해 노력하다	be going for ~: try to achieve a particular result	**LESSON 22** p. 266/270/274

ㅍ

풋내기	a spring chicken: a young person	**LESSON 20** p. 242/246/250

ㅎ

(~가) 하고 싶어서 몸이 근질거리다	be itching to do something: have a desire to do something/want to do something very much	**LESSON 6** p. 74/78/82

한꺼번에 너무 많은 일을 벌여서 제대로 하는 것이 하나도 없다	spread oneself too thin: commit oneself to doing too many things to the point that one cannot give enough time and attention to any one of them	**LESSON 6** p. 74/78/82
한두 푼이라도 아껴 지출을 최대한 줄이다	pinch pennies: spend as little money as possible	**LESSON 2** p. 26/30/34
(~를) 한번 해 보다	take a stab at ~: try ~	**LESSON 20** p. 242/246/250
한창 진행 중이다 (어떤 이벤트와 관련하여)	be in full swing: (relating to an event) be fully underway and at their peak activity	**LESSON 16** p. 194/198/202
(~를) 함부로 대하다	walk all over ~: mistreat ~/treat ~ in a disrespectful way/treat ~ badly	**LESSON 11** p. 134/138/142
해내다 (기대하는 것만큼)	cut the mustard: reach expectations or a standard	**LESSON 19** p. 230/234/238
햇병아리	a spring chicken: a young person	**LESSON 20** p. 242/246/250
헛수고를 하다	spin one's wheels: waste energy by being stuck in one position/make no progress	**LESSON 17** p. 206/210/214
협력해서 함께하는 일에 돈이나 도움을 보태다	chip in for[on] ~: contribute money or help as part of a joint effort	**LESSON 21** p. 254/258/262
확실한 소식통으로부터	(straight) from the horse's mouth: from a reliable source	**LESSON 14** p. 192/196/178
획기적인	groundbreaking: new and innovative	**LESSON 1** p. 14/18/22
효력이 없다 (법이나 규정 등이)	have no teeth: not have enough power to make people obey something (such as a law or regulation)	**LESSON 24** p. 290/294/298
흥분하지 마!	Don't have a cow!: Don't be excited[upset/agitated]!	**LESSON 11** p. 134/138/142
힘든 육체 노동	elbow grease: hard physical work, especially in cleaning something	**LESSON 22** p. 266/270/274

기타

A와 B의 차이를 줄이다 A와 B 사이의 간극을 메우다	bridge the gap between A and B: connect two things or ideas/decrease the difference between two things	**LESSON 3** p. 38/42/46

YOU'RE A WINNER!